Wandergenuss
Oberfranken und Fränkische Schweiz

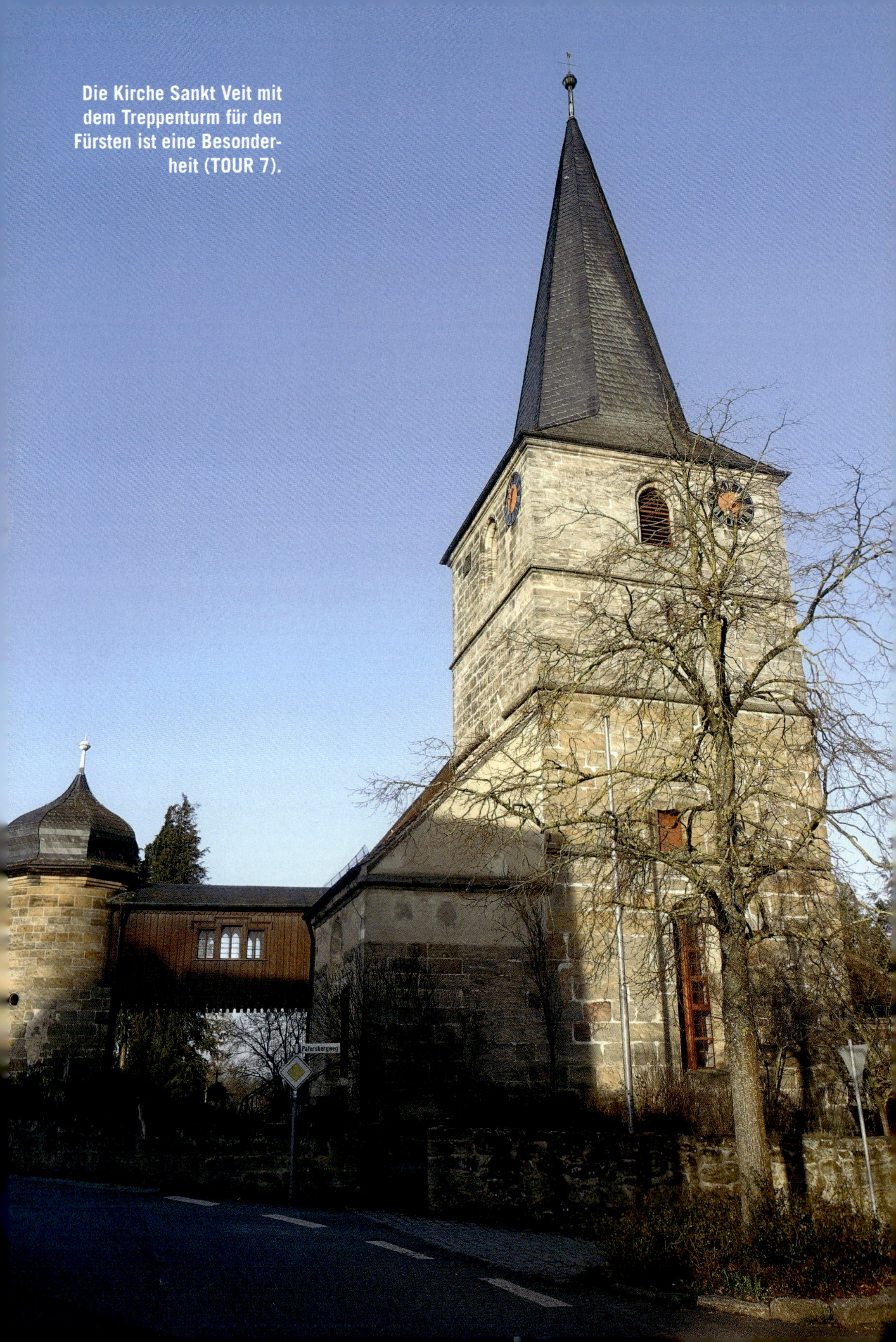

Die Kirche Sankt Veit mit dem Treppenturm für den Fürsten ist eine Besonderheit (TOUR 7).

Rainer D. Kröll

Wandergenuss
OBERFRANKEN UND FRÄNKISCHE SCHWEIZ

34 spannende Natur- und Kulturerlebnisse auf aussichtsreichen Wegen

BRUCKMANN

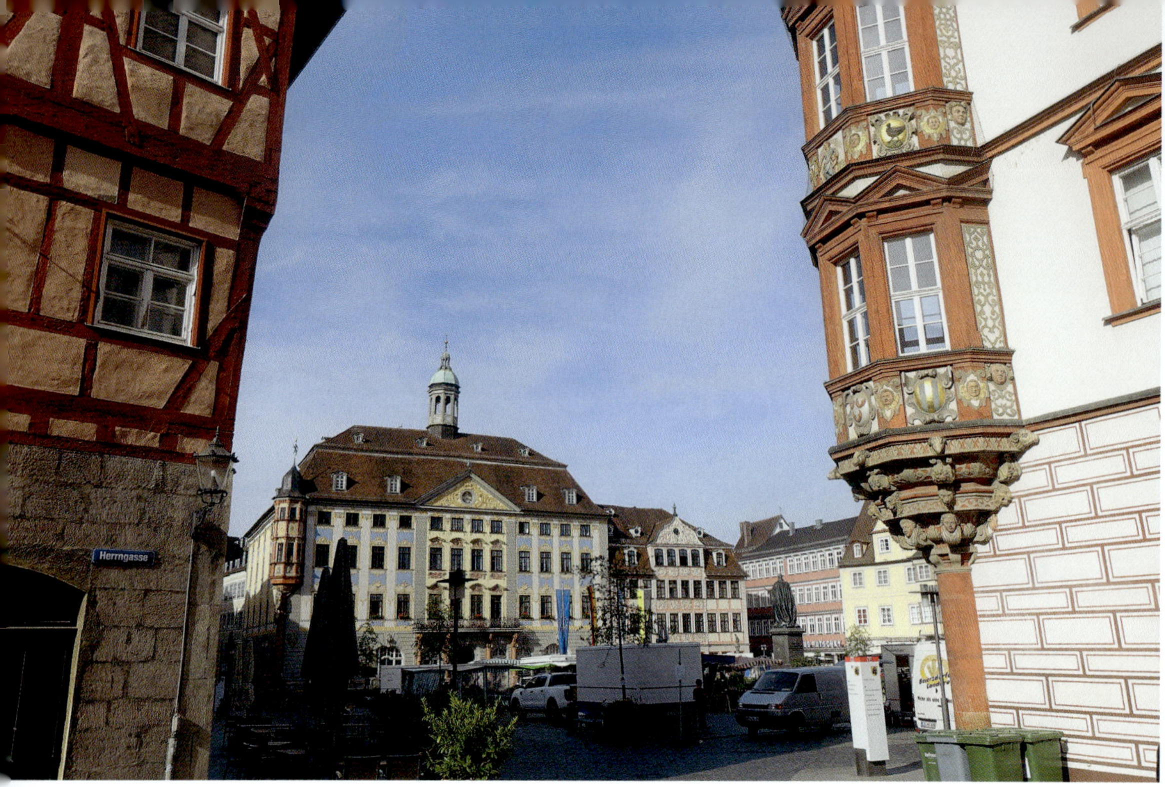

Blick vom Stadthaus zum Coburger Rathaus (TOUR 3)

Inhalt

Blick durch das Obere Tor in die Fachwerkstadt Weismain (TOUR 6)

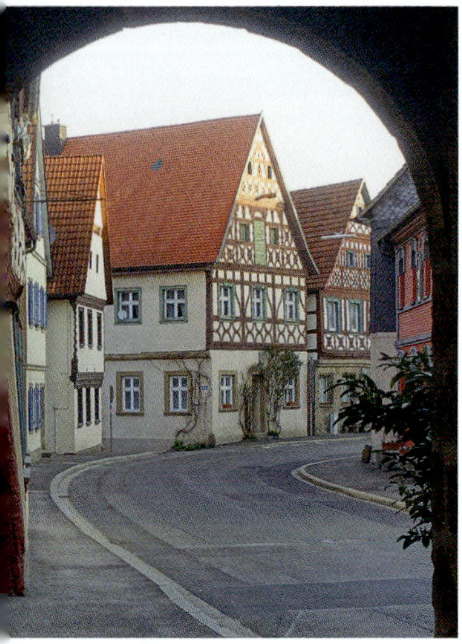

GENUSS AUF SCHRITT UND TRITT

Im Hof vor dem Schloss Wernstein steht eine riesige Tanzlinde (TOUR 7).

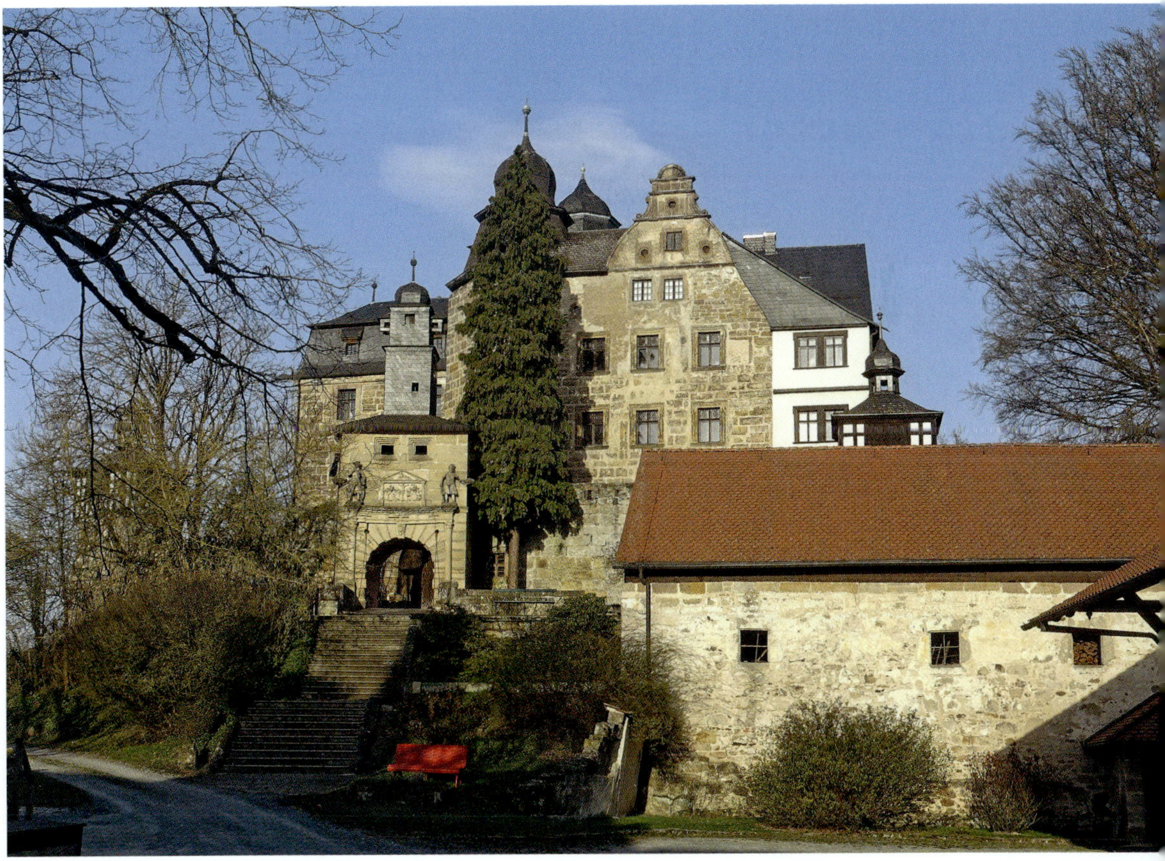

Die Lamitzquelle ist ein markantes Wanderziel (TOUR 12).

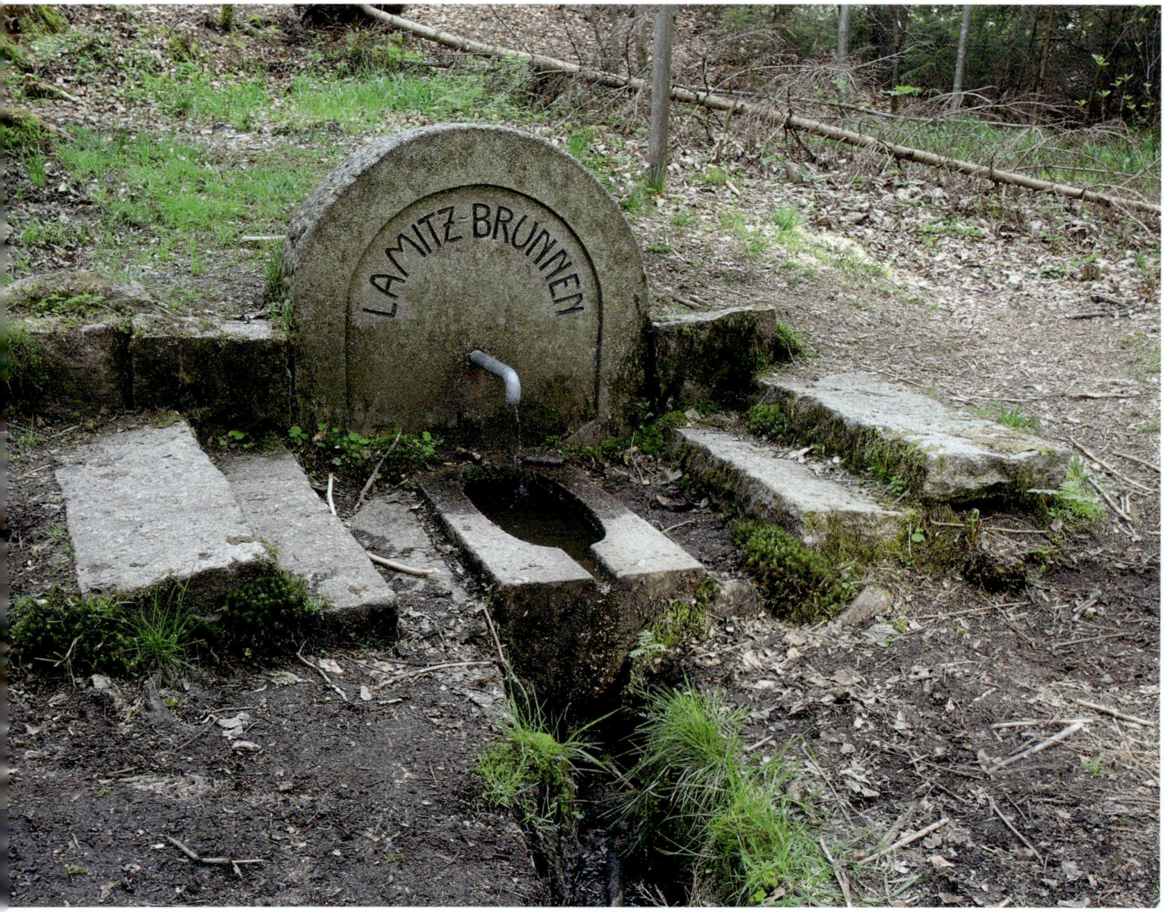

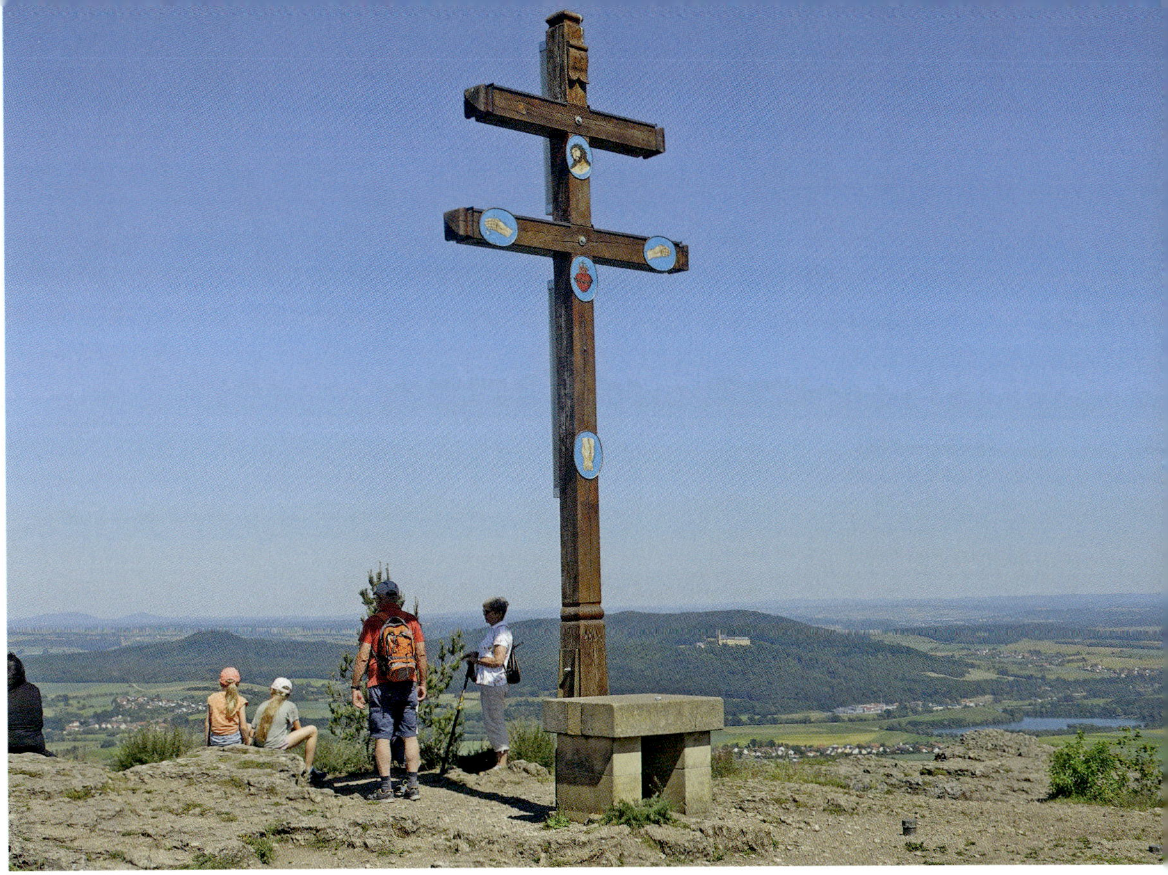

Wanderer genießen die Aussicht vom Staffelberg (TOUR 17).

Der Wohnturm der Burg Neideck ist zugleich Aussichtsturm (TOUR 23).

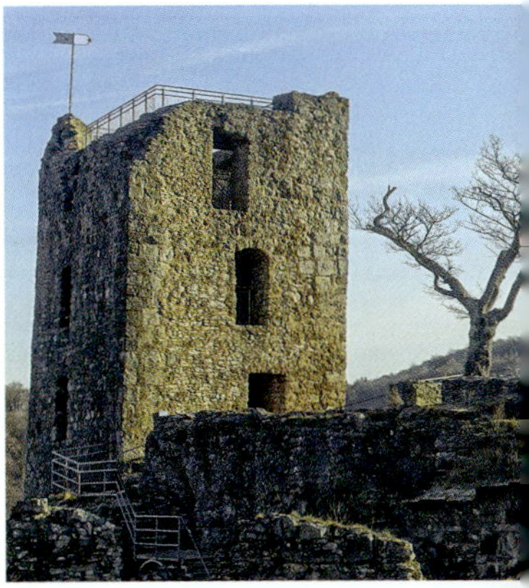

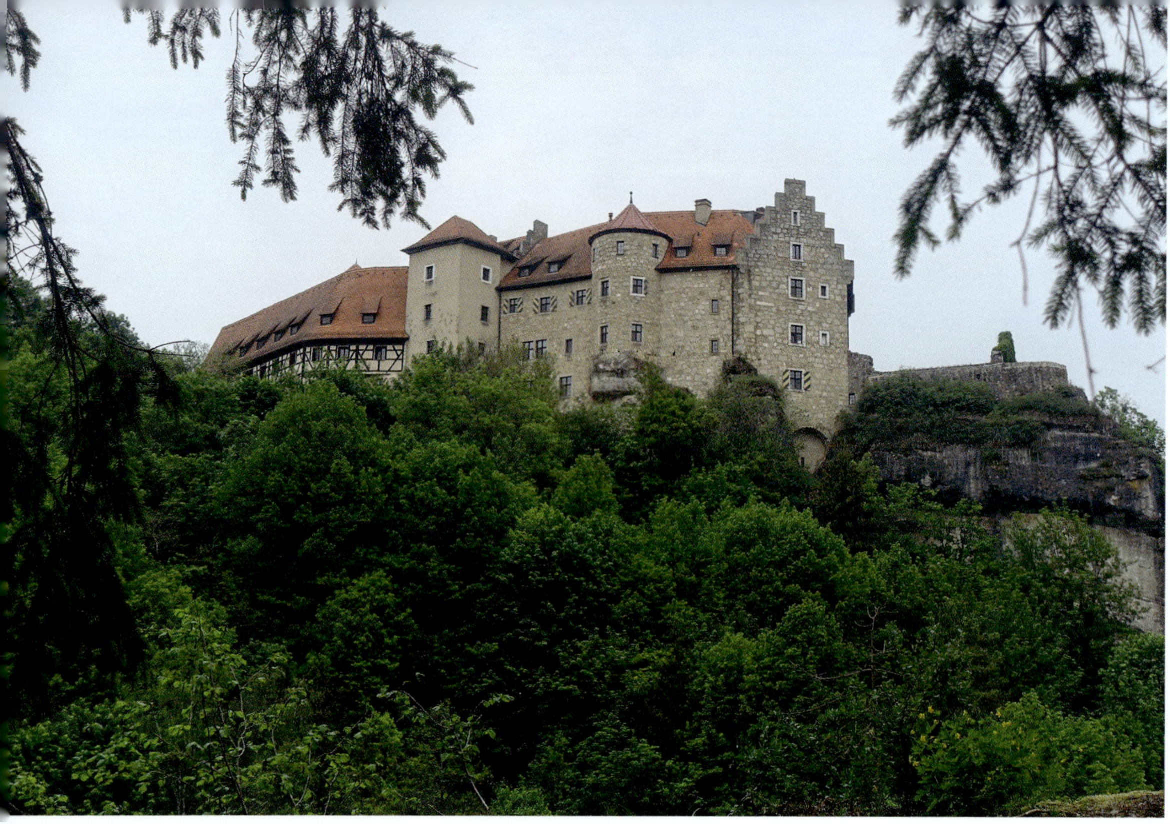

Aussicht vom Wanderweg zur Burg Rabenstein (TOUR 26)

Am Marktplatz im Fachwerkort Pottenstein (TOUR 28)

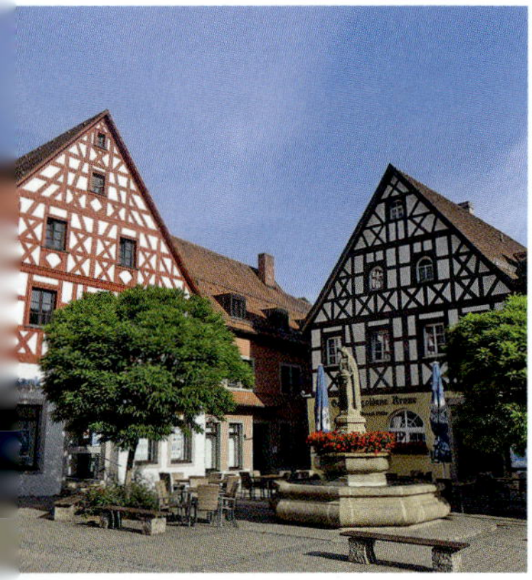

Die Burg wacht seit dem 14. Jahrhundert über den Ort Egloffstein (TOUR 31).

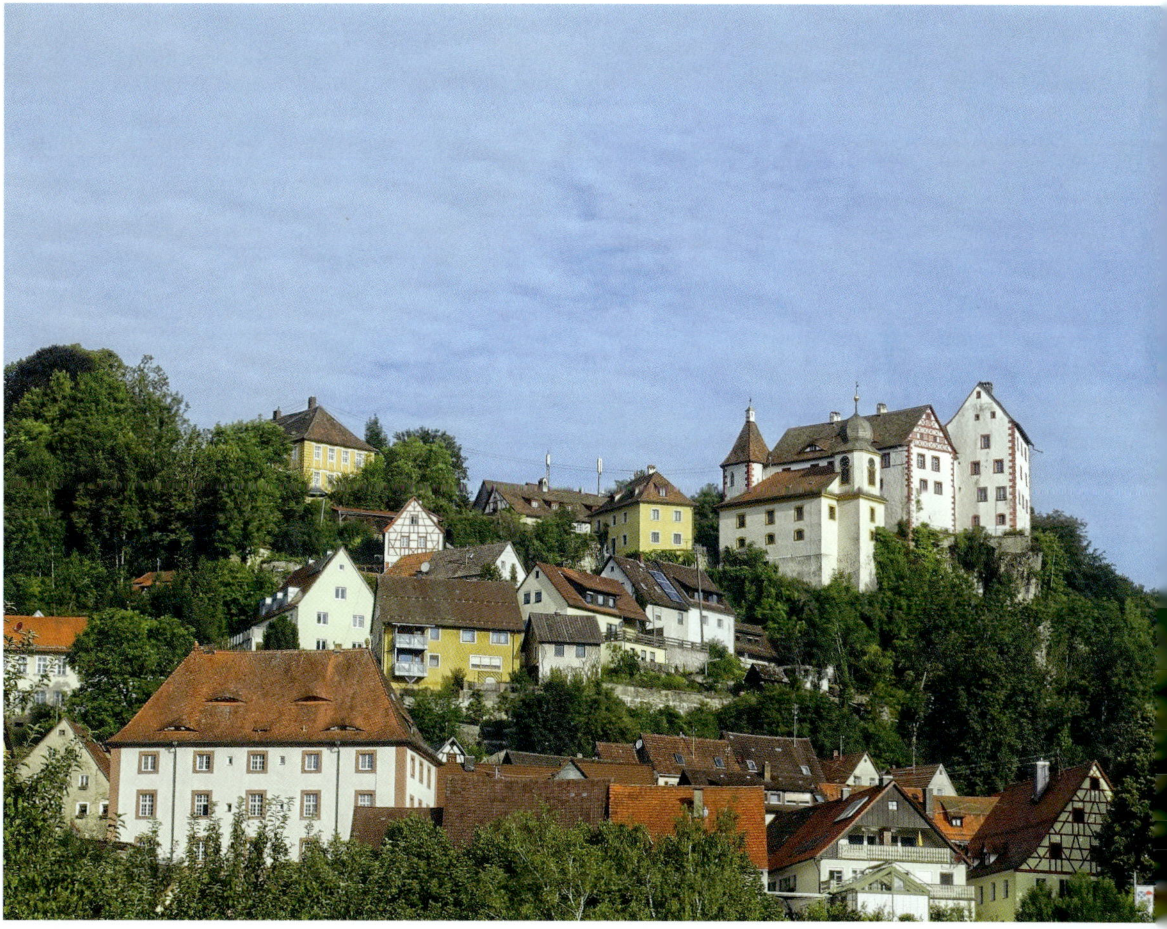

Mit Genuss unterwegs in Oberfranken und der Fränkischen Schweiz

Die Fränkische Schweiz und auch ganz Oberfranken zählen zu den beliebtesten Tourismusregionen in Bayern. Kulturelle und geologische Eigenheiten haben eine charakteristische Hügellandschaft mit markanten Felsformationen und Höhlen und eine hohe Dichte an Burgen und Ruinen hervorgebracht. In einem der ersten Reiseführer über die Fränkische Schweiz war schon 1829 zu lesen: »Hier lässt sich die hehre Natur mehr zum Menschen herab, sie lächelt ihm bald freundlich in anmutigen Gebirgslinien, untermischt mit üppigen Laub- und Nadelholz-Partien, bald zeigt sie sich in ihrer ernsten Größe in mächtigen Felstürmen. Üppige Wiesen, fruchtbare Felder, malerisch unter Bäumen halb versteckte Dörfer, kristallhelle Berggewässer, lustig und frisch über und durch Felsen dahin strudelnd, fröhlicher Gesang der Vögel in den Lüften, und der derbes, verständiges, in seinen Sitten noch einfaches, arbeitsames Völkchen, findet hier der harmlose Reisende zum fröhlichen Genuss der Gegenwart einladend.« Joseph Victor von Scheffel, Dichter und Schöpfer des Frankenlieds »Wohlauf, die Luft geht frisch und rein…..«, benannte die Fränkische Schweiz Mitte des 19. Jahrhunderts als »Schlupfwinkel des deutschen Gemüts«.

Blick vom Kloster Sankt Michael zum Bamberger Dom (TOUR 18)

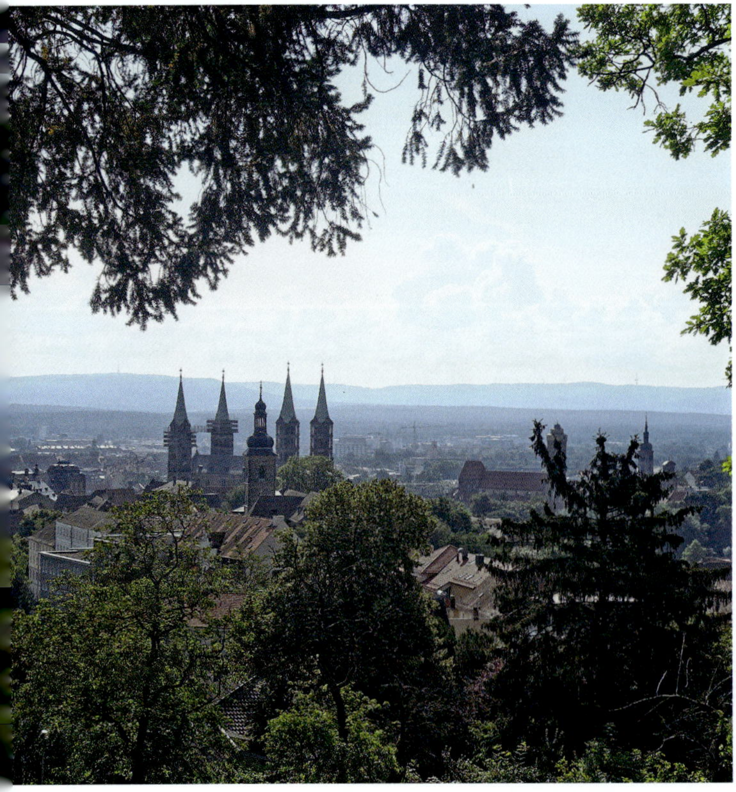

Ein Glück, wer unter fränkischer Sonne leben oder Urlaub machen darf. Ein noch größeres Glück, wer über eine fränkische Region wieder ein Buch schreiben darf – dachte ich mir, auf dem Walber-

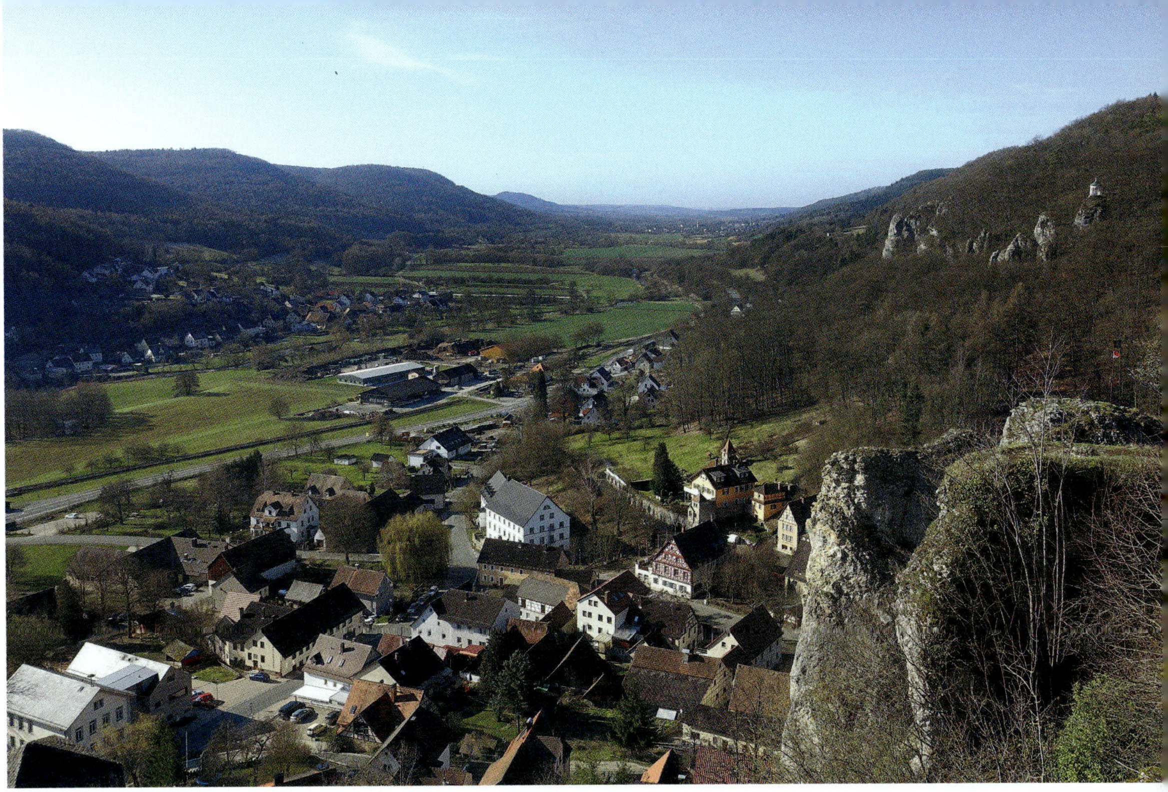

Aussicht von der Streitburg über Streitberg in das untere Wiesenttal (TOUR 23)

la stehend. So meinte ich auch auf den schönen Aussichtspunkten über Kulmbach, auf dem Ochsenkopf, Staffelberg usw. So dachte ich auch zwischen den herrlichen Felstürmen der Fränkischen Schweiz. Ich war nicht das erste Mal hier, denn ich wohne nicht weit entfernt. Im Jahr 2018 durfte ich begeistert mit der Recherche zu dem Buch *Wandergenuss Mainfranken* monatelang in Franken unterwegs sein. Nun konnte ich mit diesem Buch *Wandergenuss Oberfranken und Fränkische Schweiz* Bekanntes aus einem anderen Blickwinkel sehen oder Neues entdecken. Natürlich gibt es in solch einem schönen Urlaubsgebiet in der Hauptsaison auch überlaufene Orte und Naturschönheiten. Es gibt auch animierte Bereiche wie Vergnügungsmeilen mit verschiedenen Angeboten. Unter den Urlaubern gibt es auch dafür Interessenten, besonders, wenn Kinder dabei sind. Für den Inhalt dieses Buchs war es mir aber wichtig, hauptsächlich Wege zu entdecken, die nicht unter Menschenmassen leiden, aber doch Schönes zeigen. Das bezieht sich nicht nur auf die Berge, Täler und Felsformationen, sondern auch auf die empfohlenen Wirtshäuser und auf die Naturbeobachtungen am Wegesrand. Einblick in die Natur, Kultur, Geschichte und regionale Küche gehören zu meinen persönlichen Interessen. Zum bewussten Erfassen der Urlaubsregion möchte ich neben den Wanderungen genau das vermitteln. Genießen Sie die wunderschöne und unberührte Natur und lassen Sie sich auch von der Kultur und Gastronomie mit ihren Schmankerln verwöhnen.

Rainer D. Kröll, Windischeschenbach, Frühjahr 2021

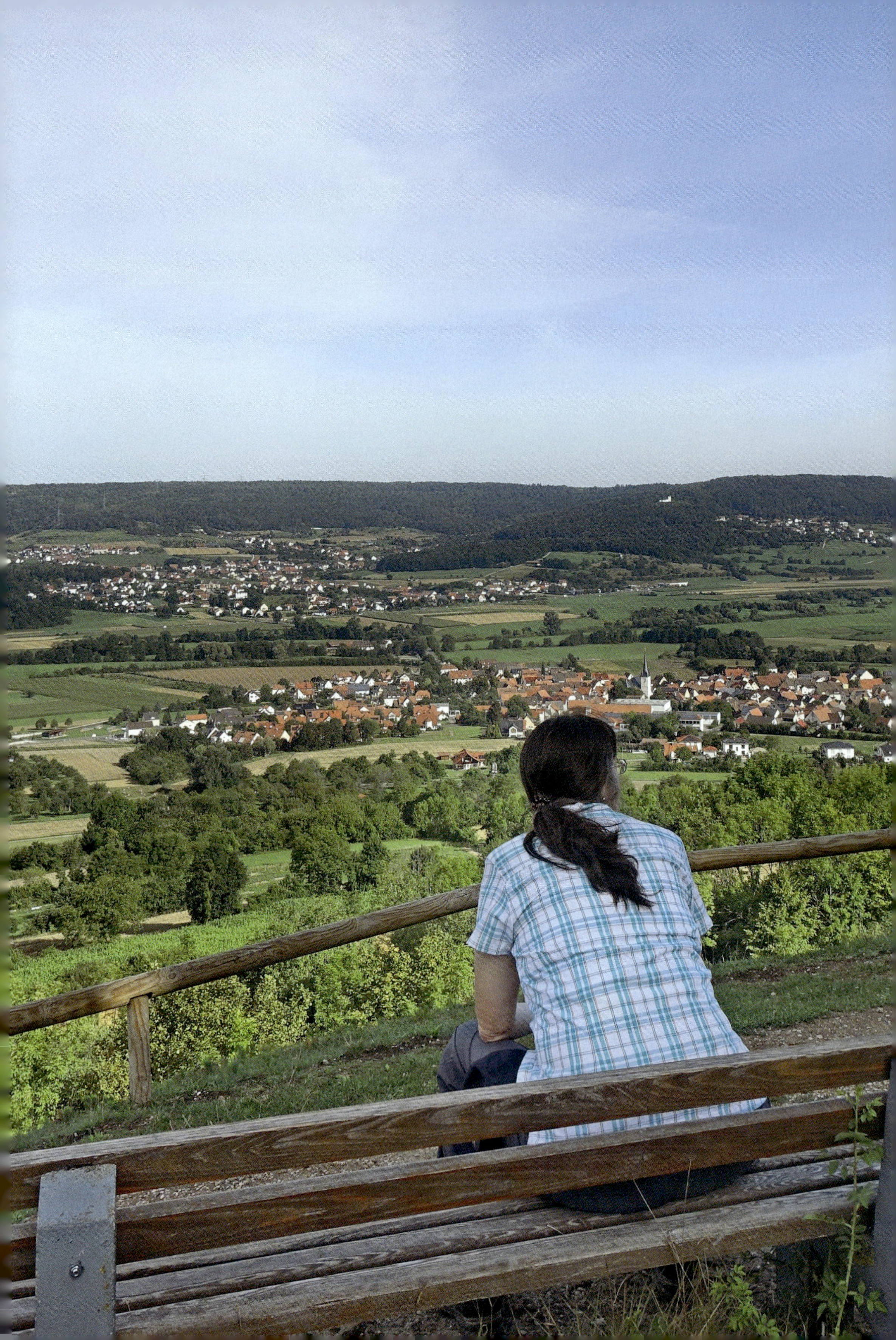

Praktische Informationen

In kaum einer anderen deutschen Ferienregion gibt es so viel zu sehen wie in der Fränkischen Schweiz und Oberfranken – zum Beispiel 170 mittelalterliche Burgen, über 1000 Höhlen, romantische Mühlen und eine historische Dampfbahn im Stil der 1960er-Jahre. Auch regionales Brauchtum wird hier gepflegt und erfreut die Urlaubsgäste.

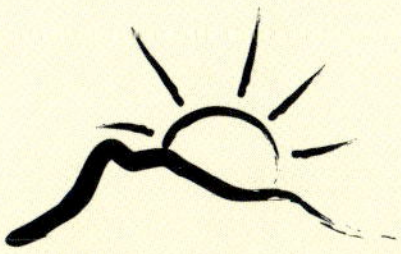
Aussicht

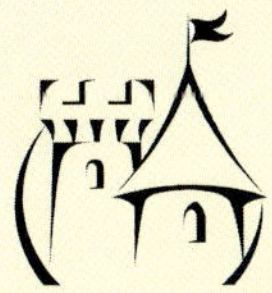
Kultur am Wegrand

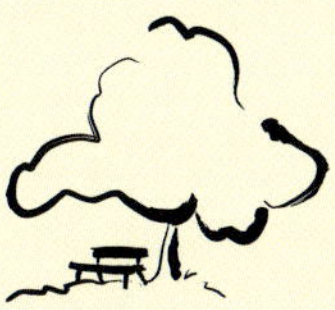
Ruhe und Natur

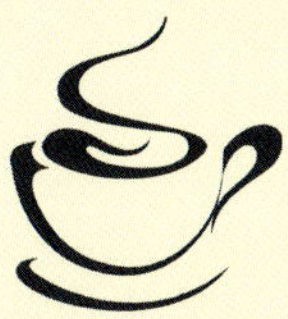
Einkehr

Reisen in Oberfranken

Alle Wanderungen in diesem Buch enthalten in der Infospalte Hinweise für die Anreise. Mit dem eigenen Auto kommt man am besten überall hin. Die Fahrt durch die Landschaften Oberfrankens und der Fränkischen Schweiz mit der Bahn ist ein bequemes und umweltfreundliches Erlebnis. Gute Anbindung mit öffentlichen Verkehrsmitteln bieten die Orte, die mit der Bahn oder mit dem Bus erreichbar sind (www.bahn.de, www.vgn.de). Der Verkehrsverbund Großraum Nürnberg (VGN) erschließt die gesamte Fränkische Schweiz und erstreckt sich im Norden weit über Lichtenfels und Bayreuth hinaus. Die VGN-Tickets als Einzelfahrkarte, 4er-Ticket, TagesTicket, Streifenkarte, 7-Tage-Ticket und Wochenend-Bonus-Ticket bieten für Einzelpersonen oder Kleingruppen verschiedene Optionen. Die VGN-Freizeitlinien fahren nur Samstag, Sonntag und an Feiertagen zwischen Mai und Oktober (www.vgn.de). Schließlich gibt es noch die praktischen Anrufsammeltaxis (AST), die allerdings am Vortag telefonisch bestellt werden müssen (zum Beispiel im Bereich der VGN: www.vgn.de).

Linke Seite: Blick von der Klaaruh auf dem Walberla über Kirchehrenbach zur Vexierkapelle (TOUR 30)

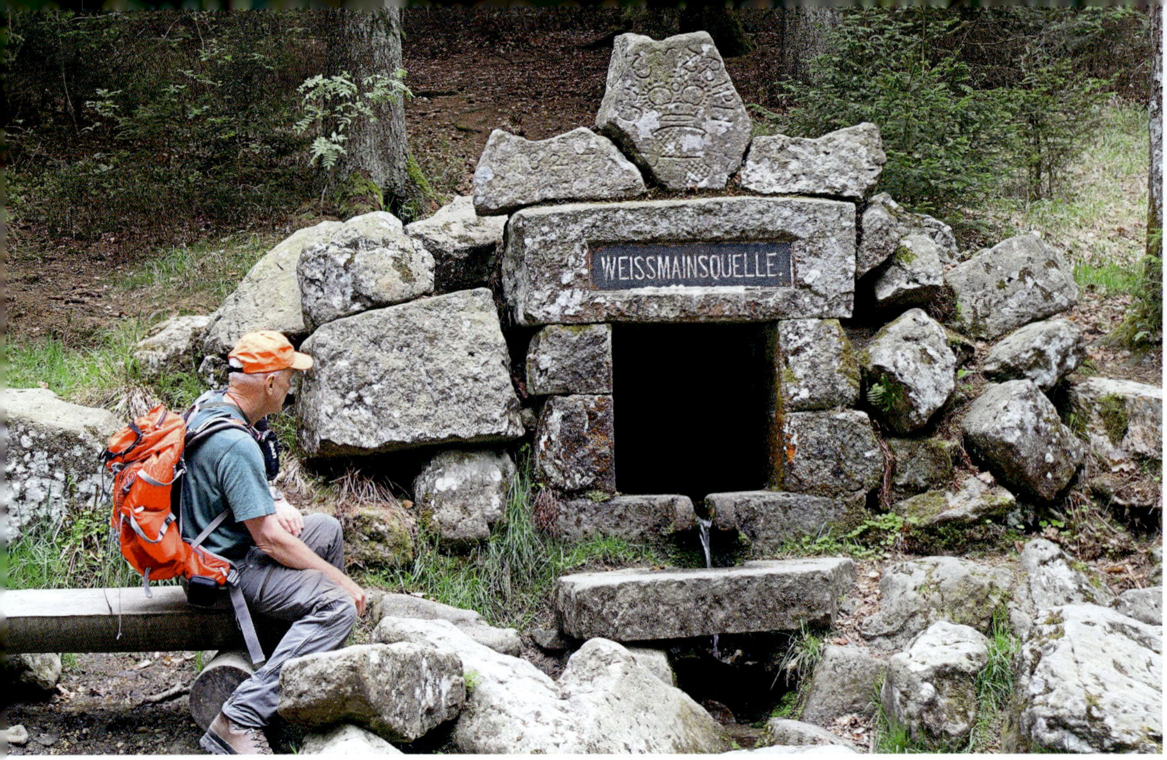

An der Weißmainquelle auf dem Ochsenkopf (TOUR 15)

Die Touren

Die Wandergebiete sind in drei Gruppen gefasst und in einer Reihenfolge nummeriert, wie eines der Gebiete in etwa im Zusammenhang bereist werden kann. Die Unterteilung ist Obermain-Jura, Frankenwald mit Fichtelgebirge und Fränkische Schweiz. Die Touren um Kulmbach und Bayreuth, obwohl im Obermainland, sind wegen der flächigen Verteilung dem Frankenwald und Fichtelgebirge zugeordnet.

Beste Jahreszeit und Wetter

Natürlich ist ein Urlaub in den Sommermonaten am besten, wobei es für Wanderungen auch mal zu heiß sein kann. Herrlich ist aber auch der Herbst mit seinen unvergleichlichen Farben und das Wetter kann stabiler sein als im Sommer. Wer Blumen liebt, wird sich am zeitigen Frühling und Frühsommer orientieren. Eine frühe Startzeit bringt oftmals eine ruhige Tour, stilles Wanderglück und die schönsten Fotos. Etwas Besonderes ist an den Aussichtspunkten auch der Sonnenuntergang. Die Machbarkeit der Touren ist eigenverantwortlich in Erfahrung zu bringen. Für die Wetteraussichten benutzen Sie am besten einen der Wetterbericht-Anbieter oder örtliche Webcams im Internet. Zum Beispiel: www.wetter.de, www.wetter online.de/wetterfilm, www.br.de/wetter/action/bayernwetter/bayern.do oder, noch besser, die örtlichen Wetterstationen. Unter www.kornberg.de sind Bilder der Webcam und Wetterdaten einsehbar (siehe Tour 13).

Ausrüstung

Feste Schuhe mit griffiger Sohle sind wohl einer der wichtigsten Ausrüstungsgegenstände. Turnschuhe sind ungeeignet. Sonnen- und Regenschutz, wobei ein stabiler Regenschirm gute Dienste leistet, solange kein Wind mit im Spiel ist. Eine Regenjacke ist unverzichtbar, führt selbst in modernster Ausführung jedoch im Gegensatz zum Regenschirm bei entsprechender Wärme zum Schwitzen. Schnell trocknende Wanderfunktionshose, Rucksack mit Lüftungsabstand am Rücken, Notproviant, ausreichend Flüssigkeit, Wechselshirt, Notfallapotheke und Mobiltelefon für einen Notruf. Oft wird ein Kälteschutz vernachlässigt, besonders, wenn schönes Wetter am Himmel steht. Was aber, wenn sich einer verletzt und am Boden gelagert werden muss? Wenn dann noch Nässe dazukommt, kann es gefährlich werden.

Anforderungen

● **Leicht:** einfache Wanderung auf guten Wegen und Pfaden ohne ausgesetzte Stellen, die aber auch ohne Markierung sein können. Orientierungssinn und Trittsicherheit wird benötigt.

● **Mittel:** mittelschwere Wanderung, die gute Kondition, Trittsicherheit, Schwindelfreiheit und Orientierungssinn erfordert. Ausgesetzte Passagen auch mit Seilversicherungen möglich. Alpine Erfahrung ist nötig.

● **Schwer:** anspruchsvolle Bergtour mit hoher Anforderung an die Kondition, Schwindelfreiheit und Trittsicherheit. Enthalt ausgesetzte Passagen und leichtere Klettereien am Fels. Ein gutes Orientierungsvermögen ist unbedingt geboten. Ausgeprägte alpine Erfahrung wird vorausgesetzt. (Schwere Touren mit der Kennzeichnung »schwarz« sind in diesem Buch nicht vorhanden.)

Anforderungen

Der Tourencharakter ist in der Infospalte jeder Wanderung beschrieben und nach der Einstufung des Deutschen Alpenvereins in Leicht, Mittel und Schwer eingeordnet. Touren, zu denen Trittsicherheit empfohlen wird, sind mit Vorsicht zu genießen. Mit Trittsicherheit ist die Fähigkeit gemeint, sich beim Wandern in unwegsamem Gelände sicher bewegen zu können. Erfahrung führt zu besserer Trittsicherheit. In seltenen Fällen können neuere Wege mit Asphaltbelag leider nicht umgangen werden. Die Einschätzung der Touren für ihre Kindertauglichkeit im Tourenfinder in diesem Buch wird ganz einfach mit 300 Höhenmeter Aufstieg begrenzt. Dies ist aber nicht absolut zu verstehen, denn die Leistungsfähigkeit der Kinder ist abhängig vom Alter, von der Kondition und von ihrem Willen.

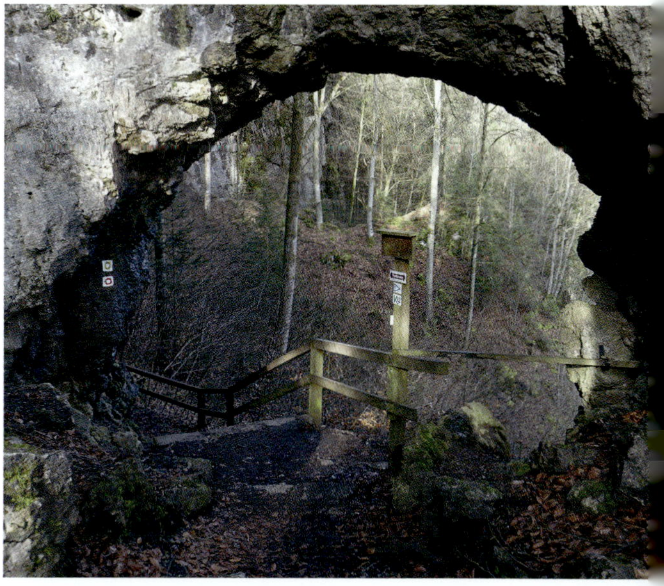

In der Einsturzhöhle Riesenburg bei Muggendorf (TOUR 24)

Gefahren im Gelände

Wichtigste allgemeine Gefahren in freiem Gelände sind Wetterwechsel und je nach Gelände auch Steinschlag. Erfahrene Wanderer beobachten an jedem sich bietenden Fixpunkt ihren Höhenmesser und justieren ihn erneut. Denn steigt die Angabe des Höhenmessers von einem Fixpunkt zum nächsten erheblich an, bedeutet dies einen Luftdruckabfall und lässt eine schnelle Wetterverschlechterung voraussehen. Umkehren ist kein Zeichen von Schwachheit, sondern Klugheit.

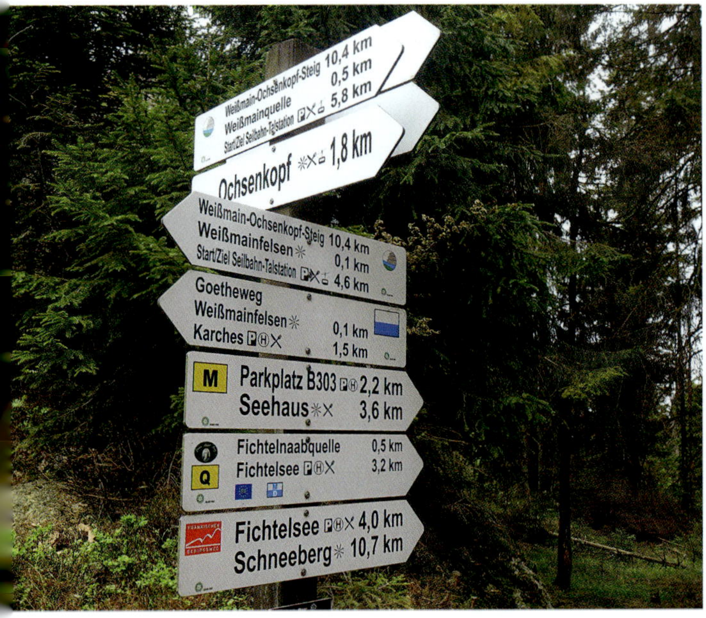

Viele Möglichkeiten im Ochsenkopfgebiet (TOUR 15)

Notrufe

112: Einsatzzentrale für Polizei, Notarzt, Feuerwehr und Bergwacht
Optisches oder akustisches Notrufsignal: 6 Signale hintereinander mit 10 Sekunden Abstand

Gehzeiten, Höhenmeter und Richtungsangaben

Die Gehzeiten sind reine Zeiten unterwegs ohne Pausen. Sie wurden in eigener Erfahrung subjektiv ermittelt, denn manche Zeiten auf den Wegweisern sind sehr unterschiedlich erhoben. Auf orografische Bezeichnungen wurde zugunsten der Allgemeinverständlichkeit verzichtet. Abzweige und Richtungswechsel sind im Text trotz Wegweisern beschrieben, denn die können ja mal fehlen. Wird kein Richtungshinweis gegeben, bedeutet dies in jedem Fall geradeaus.
Die Höhenangaben entstammen zuallererst den Karten, denn die haben Geografen vermessen und gezeichnet, dann erst dem ständig justierten Höhenmesser und dann den Beschilderungen in der Natur. Bei den Angaben des Höhenmessers sind aber immer Ungenauigkeiten möglich, weil diese wegen der Veränderung des Luftdrucks durch Wetterwechsel variabel sind.

Wegmarkierungen und Wegweiser

Alle Wege in der Wanderregion sind mit Wegweisern, Markierungen und Picknickplätzen sehr gut erschlossen. Örtliche Rundwege haben ihre eigenen Markierungen. Wenn nötig, sind in den Wegbeschreibungen die Markierungen der Wanderwege angegeben. Verschiedenartig geschriebene Ortsnamen sind vorrangig den Karten entnommen, dann erst der Beschilderung in der Landschaft.

Geologie

Kaum sonst wo in Europa finden sich so viele und so unterschiedliche Gesteinsformationen auf so kleinem Raum wie im Fichtelgebirge und Frankenwald (siehe Tour 9: Auf dem Geopfad Steinachtal). Das geologisch vielfältige Fichtelgebirge setzt sich aus Tiefengesteinen wie Granit, Basalt, Diabas und anderen Gesteinen zusammen. Der geologisch verwandte Frankenwald wird noch durch Schiefer bereichert. Die Fränkische Schweiz ist der nördliche Ausläufer der Frankenalb und somit auf geschichteten Kalksedimenten mariner Ablagerungen oder kristallinem Dolomit und Resten mächtiger Schwammriffe aufgebaut. Typisch sind die Kalkscherbenäcker auf den Höhen der Alb.

Der Hohle Lerchensporn liebt lichte Waldränder (TOUR 31).

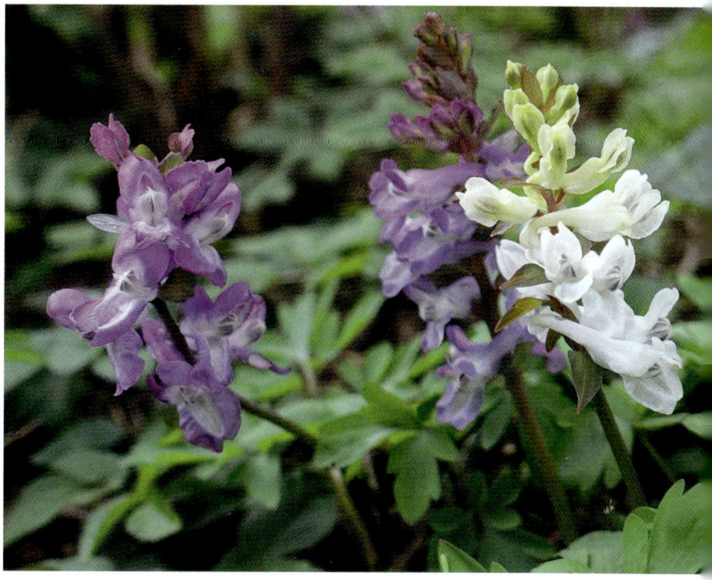

Flora und Fauna

Die Fränkische Schweiz besitzt eine einzigartige Flora und Fauna. Von den insgesamt 42 endemischen Pflanzen Deutschlands befinden sich 15 Arten ausschließlich in diesem Bereich. Außerdem gibt es hier rund 40 Orchideenarten. Eine Besonderheit sind die Standorte der Trocken- oder Kalkmagerrasen, die angepassten Arten der Pflanzen- und Tierwelt Lebensraum bieten. Die Wacholderhänge entstanden durch die intensive Beweidung mit Schafen. Auf diesen Flächen wachsen niedrige Kraut- und Halbstrauchpflanzen. Typisch sind Arten der Steppenvegetation. Es kommen Akelei, Bergaster, einige Enzianarten, Golddistel, Küchenschelle, Ausdauernder Lein, verschiedene Orchideen, Pfingstnelke, Weißes und Rotes Waldvöglein vor. Kalkmagerrasen gehören zu den Lebensräumen mit den meisten Tagfalterarten. Besonders Bläulinge sind vielfach vertreten. Die offenen, unverbuschten Kalkfelsen bilden auch das natürliche Biotop des seltenen Apollofalters, das letzte Vorkommen in Franken. Die Raupen des Apollofalters sind auf die Weiße Fetthenne (*Sedum album*), die in den felsigen

Fremdenverkehrsämter

Die örtlich passenden Touristinformationen zu den Wanderungen sind in der Infospalte der Touren angegeben. Zudem haben jede Stadt und fast jeder Ort einen eigenen Internetauftritt. Überörtliche Fremdenverkehrsämter sind:

Tourismuszentrale Fränkische Schweiz
Oberes Tor 1, 91320 Ebermannstadt, Tel. 09191/ 86 10 54, www.fraenkische-schweiz.com

Tourismuszentrale Fichtelgebirge
Gablonzer Straße 11, 95686 Fichtelberg, Tel. 09272/96 90 30, www.tz-fichtelgebirge.de

Frankenwald Tourismus
Adolf-Kolping-Straße 1, 96317 Kronach, Tel. 09261/ 60 15 17, www.frankenwald-tourismus.de

Bereichen der Hänge wächst, als Futterpflanze angewiesen (siehe Tour 20). In den Lüften sind immer wieder seltene Greifvögel zu sehen und an den Flüssen ist die Arbeit des Bibers zu beobachten. Die Höhlen bieten allen europäischen Fledermausarten Unterschlupf und Kinderstube.

Naturschutz

Geschützte Pflanzen sind in allen ihren Teilen geschützt und sollten auch nicht zertreten werden. Wir müssen daher auf den Wegen bleiben und dürfen keine »Abkürzer« benutzen und keine weglose Wildnis betreten. Gibt es auch an einigen Stellen zum Beispiel eine geschützte Pflanze in großen Mengen, bleibt dies insgesamt doch eine bedrohte Art. Nichts berechtigt dazu, eine der geschützten Blumen wegzunehmen, weil doch so viele an einem Platz sind. Wildtiere benötigen besonders in den Bergen ihre Ruhezonen. Aus meiner berufsbezogenen forstlichen Fachkenntnis wurden bei allen Wanderungen keine Wildeinstandsgebiete und weglose Wildnis durchquert.

Interessante Internetadressen

www.frankentourismus.de
Übersicht aller fränkischen Urlaubsgebiete mit Städten, Kultur, Natur, Kulinarik, Wandern, Radfahren, Bootstourismus und Unterkünften.

www.infranken.de
Freizeit und Tourismus in fränkischen Regionen

www.frankenlandler.com
Wanderungen und Ausflugsziele

www.franken-bierland.de
Biergärten, Brauereigasthöfe, Bierfeste und Brauereiführungen

www.frankenjura.com
Wetter, Wandervorschläge und Naturschutz

www.fraenkische-schweiz.com
Prospekte, Karten und Broschüren

www.tz-fichtelgebirge.de
Wandern, Kultur, Kulinarik und Unterkünfte

www.frankenwald-tourismus.de
Interaktive Karte zu touristischen Höhepunkten

Einkehrmöglichkeiten

Eine Auswahl an Einkehrmöglichkeiten in Restaurants, Wirtshäusern und Brotzeitstuben ist bei den Wanderungen angeführt. Die Öffnungszeiten sind jedoch für die Folgejahre nicht verlässlich anzugeben. Erkundigen Sie sich daher selbst anhand der angegebenen Telefonnummern oder Internetadressen.

Regionale Küche

Die eigenständige regionale Küche besteht aus herzhaften, traditionellen Gerichten. In der Regel handelt es sich um regionale Schmankerl, naturtrübe, ungefilterte Biere und fränkische Weine, die auch Feinschmecker zufriedenstellen. Jedes Jahr kommen

Tausende Gäste in die fränkischen Gastwirtschaften, um zur gegebenen Zeit Karpfen oder Spargel zu genießen. Fränkische Schäuferla gibt es immer und überall. Fränkische Bratwürste aus untereinander konkurrierenden Orten sind eine Berühmtheit für sich. Daneben gibt es Genussspezialitäten, die sich durch ihre Namensgebung nicht gleich erschließen. Die Erforschung von Zwetschgenbaames, Drei im Weggla, Baggersla oder Bauchstechala erfordern tieferen Einsatz (siehe Seite 154: net nur Seidla und Broudwärschd).

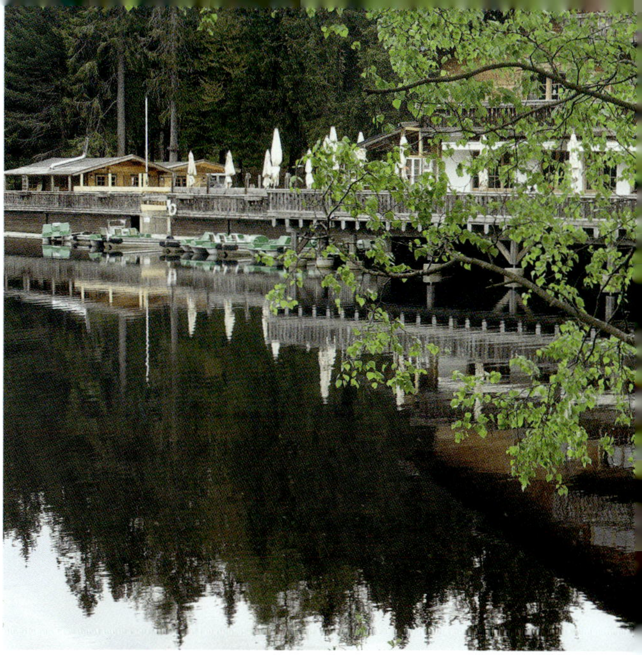

Karten

Die zur Recherche verwendeten Wanderkarten sind in der Infospalte jeder Tour angegeben. Eine Übersicht der Blattschnitte der notwendigen Karten ist unter www.lvg.bayern.de, www.fritsch-landkartenverlag.de und www.kompass.de/blattschnitte zu finden. Manchmal sind in den Touristinformationen kleinräumigere Wanderkarten gratis erhältlich. Wer sich kostenlos selbst eine Wanderkarte der geplanten Gegend ausdrucken möchte, wird unter geoportal.bayern.de/bayernatlas fündig.

Idylle am Fichtelsee (TOUR 15)

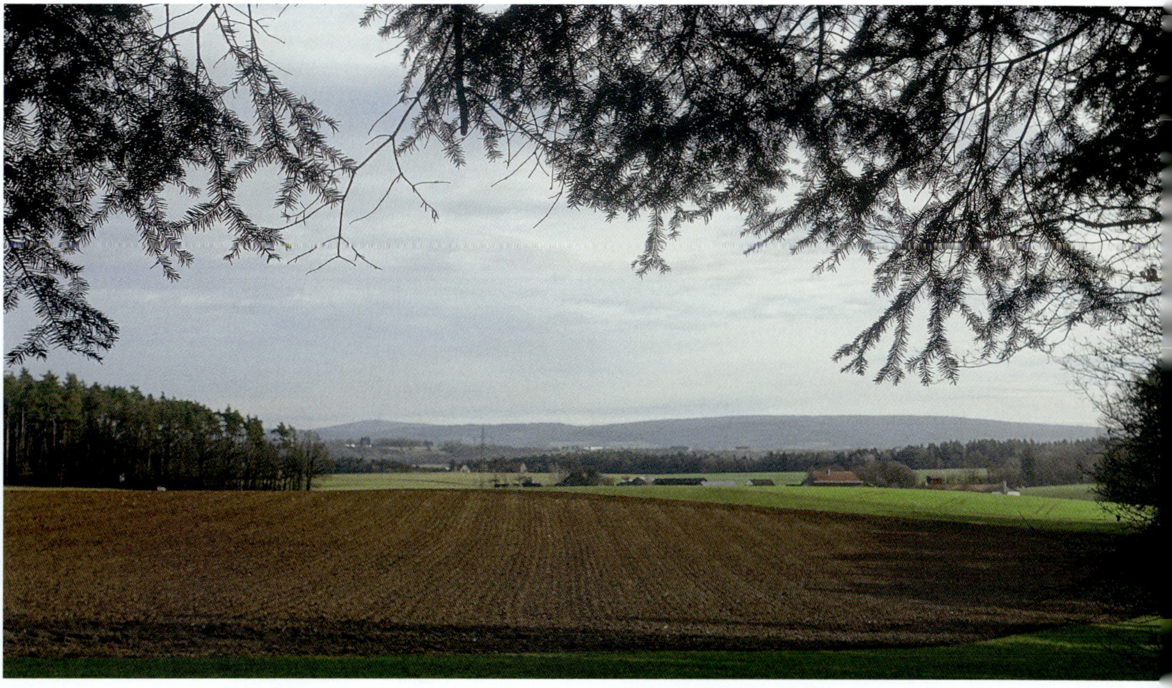

Blick von der Theta über die Hochfläche bis Bayreuth (TOUR 16)

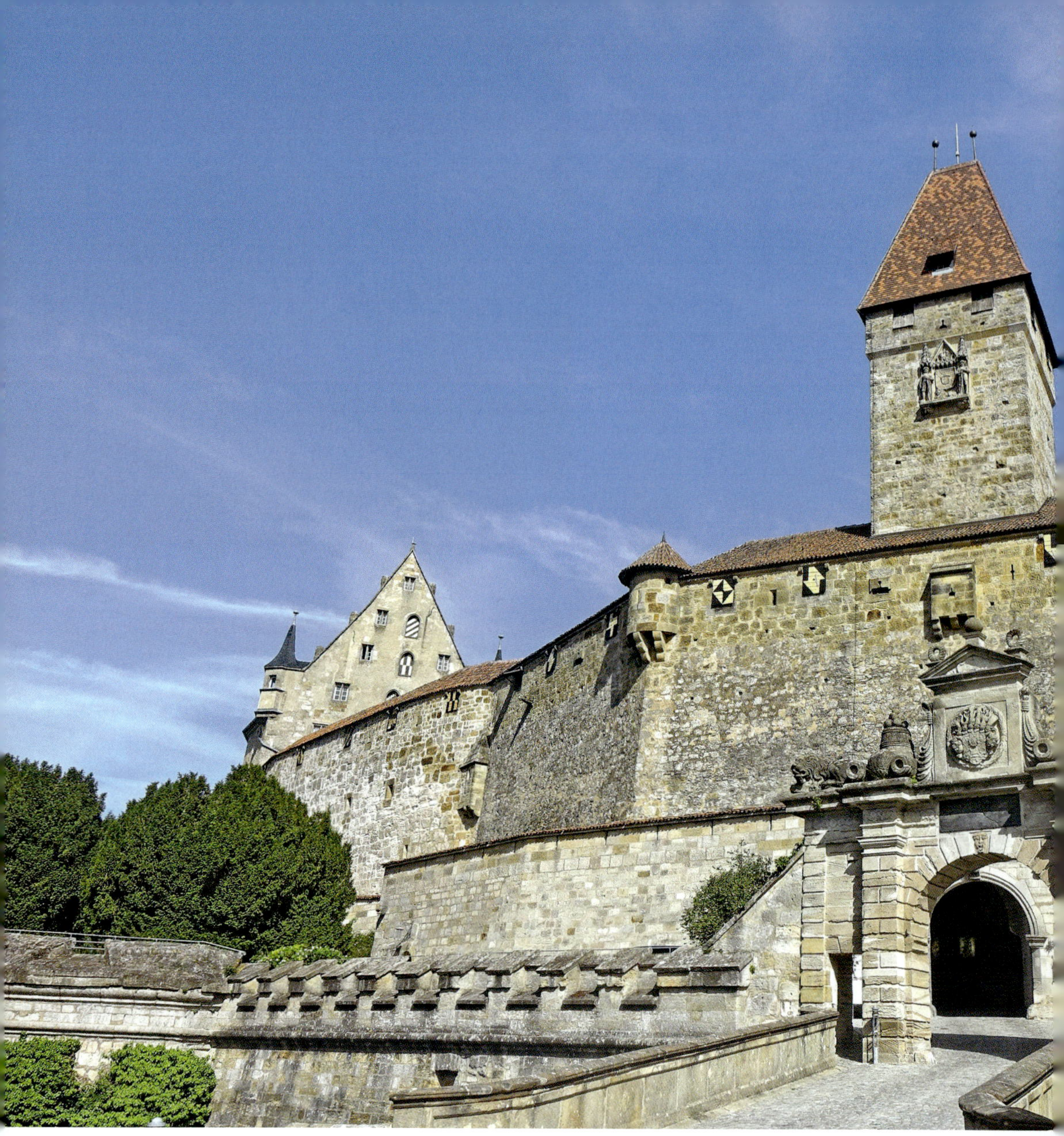

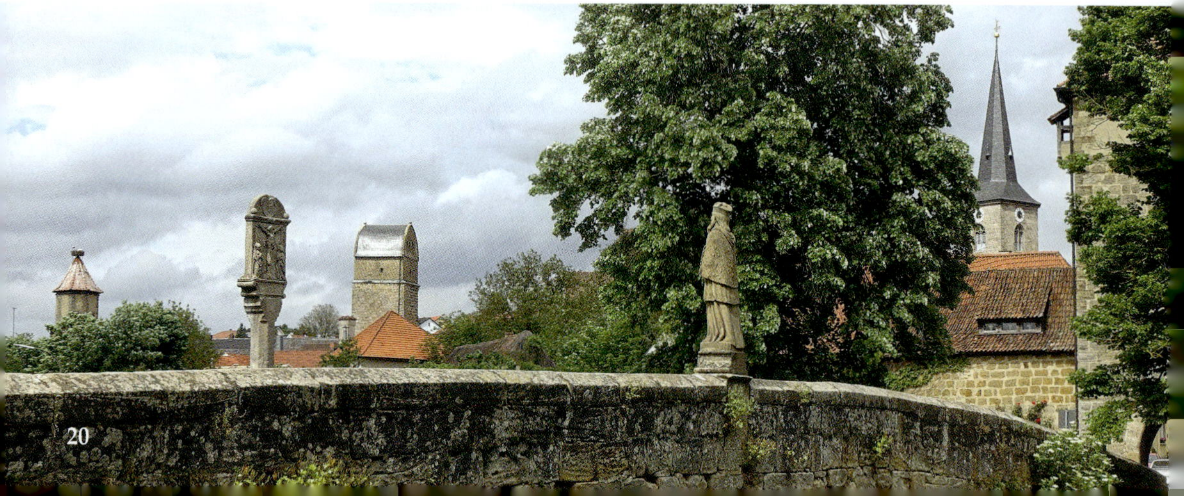

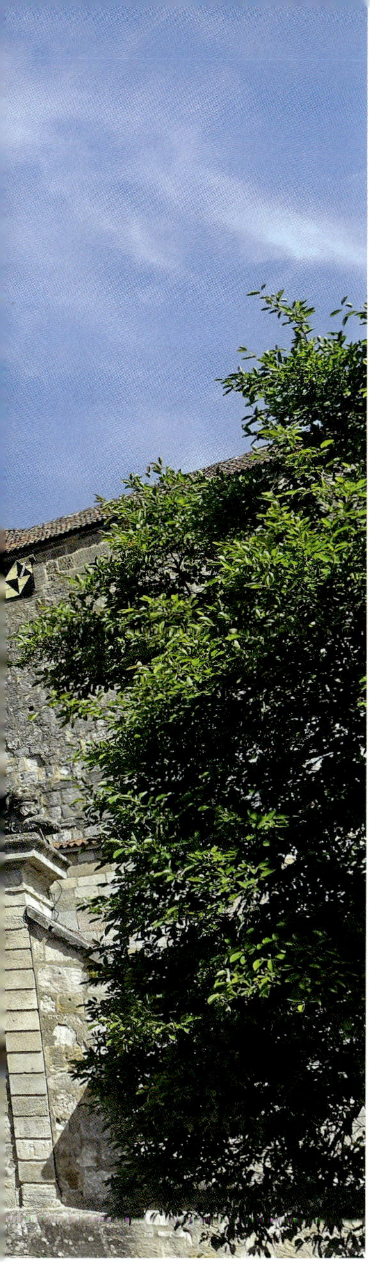

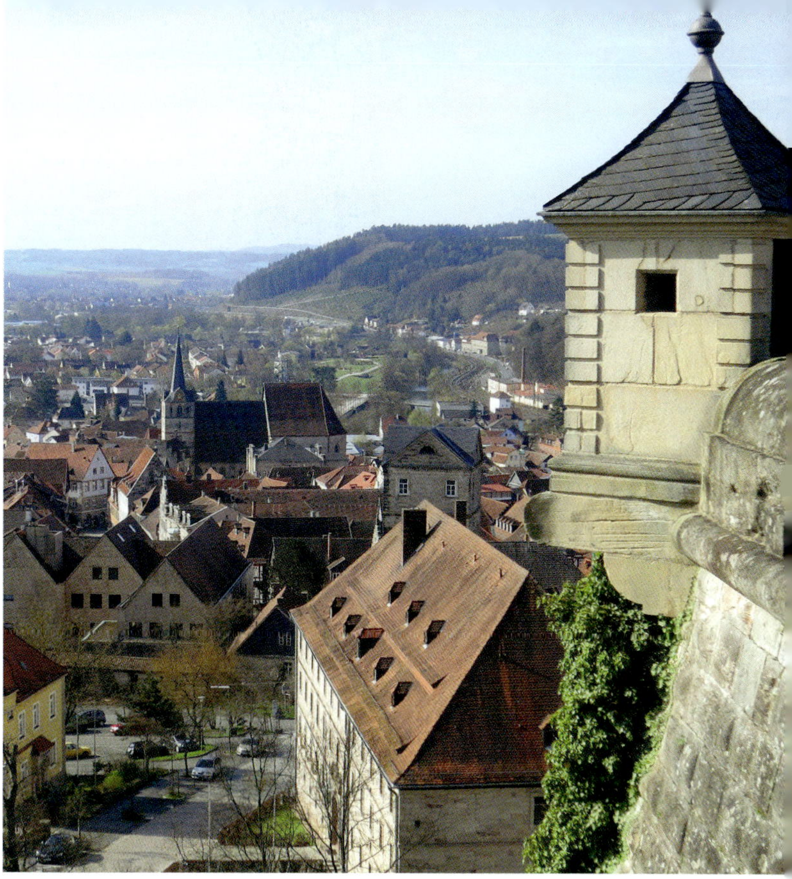

Obermain-Jura

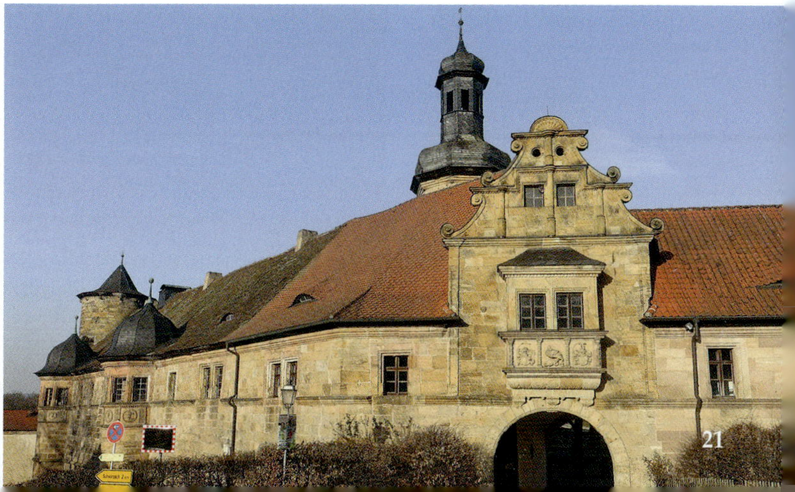

Oben links: Am barocken Vortor der Veste Coburg (TOUR 3). Oben rechts: Aussicht von der Festung über Kronach (TOUR 5). Unten rechts: Haupttor zum Vorhof von Schloss Wernstein (TOUR 7). Unten links: An der mittelalterlichen Bogenbrücke vor Seßlach (TOUR 2).

1

Rodach und Henneberger Warte

Wanderlust, Biergarten und Aussichtsturm

Leicht | 2:30 Std. | 120 Hm | 7,3 km

Besonderer Genuss: Aussicht

Tourencharakter
Leichte, meist sonnige Tour auf befestigten Wegen durch Wälder und Wiesen. Im Ortsgebiet auf Straßen

Ausgangs-/Endpunkt
Parkplatz am Bahnhof Bad Rodach, GPS N50°20'13.1" E10°46'38.3", Höhe 305 m ü. NN

Anfahrt
Auto Von Coburg auf der Rodacher Straße (St 2205) bis Rodach, dort Werner-von-Siemens-Straße und Heldburger Straße zum Bahnhof
Bahn Von Coburg nach Rodach (www.bahn.de)

Gehzeiten
Parkplatz Bahnhof Bad Rodach – Kurparksee 0:15 Std. – Henneberger Warte 0:35 Std. – Kurallee 0:25 Std. – Marktbrunnen 0:30 Std. – Johanniskirche 0:15 Std. – Marktbrunnen 0:20 Std. – Parkplatz Bahnhof Bad Rodach 0:10 Std.

Einkehr in Bad Rodach
Gasthaus Sankt Georgenberg, Tel. 09564/5250028
Stadtcafé Bad Rodach, Heldburger Straße 1, Tel. 09564/8058786, www.stadtcafe-bad-rodach.de
Imbiss City Grill am Marktplatz

Karten
Coburger Land, UK 50 3, 1:50000 (www.lvg.bayern.de)
Oberes Maintal-Coburg, Nr. 50, 1:50000 (www.fritsch-landkartenverlag.de)

Touristinformation
Schloßplatz 5, 96476 Bad Rodach, Tel. 09564/19433, www.bad-rodach.de

Die versteckten Winkel im historischen Bad Rodach verzaubern die Besucher. Auf der bayerischen Halbinsel, umgeben vom Thüringer Wald, sind Entdeckungen zu machen. Die fränkische Lebenslust zeigt sich auch im Biergarten auf dem Georgenberg.

Zum Kurparksee Vom Parkplatz am **A Bahnhof Bad Rodach** starten wir am Ende der Schienen auf der Heldburger Straße links nach Süden stadtauswärts und gehen nach 90 Metern rechts in die Gerbergasse in Richtung Thermalbad. Nach 50 Metern biegen wir links in die Straße ein, die am Minigolfplatz vorbeiführt. An einer Weggabelung am Waldrand geht es auf dem Weg mit Straßenlampen links. An einer T-Kreuzung laufen wir links auf der Brücke über die Rodach und entlang der Weidenallee. Auf dem Zebrastreifen gehen wir über die Thermalbadstraße auf dem Lutherweg in

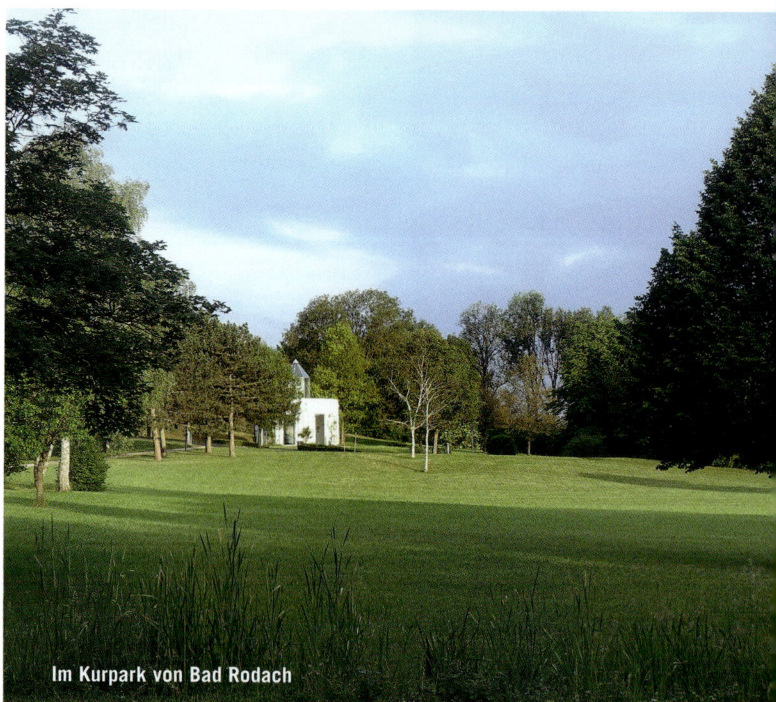
Im Kurpark von Bad Rodach

den Kurpark über die Brücke am ❶ **Kurparksee**. Bad Rodach ist seit 1999 als Heilbad mit der wärmsten Thermalquelle (34 °C) Nordbayerns anerkannt.

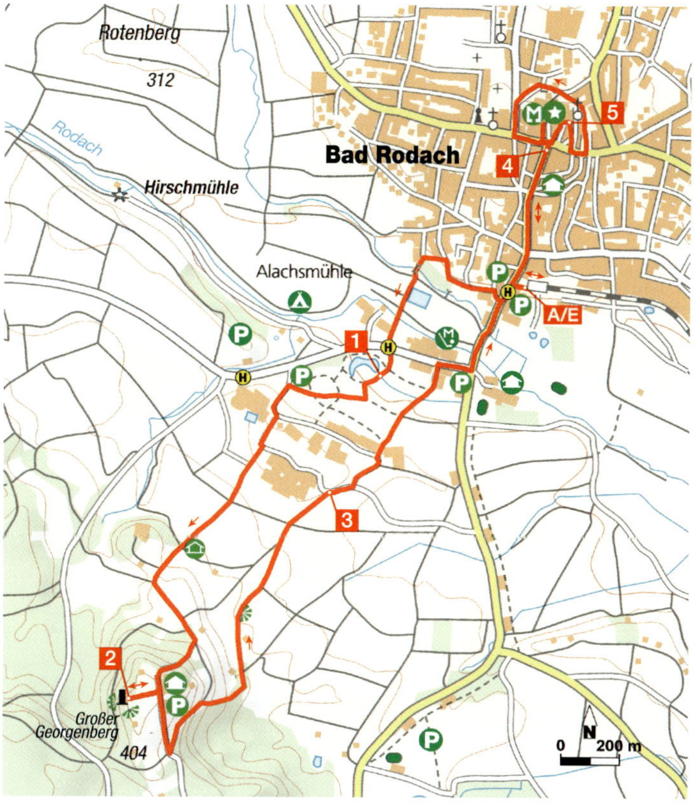

Zur Henneberger Warte An einer Weggabelung wandern wir rechts zur Thermalbadstraße und folgen ihr nach links an der Therme vorbei. Am Kreisverkehr vor dem Kurhotel bleiben wir geradeaus und am Umkehrplatz gehen wir wieder geradeaus auf einen Feldweg in Richtung Gaststätte Sankt Georgenberg hinaus entlang einer Lindenallee. Zwischen Großem Georgenberg und Kleinem Georgenberg steigt der Weg durch den Wald hinauf. Am Ende des Wegs müssen wir auf dem Forstweg links in Richtung Henneberger Warte. An der gleich folgenden Gabelung geht es rechts hinauf und über eine Treppe zur Gaststätte Sankt Georgenberg mit herrlichem Biergarten. Namenspatron des Gasthauses und des Bergs ist der heilige Georg, der Schutzpatron des Klosters Georgenberg, das einst im 12. Jahrhundert errichtet wurde. Das Kloster war ein kleiner Ableger des Klosters Veßra in Thüringen. Mauerreste sind am Spielplatz hinter dem Biergarten zu sehen. Über den Parkplatz nach dem Biergarten kommen wir zum Aussichtsturm ❷ **Henneberger Warte**. Der Turm ist 30 Meter hoch und von oben ergibt sich ein Rundblick zu Landmarken in Bayern und Thüringen (siehe Infokasten).

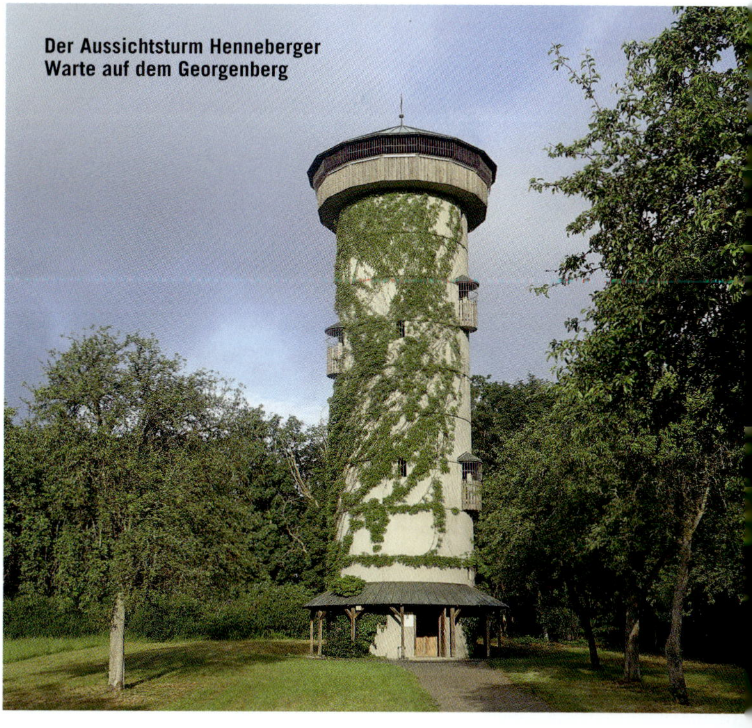
Der Aussichtsturm Henneberger Warte auf dem Georgenberg

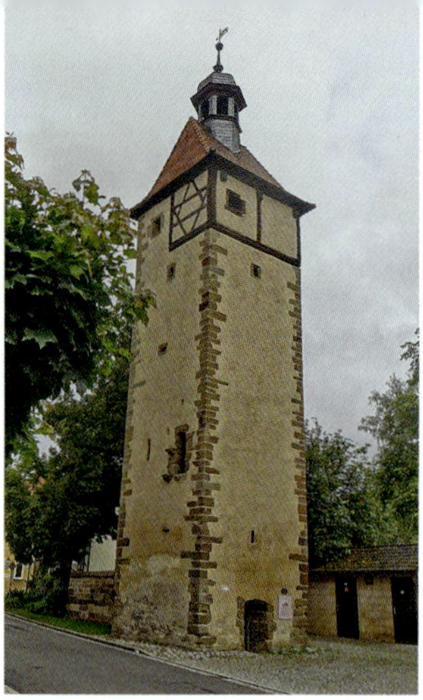

Am Kupfersturm in Bad Rodach

Zur Kurallee Wer glatte und markierte Wege liebt, geht den gleichen Weg nach Bad Rodach zurück. Ein etwas abenteuerlicher, aber abwechslungsreicher und romantischer Weg geht vom Aussichtsturm über den Parkplatz und auf der Zufahrtstraße rechts hinunter. In der Linkskurve führt auf der linken Seite in spitzem Winkel vom Busumkehrplatz ein kleiner Pfad abwärts. Der Pfad wird zu einem romantischen Hohlweg. An einer Weggabel bleiben wir in dem Hohlweg, der rechts hinabführt. Weiter unten gehen wir auf einer Fahrspur über artenreiche naturnahe Klappertopf-Wiesen an einem Gartenhäuschen vorbei. Auf dem Wiesenweg kommen wir rechts am großen Medical Park vorbei und laufen auf dem Gehweg entlang der 3 **Kurallee**.

Zum Marktbrunnen An einer Straßengabelung nehmen wir geradeaus den Kurring und biegen nach der Linkskurve rechts in den Gehweg Richtung Stadt ein. An einer Gabelung im Kurpark gehen wir rechts und am Ende des Wegs neben der Thermalbadstraße rechts. Am Parkplatz mit dem Storchennest auf dem alten Fabrikschlot geht es links auf der Heldburger Straße jetzt am Bahnhof und am Kaiserlichen Postamt vorbei zur Stadt hinauf. Am 4 **Marktbrunnen** mit der Löwenfigur vor dem Rathaus ist das Zentrum von Bad Rodach und auch ein Stand mit herrlichen fränkischen Bratwürsten. Die Anfänge des Orts reichen bis in das 8. Jahrhundert zurück. 1362 erhielt Rodach die Stadtrechte und wurde 1386 mit einer Stadtmauer umgeben, deren Steine zum Teil aus dem abgebrochenen Kloster Sankt Georgenberg stammen. Einst gab es drei Stadttore und sieben Türme. Das schmucke Rathaus geht auf das 14. Jahrhundert zurück. Die Fassade wurde jedoch im 19. Jahrhundert umgestaltet. Die schönen Winkel Bad Rodachs erschließen sich erst durch Erkundungsgänge.

Blick von der Henneberger Warte

Bad Rodach steht auf einer bayerischen Halbinsel, die im Norden, Westen und Süden von Thüringen umgeben ist. In Richtung Nordosten schauen wir zunächst auf die Stadt Bad Rodach. Im Südosten ist in 17 Kilometer Luftlinie die Veste Coburg zu erkennen (Tour 3). Etwas weiter rechts ist der Staffelberg zu sehen (Tour 17). In fünf Kilometer Entfernung steht im Südwesten die Veste Heldburg in Thüringen auf einem Vulkankegel. Die Burg aus dem 12. Jahrhundert wurde im 16. Jahrhundert als Schloss im Stil der Renaissance umgebaut. In der Veste befindet sich das Deutsche Burgenmuseum. In vier Kilometern Entfernung ist im Nordwesten die Burgruine Straufhain auf einem Vulkanberg in Thüringen zu sehen. Da die benachbarten Siedlungen im Jahr 800 in einer Urkunde genannt wurden, könnte auch die Burg zu dieser Zeit schon existiert haben. Die Burg Straufhain war im 13. Jahrhundert das größte Machtzentrum der Region und umfasste auch Coburg. Ab dem 14. Jahrhundert verlor die Straufhain ihre Bedeutung und wurde 1525 im Bauernkrieg zerstört.

Zur Johanniskirche Wir gehen in einem Abstecher geradeaus links neben der alten Marktapotheke am Rittergut Erffenhaus vorbei zum Schlossplatz. Im Jagdschloss mit dem Dianabrunnen davor, 1749 im Ansbacher Markgrafen-Barock erbaut, ist heute das Haus des Gastes mit Heimatmuseum untergebracht. Wieder am Marktplatz gehen wir links am Rathaus vorbei, wiederum links in der Kirchgasse am Glockenspiel und an der über 300 Jahre alten Rodacher Lateinschule vorbei zur 5 **Johanniskirche**, deren Wurzeln bis in das 8. Jahrhundert zurückreichen. Der Kirchturm wurde 1471 erbaut. Der übrige Bau entstand im 19. Jahrhundert. Neben der Kirche steht das prächtige Fachwerkhaus der Alten Schule aus dem 17. Jahrhundert. Hinter der Kirche sind noch bedeutende Reste der Stadtmauer und zwei Mauertürme zu sehen.

Zum Marktbrunnen Neben der Alten Schule gehen wir in der Schulgasse nach Süden und auf der Coburger Straße links. Gleich folgt links die Rückertstraße, die zu einem die Stadtmauer umfassenden Gehweg wird. Nach einem Halbkreis kommen wir zum Kupfersturm, der einst Teil der Stadtbefestigung war. Vom Turm aus sehen wir schon wieder den 4 **Marktbrunnen**.

Zum Bahnhof Bad Rodach Vom Marktbrunnen geht es geradeaus auf der Heldburger Straße zum Parkplatz am E **Bahnhof Bad Rodach** hinunter.

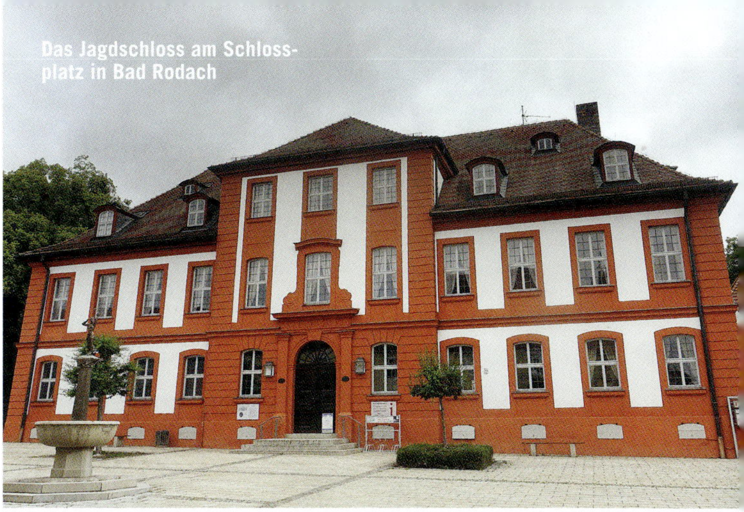
Das Jagdschloss am Schlossplatz in Bad Rodach

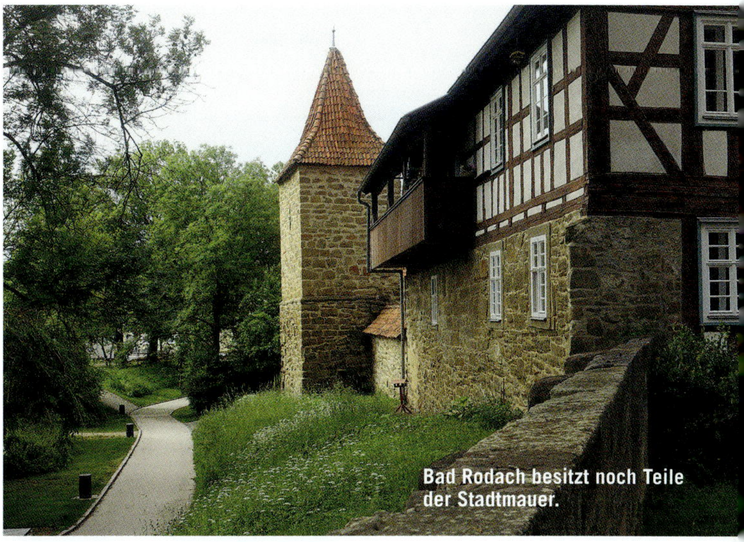
Bad Rodach besitzt noch Teile der Stadtmauer.

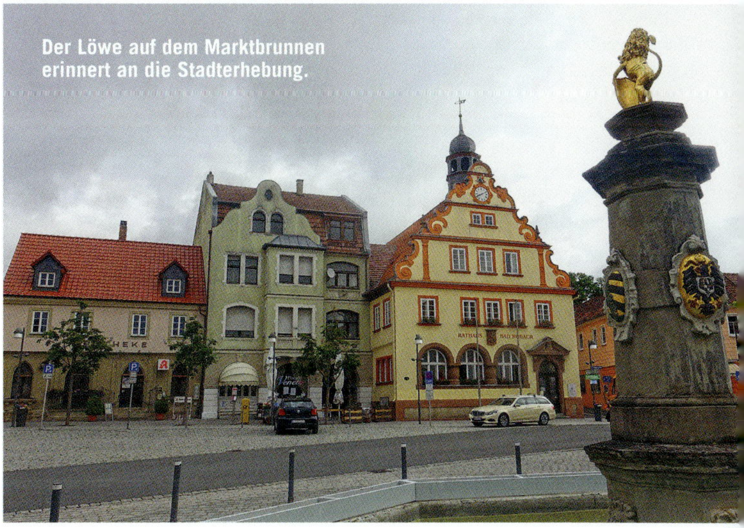
Der Löwe auf dem Marktbrunnen erinnert an die Stadterhebung.

2

Seßlach, Perle an der Rodach

Wege in die fränkische Fachwerkidylle

Leicht 2:00 Std. 30 Hm 6,0 km

Besonderer Genuss: Einkehr

Tourencharakter
Leichte, meist sonnige Tour auf befestigten Wegen durch Wiesen und Felder. Im Ortsgebiet auf Straßen

Ausgangs-/Endpunkt
Parkplatz am Unteren Ring in Heilgersdorf,
GPS N50°09'54.8" E10°49'47.5",
Höhe 270 m ü. NN

Anfahrt
Auto Von Bamberg auf der B4 und auf der St2278 nach Heilgersdorf
Bus Mit der Linie 8301 von Coburg nach Seßlach (www.bahn.de)

Gehzeiten
Parkplatz Rodachaue – Brücke 0:30 Std. – Aumühle 0:20 Std. – Heilig-Kreuz-Kapelle 0:40 Std. – Maximiliansplatz 0:10 Std. – Parkplatz Rodachaue 0:20 Std.

Einkehr in Seßlach
Landgasthof Roter Ochse, Flenderstraße 95, Tel. 09569/1220, www.roter-ochse-sesslach.de
Marktcafé Seßlach, Flenderstraße 42, Tel. 09569/209001
Altstadthof, Flenderstraße 39, Tel. 09569/1432, www.altstadt-hof.de
Gasthof Reinwand, Maximiliansplatz 99, Tel. 09569/304, www.gasthof-reinwand.de

Karten
Coburger Land, UK 50 3, 1:50000 (www.lvg.bayern.de)
Oberes Maintal-Coburg, Nr. 50, 1:50000 (www.fritsch-landkarten verlag.de)

Touristinformation
An der Kirche, 96145 Seßlach, Tel. 09569/922540, www.sesslach.de

In der lieblichen Landschaft des Rodachtals liegt der romantische 680-jährige Ort Seßlach. Das Fachwerkstädtchen strahlt durch ein ausgezeichnet erhaltenes mittelalterliches Stadtbild mit Bogenbrücke aus dem 16. Jahrhundert.

Zur Brücke vor Hattersdorf Schon vom Parkplatz **A Rodachaue** haben wir eine sehr schöne Ansicht der mittelalterlichen Stadt Seßlach mit Rothenberger Stadttor, Stadtpfarrkirche Sankt Johannes Baptista und dem Hattersdorfer Stadttor im Hintergrund. Die vierbogige Rodachbrücke stammt aus dem Jahr 1574. Sie trägt eine Statue des Heiligen Nepomuk und eine Bildsäule mit der Darstellung der Kreuzigung. Die äußere Brücke über den Froschgraben auf der linken Seite wurde erst 1819 nach dem Vorbild der Rodachbrücke gebaut. Vom Parkplatz überqueren wir die Straße zwischen den zwei Brücken, gehen vorbei an einem kleineren Parkplatz und unter der Straße St2204 hindurch. An der T-Kreu-

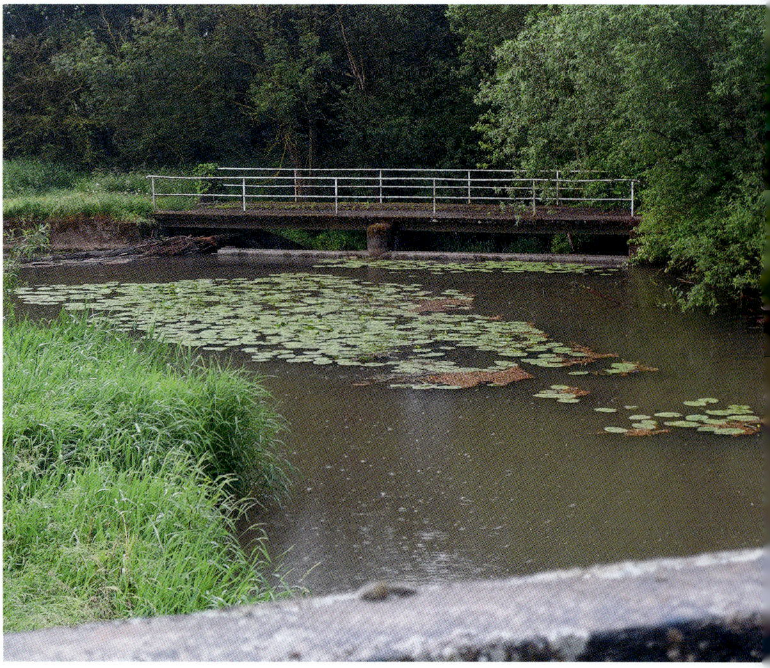

zung nach dem Sportplatz müssen wir rechts und an der Kreuzung nach dem Vereinsheim links entlang der Rodach flussaufwärts. An der Rodach wurde in den letzten Jahren an einem sanften Rückbau in ökologischem Sinne gearbeitet. Das Flüsschen zeigt sich heute als Idylle. Vor Hattersdorf überqueren wir auf einer Brücke den hier abzweigenden Froschgraben und gehen vor der **1 Brücke** über die Rodach links nach Hattersdorf hinein.

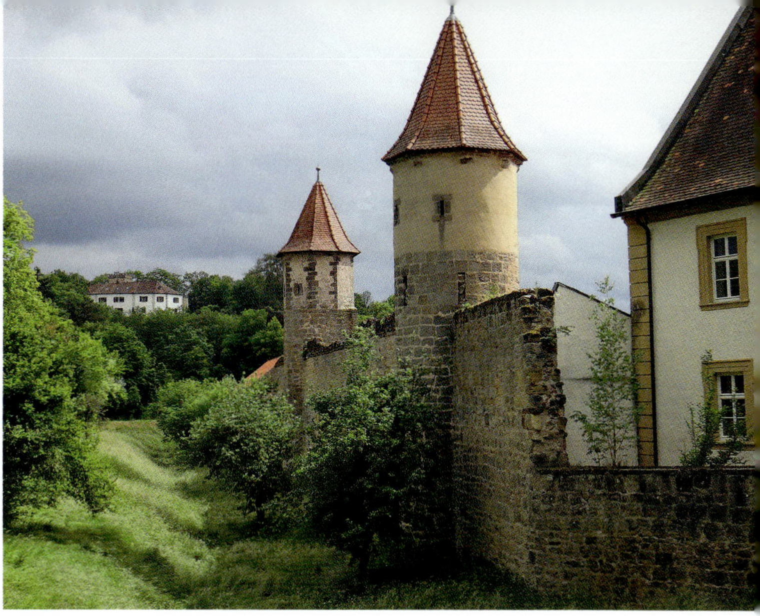

An der nördlichen Stadtmauer mit Blick zum Schloss Geyersberg

Linke Seite: An der Brücke über den Froschgraben vor Hattersdorf

Zur Aumühle Im hübschen Hattersdorf müssen wir am Brunnen rechts nach Norden aus dem Dorf hinaus. An zwei Weggabelungen wählen wir jeweils den rechten Feldweg. An einer Kreuzung geht es rechts zur **2 Aumühle**, die leider nicht mehr existiert, weil sie abbrannte. Sie war ein typisch fränkisches Fachwerkgebäude mit Wasserrad, das schon 1623 erstmals erwähnt wurde. Auf dem Gelände steht heute das Vereinsheim des Sport-Fischerei-Vereins Seßlach.

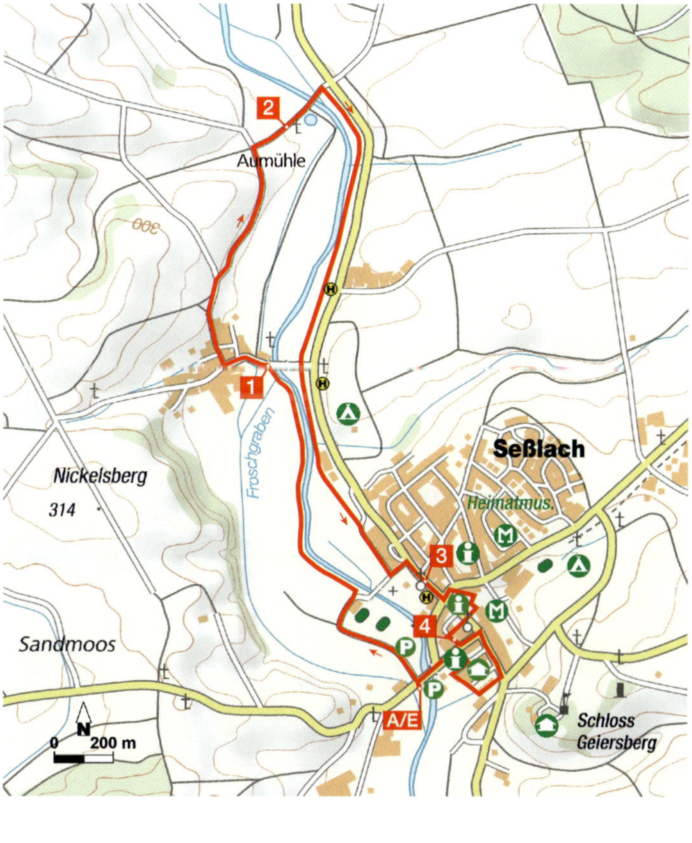

Zur Heilig-Kreuz-Kapelle Kurz vor der Straße St 2204 benutzen wir nach rechts den Geh- und Radweg entlang der Rodach auf der ehemaligen Bahntrasse in Richtung Seßlach. Wir bleiben auf diesem Weg bis hinein nach Seßlach und gehen vor dem Friedhof links hinauf und auf der Bahnhofstraße rechts an der barocken **3 Heilig-Kreuz-Kapelle** vorbei.

Zum Maximiliansplatz 20 Meter vor dem Hattersdorfer Torturm schreiten wir links hinauf und rechts auf dem Dr.-Müller-Zwinger entlang der Stadtmauer, die

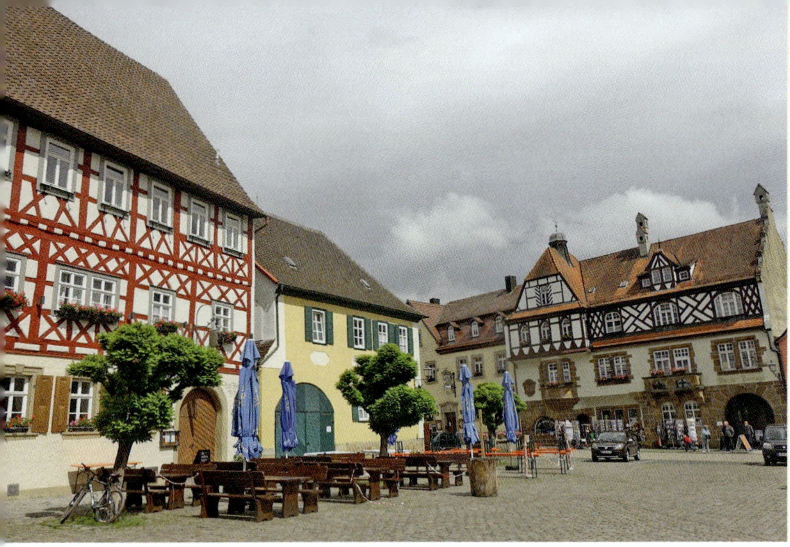

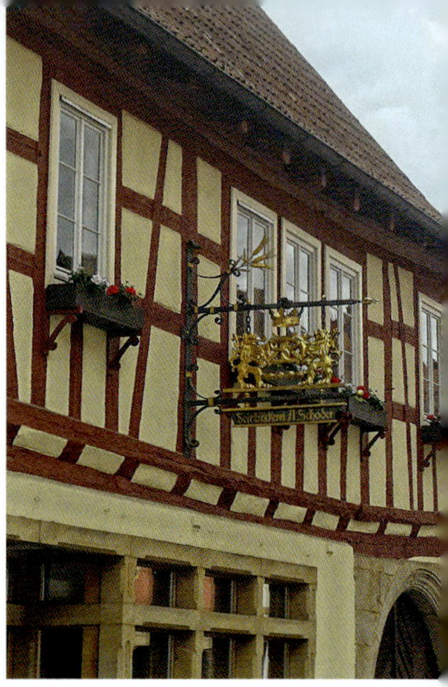

Links: Auf dem einladenden Maximiliansplatz in Seßlach

Mitte: In der Luitpoldstraße mit Blick zur Kirche Sankt Johannes Baptista

mit drei Tortürmen nahezu vollständig erhalten ist. Die Befestigungsanlagen entstanden ab dem 14. Jahrhundert und wurden noch bis zum 17. Jahrhundert ausgebaut. Eine Besonderheit sind die losen Rollsteine auf der Mauerkrone, die zur Verteidigung verwendet werden konnten. Der Blick nach Südosten entlang der Stadtmauer zeigt weiter oben auch das Schloss Geyersberg der Lichtensteiner aus dem 17. Jahrhundert. Die erste urkundliche Erwähnung der Burg auf dem Geiersberg, wie auch die Ansiedlungen auf dem Kirchhügel des jetzigen Seßlach, geht auf das Jahr 800 n. Chr. zurück. Vor einem Spielplatz können wir rechts hinunter und durch die Stadtmauer schlüpfen. Wir stehen auf der

Genuss in fränkischen Gasthäusern

In Seßlach stehen typische fränkische Wirtshäuser wie aus dem Bilderbuch. Die Familienbetriebe produzieren aus frischen und regionalen Produkten bodenständige fränkische Gaumenfreuden zu moderaten Preisen und bieten meist auch Gästezimmer an. In den Biergärten sind sonnige und auch schattige Plätze zu finden. Erwähnenswert ist das untergärige, braune Seßlacher Hausbräu-Bier, das in der Kommun-Brauerei der Stadt gebraut wird (gibt es auch in frisch abgefüllten Flaschen zum Mitnehmen). Das Eckhaus mit Fachwerk Zum Roten Ochsen wurde bereits im Jahr 1620 urkundlich erwähnt und ist somit das älteste Gasthaus in Seßlach. Aber schon 1489 wird an dieser Stelle eine Schankstätte genannt. Eine Besonderheit im Roten Ochsen ist die Speisekarte. Der Umschlag wird jedes Jahr von einem Künstler neu gestaltet und ist daher ein jährliches Unikat. Die Gasthäuser in Seßlach sind sehr beliebt und machen damit eine Reservierung zumindest an Wochenenden empfehlenswert.

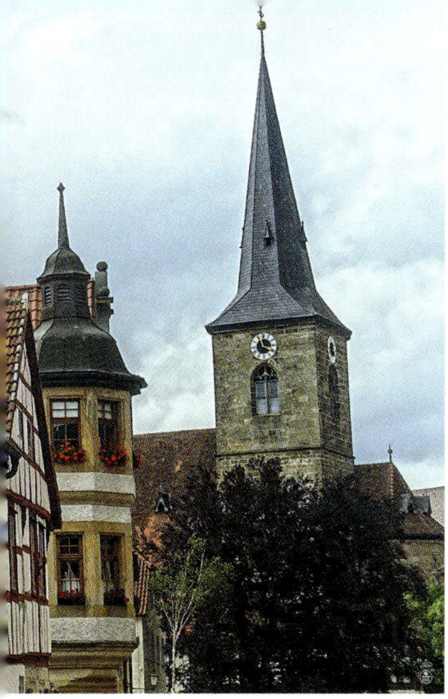

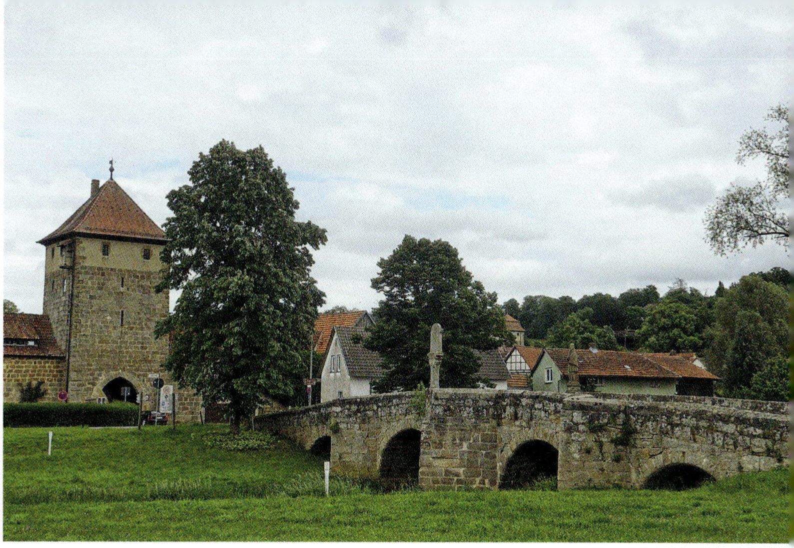

Luitpoldstraße vor dem Heimatmuseum mit Touristinformation und vor der Stadtpfarrkirche Sankt Johannes Baptista. Die spätgotische, dreischiffige Hallenkirche mit viergeschossigem Turm aus dem 15. Jahrhundert wurde im 18. Jahrhundert innen barockisiert. Kunsthistorisch interessant sind die Renaissance-Epitaphien (Grabplatten) der Familie von Lichtenstein und ein spätgotischer Flügelaltar. Hinter der Kirche kommen wir vom Kirchplatz neben der alten Schule durch die schmale Husemanngasse auf den 4 **Maximiliansplatz**, der vom Brunnen und zwei Gasthäusern dominiert wird. Auf der rechten Seite steht im Hintergrund das Kommun-Brauhaus aus dem Jahr 1892. Das Braurecht für das städtische Brauhaus besteht seit 1335. Hier wird braunes Landbier und saisonal auch Bockbier hergestellt. Das leckere Hausbräu-Bier kann in Gasthäusern verkostet werden. Berühmt ist das Seßlacher Bierfest im April. Wohn- und Wirtschaftsbauten aus dem 16. bis 18. Jahrhundert prägen die Altstadt. Einige Häuser mit Jugendstilelementen im Heimatstil des frühen 20. Jahrhunderts entstanden nach dem großen Stadtbrand von 1905. Das malerische Stadtbild zählt zu den schönsten in Oberfranken. 1987 bekam Seßlach die Titel Landes- und Bundessieger für beispielhafte Stadtsanierung. Kein Wunder, dass in der Altstadt Teile einiger Kinofilme gedreht wurden wie »Luther« und »Räuber Hotzenplotz«.

An der mittelalterlichen Bogenbrücke vor Seßlach

In der Luitpoldstraße mit Blick zum Geiersberger Torturm

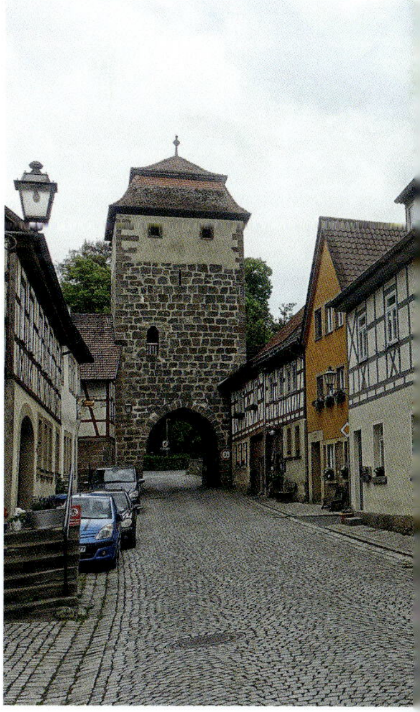

Zum Parkplatz Rodachaue An der offenen Südostseite des Maximilianplatzes ist der Marktplatz, auf dem wir links wieder zur Luitpoldstraße gehen. Nach rechts kommen wir zum Geiersberger Torturm und schlendern nach dem Stadttor rechts entlang der Stadtmauer zum Rothenberger Torturm. Rechts können wir noch durch das Tor die Fenderstraße bis zum Marktplatz hinaufschauen. Links vor dem Tor sind die mittelalterliche Bogenbrücke und der Parkplatz E **Rodachaue**.

3

Coburger Sehenswürdigkeiten

Berühmte Bratwürste und Kultur

Leicht | 2:20 Std. | 200 Hm | 6,8 km

Besonderer Genuss: Aussicht

Tourencharakter
Leichte, meist sonnige Tour auf befestigten Wegen und Straßen durch Wiesen, Parks und Stadtgebiet

Ausgangs-/Endpunkt
Parkplatz Brandensteinsebene, GPS N50°15'48.3" E10°59'26.4", Höhe 450 m ü. NN

Anfahrt
Auto Auf der A73 Ausfahrt 10 Ebersdorf und auf der B303 und B4 zum Parkplatz Brandensteinsebene
Bahn Nach Coburg (www.bahn.de)

Gehzeiten
Parkplatz Brandensteinsebene – Turm Eckardtsberg 0:30 Std. – Sintflutbrunnen 0:35 Std. – Stadtkirche Sankt Moriz 0:20 Std. – Schlossplatz 0:10 Std. – Veste Coburg 0:30 Std. – Parkplatz Brandensteinsebene 0:15 Std.

Einkehr in Coburg
Biergarten Prinzengarten, Theaterplatz 13, Tel. 0170/4464865, www.prinzengarten-coburg.de
Burgschenke, Veste Coburg 1, Tel. 09561/2343194, www.burgschaenke-veste-coburg.de

Karten
Coburger Land, UK 50 3, 1:50000 (www.lvg.bayern.de)
Oberes Maintal-Coburg, Nr. 50, 1:50000 (www.fritsch-landkartenverlag.de)

Touristinformation
Herrngasse 4, 96450 Coburg, Tel. 09561/898000, www.coburg-tourist.de

Hinweis
Coburger Wochenmarkt am Mittwoch und Samstag

Coburgs wunderbarer Marktplatz, Kultur- und Kunstschätze, stilvoll restaurierte Fachwerkhäuser und mittelalterliche Gassen regen zu einem Genussspaziergang an. Die Wanderung tangiert die Veste Coburg und weitere Aussichtspunkte der Stadt.

Zum Turm auf dem Eckardtsberg Am südöstlichen Ende des Parkplatzes **A Brandensteinsebene** beginnt ein Weg über die Felder nach Süden in Richtung etwas links von der Sendeantenne des Bayerischen Rundfunks auf dem Eckardtsberg. An einer Kreuzung gehen wir geradeaus auf dem jetzt asphaltierten Wirtschaftsweg weiter. In einer Linkskurve nehmen wir den Treppenweg mit der Markierung »C« rechts hinunter, der gleich nach links am Zaun entlang abbiegt. An einer Straßenkreuzung bleiben wir geradeaus auf der Löbelsteiner Straße. Nach 70 Metern wandern wir an der Bushaltestelle am Kreisverkehr links auf der Straße Pilgramsroth aufwärts. Weiter oben laufen wir auf einer schönen Kastanienallee entlang. An einer Bank besteht gute Aussicht zur Veste Coburg. Dann sind wir am Aussichtsturm auf dem 432 Meter hohen **1 Eckardtsberg**. Der Turm ist baufällig und leider nicht mehr geöffnet. Trotzdem können wir zur Veste Coburg und auf Teile der Stadt schauen.

Zum Sintflutbrunnen Vom Turm führt nach Südwesten ein Treppenweg hinab. Eine Privatstraße wird über die Treppe nach links hinunter umgangen. Der Gehweg endet an der Straße Eckardtsberg, wir gehen rechts und folgen dann der Straße nach links hinab. Am Ende der Straße folgen wir der Seidmannsdorfer Straße nach links und laufen nach 170 Metern rechts auf dem Gustav-Hirschfeld-Ring hinunter. Am Ende der Straße biegen wir rechts in die Ketschendorfer Straße ein. Nach 500 Metern zweigt rechts die Sackgasse Alexandrinenstraße ab, an der wir geradeaus auf dem Gehweg in den wunderschönen Rosengarten gelangen. Der **2 Sintflutbrunnen** stellt die Dramatik der biblischen Sintflut dar. Daneben steht das Palmenhaus. Im und um das Palmenhaus im Rosengarten gibt es Orchideen mit bizarren Blüten, eine Dschungellandschaft mit

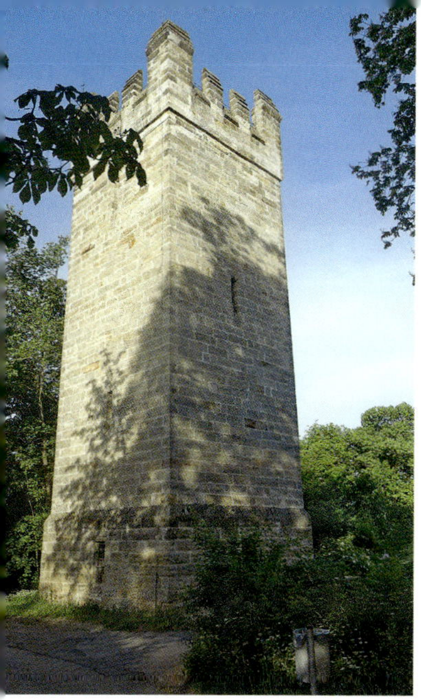

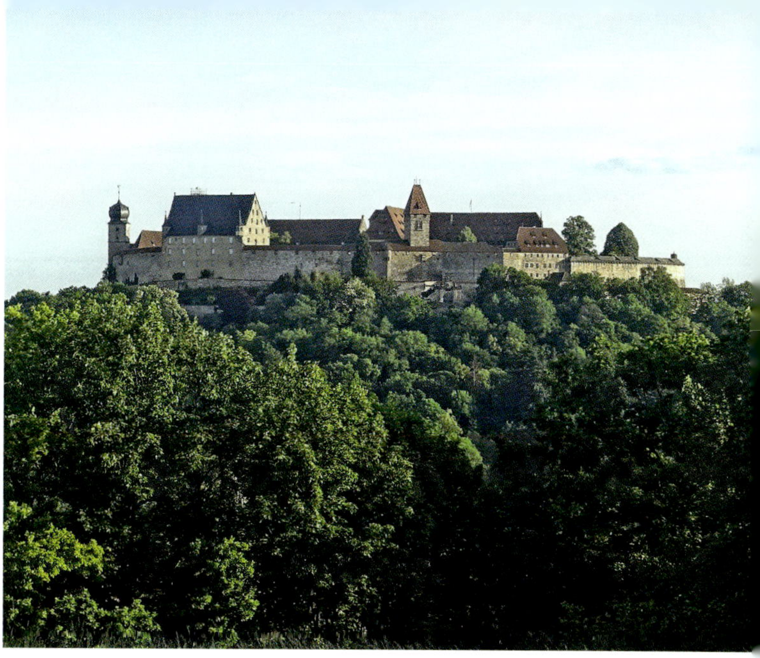

Palmen und Gummibäumen, ein Alpinum, Sukkulenten und Kakteen zu bestaunen.

Zur Stadtkirche Sankt Moriz Wir bleiben im Rosengarten und halten uns am Ende der Gartenanlage am großen Kongresshaus rechts vorbei und gehen am Berliner Platz über den Zebrastreifen auf den Gehweg in die Untere Anlage, die einst den Stadtgraben bildete. An den früheren Mauertürmen Lichtensteinturm

Oben links: Der Aussichtsturm auf dem Eckardtsberg

Oben rechts: Aussicht vom Eckardtsberg zur Veste Coburg

Am Sintflutbrunnen im Rosengarten von Coburg

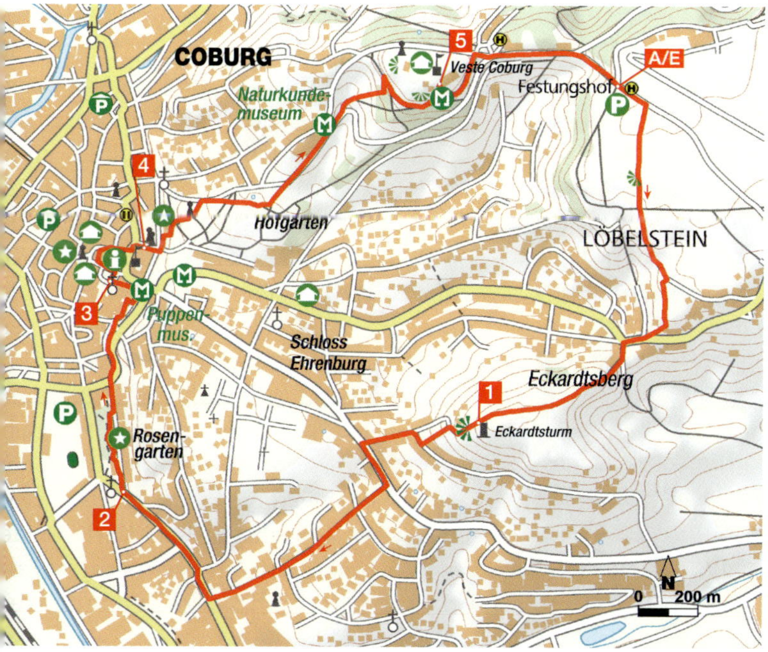

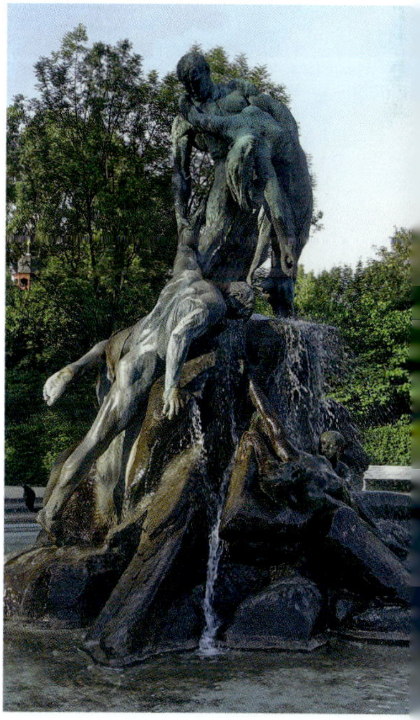

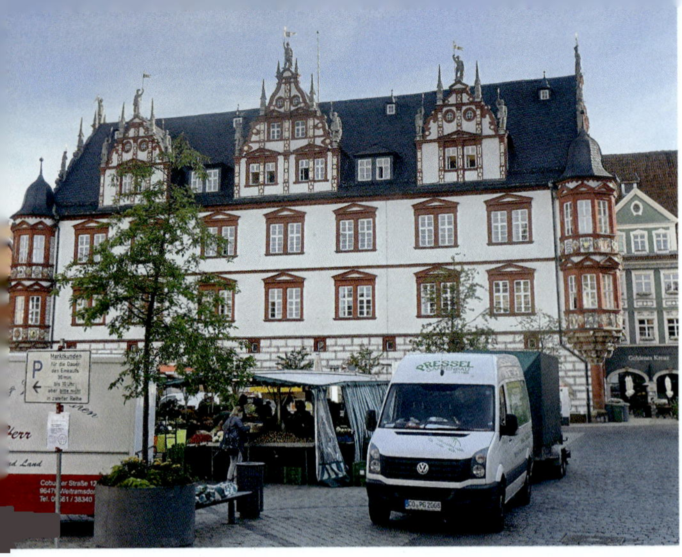

und Bärenturm bleiben wir geradeaus im Stadtgraben. An einem Denkmal können wir links zwischen den Häusern zur 3 **Stadtkirche Sankt Moriz**, die auf das 14. Jahrhundert gründet und in der Martin Luther predigte.

Zum Schlossplatz Vor der Hauptfassade der Kirche bleiben wir geradeaus auf der Neugasse und biegen nach dem Torbogen am Münzmeisterhaus aus dem Jahr 1350 rechts in die Ketschengasse ein. Der wunderschöne Coburger Marktplatz wird vom Rathaus und Stadthaus eingerahmt. Hier herrscht mittwochs und samstags auf dem Wochenmarkt reges Treiben. Im Zentrum des Platzes steht das Prinz-Albert-Denkmal, in dessen Blickrichtung auf dem Uhrengiebel des Rathauses der Schutzpatron von Coburg, der Heilige Mauritius, zu sehen ist. Die wichtigste kulinarische Institution am Marktplatz ist der immer rauchende Bratwurststand. Die berühmten Coburger Bratwürste werden auf Buchenholz und Kiefernzapfen gebraten und sind unwiderstehlich. Vom Marktplatz laufen wir auf der Herrengasse nach Osten weiter, vorbei an der Touristinformation und dann halb links zum 4 **Schlossplatz**. In der Mitte des repräsentativen Platzes steht das Denkmal von Herzog Ernst I. Umgeben wird der Platz von dem großen Schloss Ehrenburg, dem Marstall, der Reithalle, dem Palais Edinburgh, dem klassizistischen Landestheater und von den Arkaden mit Treppen in den Hofgarten. Das Schloss Ehrenburg entstand ab 1543, erhielt aber im 19. Jahrhundert nach den Entwürfen von Karl Friedrich Schinkel eine gotisierende Fassade sowie im französischen Empirestil gestaltete Räume.

Aussichtsrechteck über Coburg

Der Eckardtsturm formt mit der Veste Coburg, dem Schloss Callenberg und dem Bismarckturm ein Aussichtsrechteck auf den Hügeln um Coburg mit gegenseitiger Sichtverbindung. Der neugotische, 21 Meter hohe Eckardtsturm aus Sandsteinquader-Mauerwerk entstand 1873 und zeigt das Panorama über Coburg von Osten. Das Schloss Callenberg, im Westen der Stadt, zählt zu den bedeutendsten Baudenkmälern des Coburger Lands. Der befestigte Standort ist seit 1122 urkundlich dokumentiert. Ende des 16. Jahrhunderts nutzte Herzog Johann Casimir das Anwesen mit bezauberndem Rosengarten und Damwildgehege als Sommerresidenz. Die Fernsicht ist traumhaft. Der 1901 errichtete, 16 Meter hohe Bismarckturm aus Sandstein im Westen Coburgs ist in Luftlinie der nächstgelegene Aussichtsturm von der Altstadt, von dem sich die wunderschöne Aussicht genießen lässt. Auf der Veste Coburg ist einer der westlichen Türme als Aussichtsturm geöffnet.

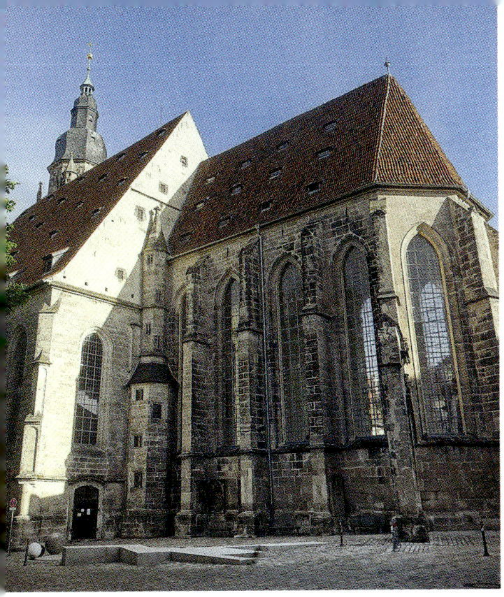

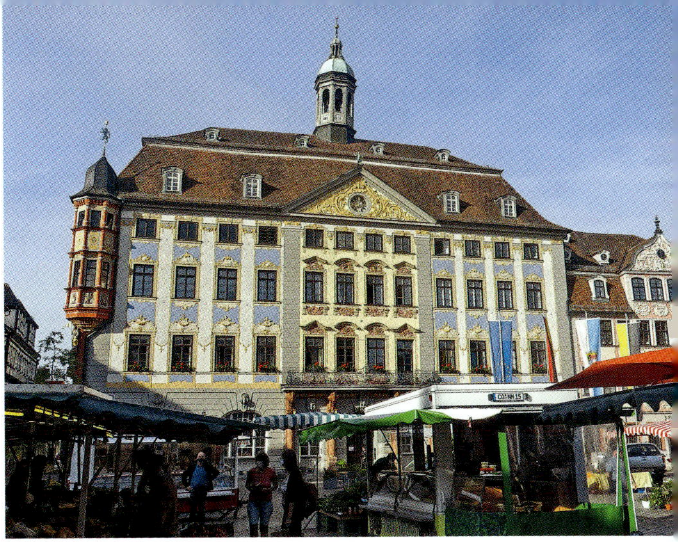

Zur Veste Coburg Vom Schlossplatz geht es auf der östlichen Seite weiter auf den Treppen der Arkaden hinauf in den Hofgarten und am Reiterdenkmal Herzog Ernst II. vorbei. An der linken Seite der Gartenanlage haltend kommen wir zum romantischen Herzog-Alfred-Brunnen. Rechts vom Brunnen steigen wir zum Ostpavillon auf, von dem der Lutherweg genau nach Norden in Richtung Veste Coburg hinaufführt. Nach dem Naturkundemuseum nehmen wir den linken Treppenweg aufwärts. Weiter oben geht es links auf einer langen Treppe hinauf zum barocken Vortor der 5 **Veste Coburg**. Die Veste Coburg geht auf das 13. Jahrhundert zurück und wird wegen ihrer Schönheit und ihrer beherrschenden Lage auch »Fränkische Krone« genannt. Sie zählt zu den größten und zu den am besten erhaltenen Burganlagen Deutschlands. Außergewöhnliche Sammlungen von Rüstungen und Kriegswaffen, kostbares Kunsthandwerk, die ältesten erhaltenen Kutschen der Welt, Gemälde von Albrecht Dürer, Lucas Cranach d. Ä. und Matthias Grünewald machen den Besuch der Veste Coburg zu einem einmaligen Erlebnis.

Oben links: In dieser Kirche ist die Grablege der Coburger Herzöge.

Oben rechts: Am Marktplatz steht auch das Rathaus von Coburg.

Linke Seite: Das schmucke Stadthaus am Marktplatz

Blick von den Arkaden auf Schloss Ehrenburg

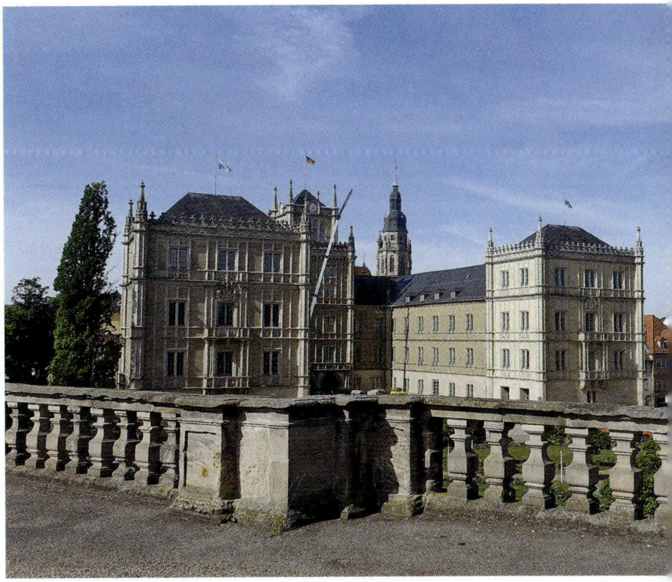

Zum Parkplatz auf der Brandensteinsebene Vom Vortor der Burg laufen wir links auf der gepflasterten Straße am Parkplatz vorbei nach unten zur Bushaltestelle. Auf dem Gehweg neben der Straße mit dem Namen Festungshof wandern wir vorbei am Hotel Festungshof zurück zum Parkplatz auf der E **Brandensteinsebene**.

4

Grünes Band am Froschgrundsee

Eine Perlenschnur an Lebensräumen

Leicht | 2:30 Std. | 130 Hm | 6,9 km

Besonderer Genuss: Ruhe und Natur

Tourencharakter
Leichte, meist schattige Tour auf Forststraßen, Kolonnenwegen und Pfaden durch Wälder und Wiesen. Im Ortsgebiet auf Straßen

Ausgangs-/Endpunkt
Wanderparkplatz Restaurant Froschgrundsee, GPS N50°20‘55.7“ E11°01‘51.2“, Höhe 355 m ü. NN

Anfahrt
Auto Auf der A 73 Ausfahrt 8 Neustadt bei Coburg und auf der B 4 und St 2206 zum Froschgrundsee
Bahn Nach Rödental und mit dem **Bus** Linie 2 zum Froschgrundsee (www.bahn.de)

Gehzeiten
Restaurant Froschgrundsee – Grenze 0:20 Std. – Kreuzung 0:20 Std. – Stromleitung 0:15 Std. – Brücke 0:15 Std. – Grenzbank 0:40 Std. – Restaurant Froschgrundsee 0:40 Std.

Einkehr
Restaurant Froschgrundsee, Schönstädt 14, 96472 Rödental, Tel. 09563/80 13, www.restaurant-froschgrundsee.de
Gaststätte Zum Weißen Roß, 96472 Weißenbrunn vorm Wald, Tel. 09563/50 98 90

Karten
Coburger Land, UK 50 3, 1:50 000 (www.lvg.bayern.de)
Oberes Maintal-Coburg, Nr. 50, 1:50 000 (www.fritsch-landkartenverlag.de)

Touristinformation
Bürgerplatz 1, 96472 Rödental, Tel. 09563/960, www.roedental.de

Am einstigen Todesstreifen sind Stacheldraht und Minen verschwunden. Einzigartige Busch- und Waldlandschaften, Sümpfe und Heiden haben die Oberhand gewonnen. Das grüne Band hat auf 1400 Kilometer Länge große Biodiversität hervorgebracht.

Naturparadies Froschgrundsee Vom Wanderparkplatz am Südende des Froschgrundsees können wir über die weite Fläche des Sees schauen. Am nördlichen Ende des Sees überspannt eine 800 Meter lange Brücke der ICE-Strecke Nürnberg–Erfurt den See und bestimmt das Landschaftsbild. Mit einem 270 Meter weiten Bogen ist die Brücke eine der am weitesten gespannten Eisenbahnbetonbrücken in Europa. Der Froschgrundsee ist ein Hochwasserrückhaltebecken zum Schutz der Stadt Coburg vor dem Hochwasser aus diesem Einzugsgebiet. Im schlimmsten Fall können sieben Millionen Kubikmeter Wasser zurückgehalten werden, wobei sich der See dann bis nach Thüringen zurückstaut. Die Itz und die Effelder sind die Hauptzuflüsse des Sees. Die beiden Bäche mäandern in einem natürlichen Lauf durch Naturschutzgebiete mit strukturreichen Weich-

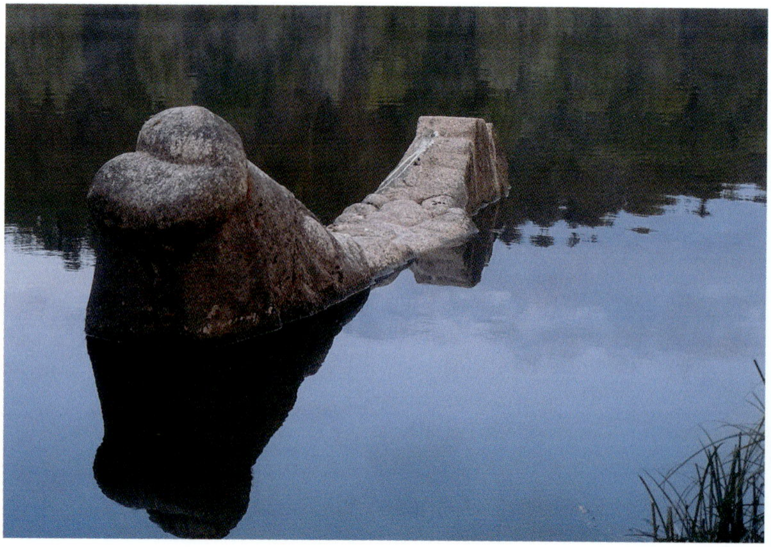

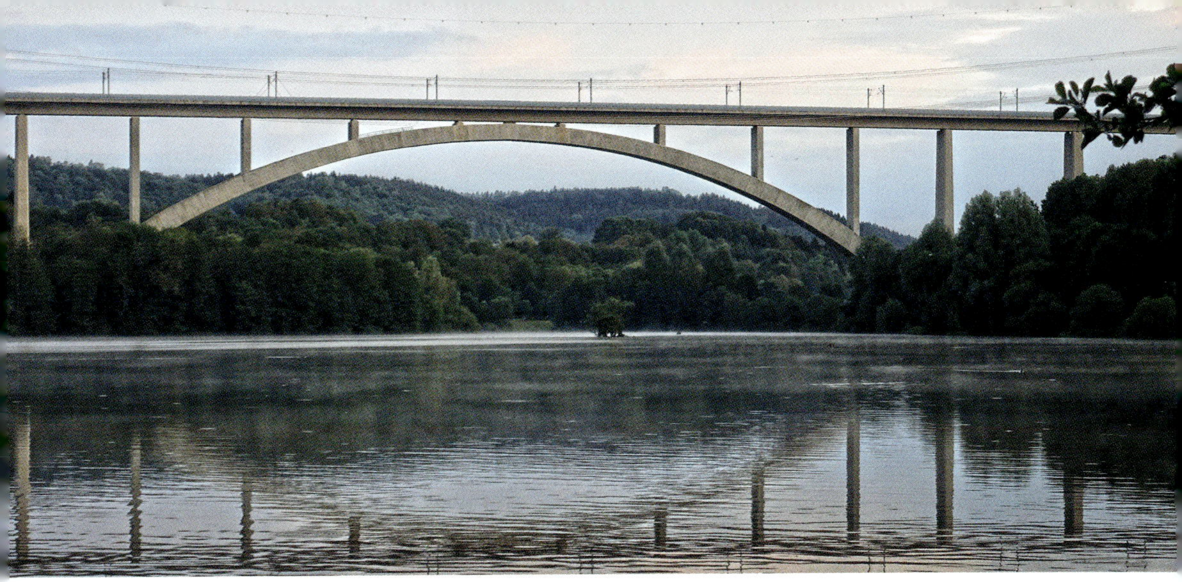

holz-Auwäldern, in denen sich die Wasseramsel und der Eisvogel wohlfühlen. Der See ist zu einem hervorragenden Karpfen- und Raubfischgewässer geworden, in dem sich Zander, Waller, Schleien, Barsche und Weißfische tummeln. Im Sommer ist der Froschgrundsee ein Paradies für Schwimmer und Wassersportler. Am See gibt es Liegewiesen, Rad- und Wanderwege.

Die lange Brücke der ICE-Strecke überspannt den Froschgrundsee.

Linke Seite: Im Froschgrundsee liegen einige Kunstfiguren.

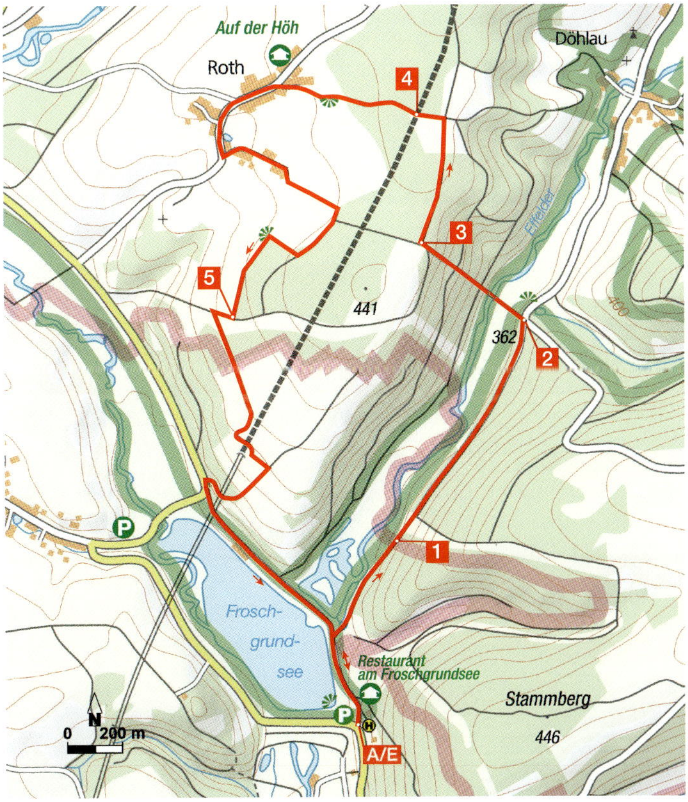

Zur ehemaligen Grenze Wir starten vom Wanderparkplatz am **Ⓐ Restaurant Froschgrundsee** nach Norden entlang des landschaftlich schön gelegenen Sees am Ostufer auf dem Rundwanderweg in Richtung Panoramaweg Schaumburger Land. 300 Meter nach dem Parkplatz gehen wir rechts in das Effeldertal hoch. Die Weiher und Feuchtgebiete im Effeldertal wurden zum Teil als Ausgleich zu den Baumaßnahmen des Stausees angelegt und sind durch ein Naturschutzgebiet behütet. Das Gebiet umfasst Talbereiche mit naturnahen Fließgewässern, gut ausgebildeten Säumen aus Ufergehölzen, Bachröhricht, Feuchtwiesen, Großseggensümpfe und Hochstaudenfluren. Ein Paradies für Amphibien und Wasser-

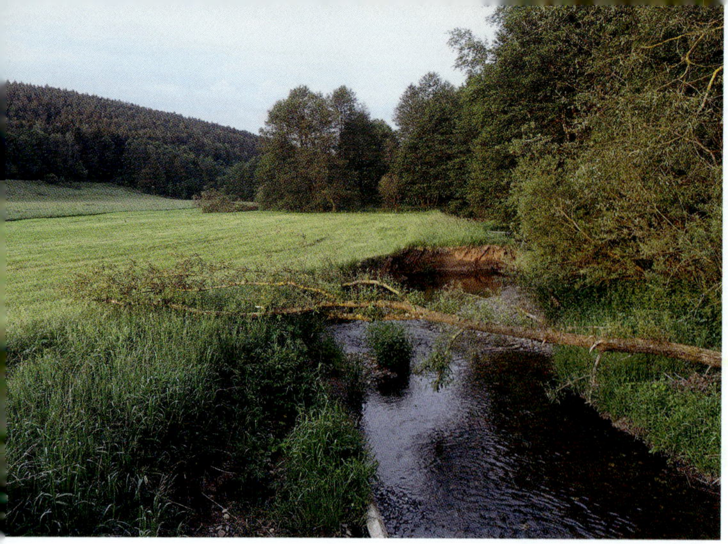

vögel. Das typische Schild für ein Naturschutzgebiet, wie es in den neuen Bundesländern verwendet wird, zeigt die 1 **ehemalige Grenze** zwischen der DDR und der BRD an. Der Grenzverlauf mit den Grenzsteinen ist heute die Grenze zwischen Bayern und Thüringen.

Zur Kreuzung Auf dem weiteren Weg liegt die Grenze links von uns weiter unten an der Effelder. An der Stelle, an der sich der Wald lichtet und den Blick über weite Wiesen freigibt, verläuft die Grenze nach links über die Effelder. Dann erreichen wir eine 2 **Kreuzung** mit einer asphaltierten Straße und erhaschen einen Blick zu den ersten Häusern von Döhlau.

Wiesenlandschaft im Effeldertal

Rechte Seite: Stille Landschaft beim Dorf Roth

Zur Stromleitung An der Kreuzung gehen wir links auf der Fahrspur über die Wiese hinunter und unten auf einer Brücke über die Effelder. Auf dem typischen DDR-Kolonnenweg mit den Betonplatten steigen wir sehr steil den Hang hinauf. Oben erreichen wir eine Forststraße vor einer großen 3 **Stromleitung**.

Auf dem Kolonnenweg im Grünen Band unterwegs

Zur Brücke 20 Meter nach rechts würde links der Kolonnenweg weitergehen, aber die ICE-Strecke hat ihn durchschnitten. Also bleiben wir auf der Forststraße, biegen an der T-Kreuzung nach links ab und überschreiten auf einer 4 **Brücke** die Trasse der ICE-Strecke Nürnberg–Erfurt.

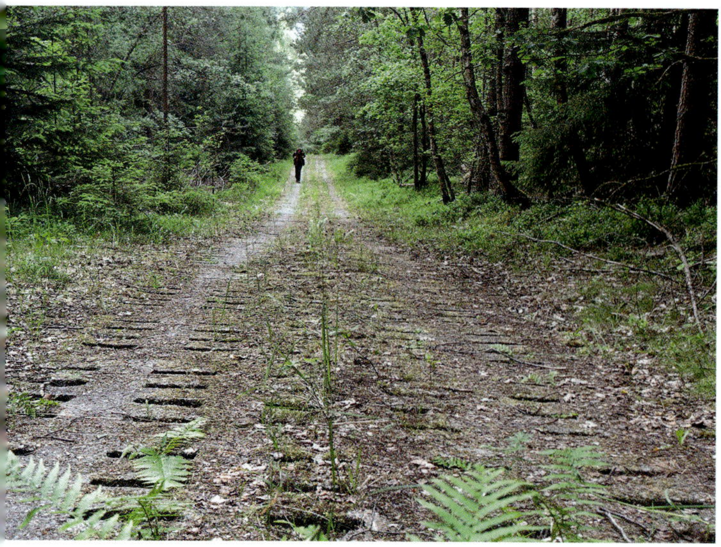

Zur Grenzbank 300 Meter nach der Brücke kommen wir über die Wiesen und Felder zu den ersten Häusern von Roth. An der Hauptstraße wandern wir links in Richtung Almerswind. Weiter unten bleiben wir mit dem Wegweiser zum Froschgrundsee geradeaus. Nach einem kleinen Weiher müssen wir auf dem Bodenweg links in Richtung Froschgrundsee. 30 Meter vor der ICE-Trasse gehen wir rechts am Waldrand auf dem Grenz-

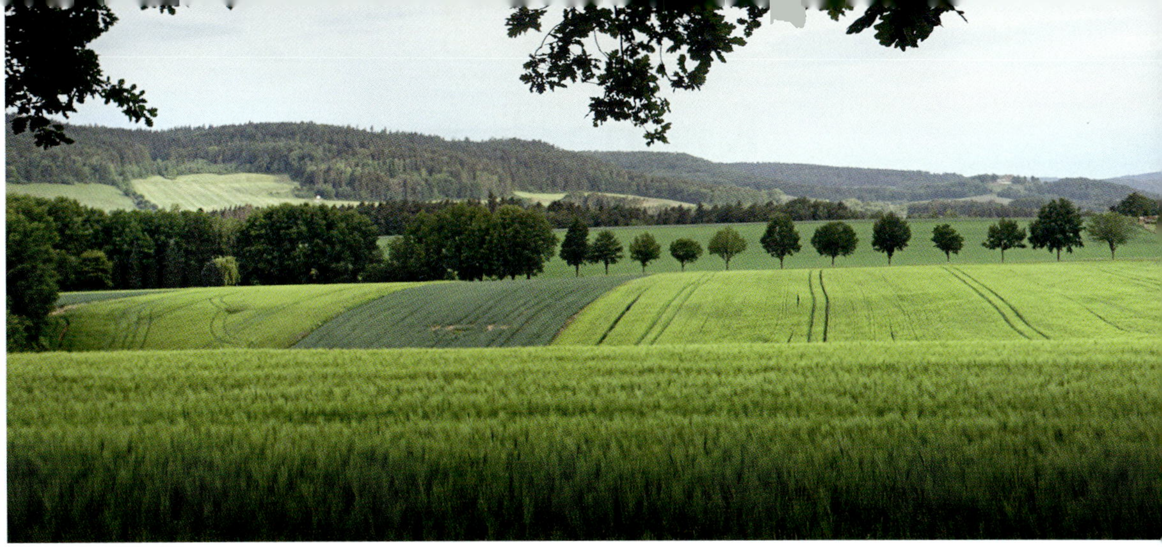

weg weiter. Bald sehen wir auch die Markierung grüner Punkt. Im Wald knickt der Grenzweg nach rechts und am Feldrand mit Blick auf Roth nach links. Der Weg am Feldrand ist teilweise von Wildschweinen aufgewühlt und daher schlecht. An einer Kreuzung steht an einem Picknickplatz die **5 Grenzbank** an der Grenze zwischen Bayern und Thüringen.

Zum Wanderparkplatz am Restaurant Froschgrundsee Von der Grenzbank gehen wir rechts und nach nur 20 Metern links auf dem kleinen Pfad weiter. Am Ende des Walds steht wieder eine Picknickbank, von der wir auf die große ICE-Brücke über den Froschgrundsee schauen. Wir folgen dem Feldweg unter der Brücke durch und laufen an der Kreuzung rechts hinunter. Noch einmal geht es unter der Brücke durch und wir erreichen schließlich die Straße St 2206, der wir nach links folgen. Geradeaus am See entlang kommen wir an einem Badestrand vorbei genau zum Wanderparkplatz am **E Restaurant Froschgrundsee** zurück. Alternativ kann der See gegen den Uhrzeigersinn und über den Staudamm umwandert werden. Der Weg ist fast immer in Straßennähe, denn im Naturschutzgebiet der Mündung der Itz besteht Betretungsverbot und der See ist selten zu sehen.

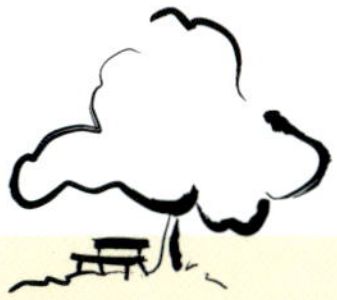

Naturschutzgebiet Effeldertal und Itzaue

Viele Gebiete entlang des Grünen Bands sind als Fauna-Flora-Habitat-Gebiete Teil des europäischen Schutzgebietsnetzes Natura 2000, wie auch das Effeldertal und die Itzaue. Das Gebiet wurde als »Magerrasen bei Emstadt und Itzaue« zum Naturschutzgebiet erklärt. Im Effeldertal und in der Itzaue gibt es Auwaldbereiche und feuchte Hochstaudenfluren mit Feuchtwiesen. Dort finden sich unter anderem Breitblättriges Knabenkraut, Trollblume und Straußfarn. Die Kalk-Halbtrockenrasen auf den Hängen bieten Wärme liebenden Tierarten wie der Zauneidechse einen Lebensraum. Hier wachsen auch botanische Besonderheiten wie Kreuz-, Fransen- und Deutscher Enzian, Acker-Wachtelweizen oder das Stattliche Knabenkraut. Die Pflege der Landschaft im Sinne der Offenhaltung der Magerrasen wird durch Wanderschäferei erzielt.

5

Kronach und Lucas-Cranach-Turm

Dreiflüssestadt in historischem Ambiente

Leicht 3:10 Std. 240 Hm 9,9 km

Besonderer Genuss: Kultur am Wegrand

Tourencharakter
Leichte, meist schattige Tour, größtenteils auf Forststraßen und Pfaden durch Wälder. Im Ortsgebiet auf Straßen

Ausgangs-/Endpunkt
Parkplatz Tennisplätze Am Sand in Kronach,
GPS N50°13'53.2" E11°19'39.4",
Höhe 305 m ü. NN

Anfahrt
Auto Auf der B85 oder B303 nach Kronach
Bahn Nach Kronach (www.bahn.de)

Gehzeiten
Parkplatz Tennisplätze – Lucas-Cranach-Turm 1:00 Std. – Fröschbrunn 0:40 Std. – Tennisplätze 0:25 Std. – Bamberger Tor 0:20 Std. – Festung Rosenberg 0:15 Std. – Lucas-Cranach-Statue 0:10 Std. – Parkplatz Tennisplätze 0:20 Std.

Einkehr in Kronach
Wirtshaus Fröschbrunna, Fröschbrunn 3, Tel. 09261/4282, www.froeschbrunna.de
Burgschenke Bastion Marie, Festung 1, Tel. 09261/500700, www.bastion-marie.de
Brauereigasthof s'Antla, Amtsgerichtsstraße 21, Tel. 09261/5045950, www.antla.de

Karten
Frankenwald, UK 50 4, 1:50000 (www.lvg.bayern.de)
Fränkische Schweiz Nord, Nr. 65, 1:50000 (www.fritsch-landkartenverlag.de)

Touristinformation
Marktplatz 5, 96317 Kronach, Tel. 09261/97236, www.kronach.de

Bis ins 19. Jahrhundert war Kronach durch die Lage an drei Flüssen Flößerstadt. Heute ist die Kreisstadt als einer von 100 Genussorten in Bayern bekannt. Die hübsche Oberstadt mit Stadtmauer und die Festung Rosenberg sind weithin sichtbare Schmuckstücke.

Zum Lucas-Cranach-Turm Vom Parkplatz an den Ⓐ **Tennisplätzen** in der Straße Am Sand starten wir nach Südosten und wandern nach dem Wohnmobilstellplatz auf der zweiten Straße rechts in Richtung Friedrichsburg hinauf. Weiter oben finden wir die Markierung 61 des Lucas-Cranach-Wegs und laufen über weite Felder und dann im Wald immer geradeaus aufwärts. An einer Wegkreuzung, an einem kleinen Parkplatz mit Bank vor der Rodungsinsel Kaltbuch gehen wir mit der Markierung 61 links in Richtung Lucas-Cranach-Turm. An Abzweigen bleiben wir stets nahe an der Rodungsinsel auf dem Weg mit den alten Grenzsteinen aus dem 18. Jahrhundert. Fast am Ende der Rodungsinsel steigen wir an einer Weggabelung an einem Jagdansitz und einer Bank auf dem durchwurzelten Weg mit der

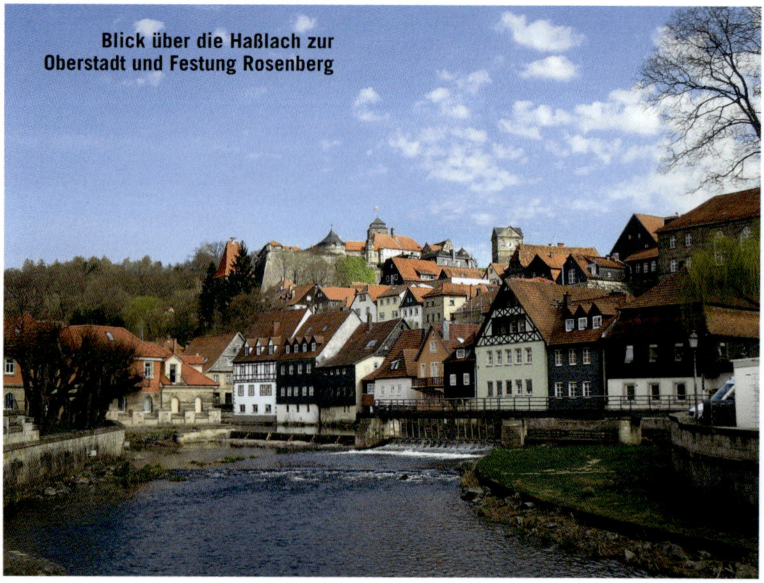
Blick über die Haßlach zur Oberstadt und Festung Rosenberg

Markierung 61 links steil hinauf und erreichen bald den **1** **Lucas-Cranach-Turm**. Der Aussichtsturm ist 22 Meter hoch und bietet nach Norden Aussicht zur Festung Rosenberg über Kronach. Im Osten können wir bis zum Schneeberg und Ochsenkopf im Fichtelgebirge schauen. Im Süden geht die Sicht über Kulmbach bis zum Kordigast. Im Westen reicht der Blick über Theisenort im Tal bis Kloster Banz und zum Staffelberg bei Bad Staffelstein.

Nach Fröschbrunn Von der Nordostseite des Lucas-Cranach-Turms wandern wir den gleichen Weg mit der Markierung 61 wieder hinunter und entlang der Rodungsinsel Kaltbuch bis zur Kreuzung am kleinen Parkplatz mit Bank. Jetzt bleiben wir aber geradeaus auf dem Kaltenecker Weg mit der Markierung KC 12 abwärts. An einer T-Kreuzung müssen wir in spitzem Winkel auf der Forststraße rechts und bleiben an einer Weggabel geradeaus abwärts. Am Biergarten des Wirtshauses Fröschbrunna in **2** **Fröschbrunn** kehren wir gemütlich ein und die Kinder vergnügen sich auf der Sommerrodelbahn.

Zum Parkplatz an den Tennisplätzen Vom Gasthaus laufen wir auf der Straße hinunter und queren unten die B 85. Nach dem Großmarkt folgen wir dem Weg nach rechts durch die Anlagen und kommen an die Rodach. Mit dem Fluss schwenken wir flussaufwärts nach rechts in Richtung Osten. Der Weg führt an Sportplätzen vorbei zur Straße Am Sand, zu dem **A** **E** **Parkplatz an den Tennisplätzen**.

Zum Bamberger Tor Der zweite Teil der Wanderung zeigt die historische Oberstadt und die Festung Rosenberg über Kronach. Vom Parkplatz an den Tennisplätzen überqueren wir auf der Brücke die Rodach nach Norden. An der Straßengabelung gehen wir rechts und an der Ampel über die B 173 in die Sackgasse, die zu einem Gehweg in die Innenstadt wird. An der Volkshochschule gehen wir auf der Rodacher Straße links und auf der Spitalbrücke über die Kronach. Links nach der Brücke stehen die Spitalkirche Sankt Anna und das Spital aus dem 18. Jahrhundert. Am Hussitenplatz geht es links zum Marienplatz mit dem romantischen Ro-

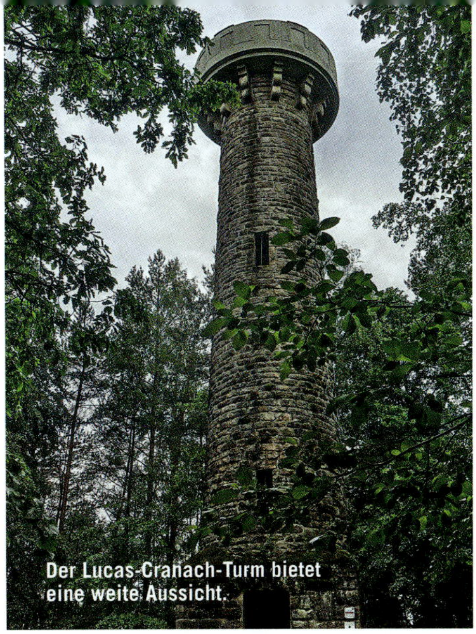
Der Lucas-Cranach-Turm bietet eine weite Aussicht.

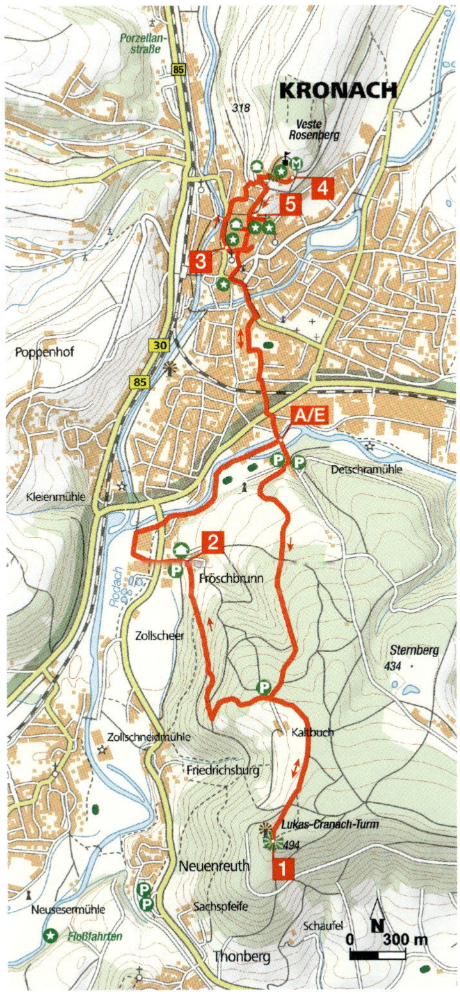

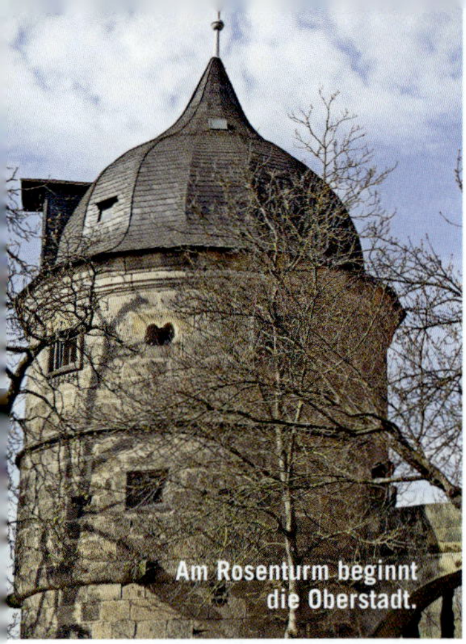
Am Rosenturm beginnt die Oberstadt.

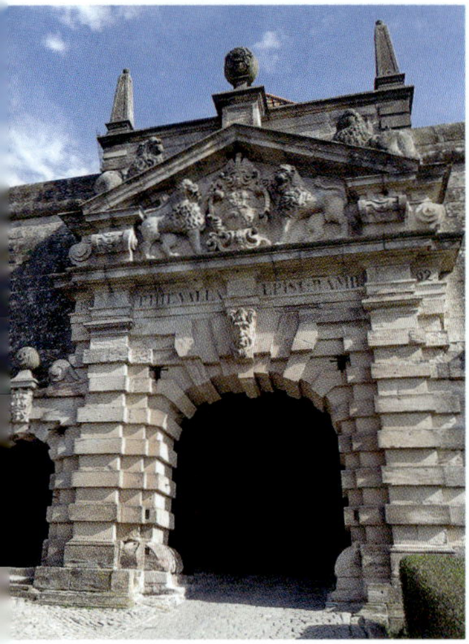

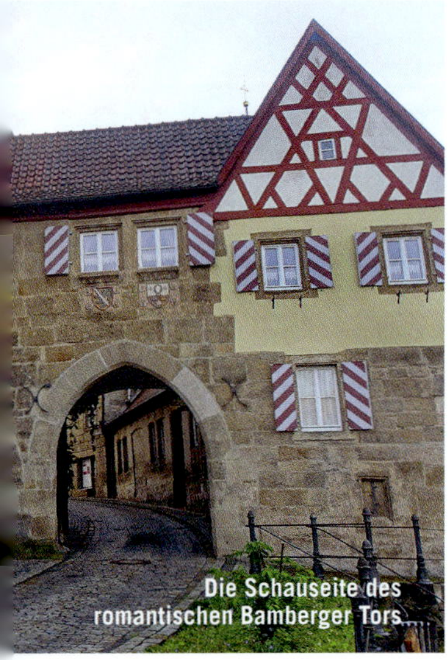
Die Schauseite des romantischen Bamberger Tors...

senturm aus dem 16. Jahrhundert. Er war Bestandteil der ehemaligen Stadtmauer. Am Rosenturm gehen wir rechts und auf der linken Seite auf der Treppe hinauf. Oben stehen rechts die gotische Annakapelle und links die gotische Stadtpfarrkirche Sankt Johannes. Beachtenswert ist das wohl schönste fränkische Kirchenportal an der Nordseite mit der herrlichen Figur des Johannes aus dem Jahr 1498. An der Kirche stehen wir an der Südspitze der aufgrund ihrer erhöhten Lage auch als Obere Stadt bezeichneten Kronacher Altstadt. Die beiden ehemaligen Schulgebäude spiegeln den neugotischen Stil wider. Der Sandsteinbau mit der Nr. 10 wurde 1861 im neugotischen Tudorstil erbaut. Nördlich der Kirche stehen wir schon auf dem Melchior-Otto-Platz mit Johannesbrunnen, Ehrensäule und bedeutenden Häusern aus verschiedenen Jahrhunderten. Nach links gewandt gehen wir durch das romantische 3 **Bamberger Tor** aus dem 15. Jahrhundert hinunter, das erst im Rückblick seine Schauseite zeigt.

Zur Festung Rosenberg Vorerst verlassen wir am Bamberger Tor die Obere Stadt und laufen auf der Schwedenstraße unterhalb der hohen Stadtmauer nach Norden. Gegenüber der Brücke über die Haßlach können wir rechts auf der Treppe hoch und gleich Am Pförtchen links auf dem Weg mit dem Namen Wolfsschlucht weiter hinaufsteigen. Am Haus mit der Nummer drei bleiben wir geradeaus und überqueren nach rechts versetzt die Haingasse und kommen auf der Treppe hinauf an das herrliche barocke Portal der Festung, das eines der schönsten Festungstore in Deutschland ist. Die 4 **Festung Rosenberg** ist eine der herrlichsten und größten Befestigungsanlagen im Land. Die erstmals im Jahr 1249 urkundlich erwähnte Bambergische Bischofsburg wurde nie eingenommen. Die Baugeschichte umfasst den mittelalterlichen Bergfried, Türme und Mauern aus dem 15. und 16. Jahrhundert und die pentagonalen Bastionen des Spätbarocks. Die Festung Rosenberg bietet einen guten Aussichtsplatz. Von Interesse ist die Fränkische Galerie mit Werken von Lucas Cranach und Tilman Riemenschneider. Unterirdische Gangsysteme können im Rahmen einer Führung besichtigt werden.

Zur Lucas-Cranach-Statue Von der Festung laufen wir auf der Festungsstraße hinunter, vorbei an der Justizvollzugsanstalt Kronach, die einst der bischöfliche Kasten (Lagerhaus) war. Nach dem Stadtturm sind wir wieder in der historischen Oberstadt, die durch liebevoll restaurierte Häuser, Brunnen, Wappen, Statuen und verträumte Gassen und Plätze glänzt. Am Martinsplatz bleiben wir geradeaus und achten auf der rechten Seite auf die Steinerne Kemenate aus dem 13. Jahrhundert, die auch als Feuerwehrhaus genutzt wurde. Am gegenüberliegenden Marktplatz steht das moderne Kronacher Rathaus mit Touristinformation. Vor dem Rathaus versteckt sich unter dem Eschenahorn die **5 Lucas-Cranach-Statue**. Östlich vom Rathaus steht der Hexenturm mit langem Wehrgang aus dem 15. Jahrhundert. Neben dem Turm können wir über die Mauer schauen.

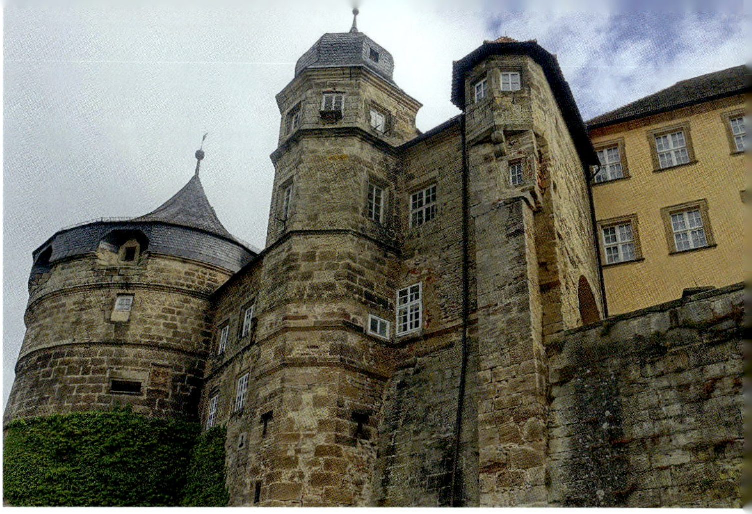

In der Festung Rosenberg

Linke Seite Mitte: Das Portal der Festung wurde in mainfränkischem Barock erbaut.

Zum Parkplatz an den Tennisplätzen Am südlichsten Punkt des Marktplatzes gehen wir am Michaelsbrunnen vorbei auf der Lucas-Cranach-Straße weiter abwärts. Gleich rechts steht das historische Rathaus aus dem Jahr 1583 mit reich gegliederter Sandsteinfassade. Auf der Rückseite ist die Alte Markthalle und ihr gegenüber der schöne Brauereigasthof s'Antla. Hier können wir auch die Amtsgerichtsstraße rauf- und runterschauen. Wir gehen zurück zur Lucas-Cranach-Straße und auf ihr nach rechts, achten aber gegenüber auf das Pottugäßchen, das wohl der engste Durchgang in Kronach ist. Nach dem Haus Nr. 2 schauen wir noch ein Stück nach links in den Strauer Torweg. Fachwerkhäuser und der Blick über die Stadtmauer lohnen den Abstecher. Am Ende der Lucas-Cranach-Straße sind wir wieder auf dem Melchior-Otto-Platz. Über die Treppe an der Annakapelle und am Rosenturm auf dem Marienplatz laufen wir links auf dem Hussitenplatz hinunter und am Ende auf der Spitalstraße rechts auf der Spitalbrücke über die Kronach. Nach der Brücke bleiben wir geradeaus auf der Rodacher Straße, wandern an der Volkshochschule rechts auf dem Gehweg Langer Steig weiter. Dann geht es wieder über die B173 und geradeaus auf der Straße Am Sand zum **E Parkplatz an den Tennisplätzen**.

Lucas Cranach der Ältere

In Kronach kam um das Jahr 1475 Lucas Cranach zur Welt, der in der heutigen Kunstwelt als Lucas Cranach der Ältere bekannt ist. Er gilt als einer der bedeutendsten deutschen Maler, Grafiker und Buchdrucker der Renaissance. Er war Hofmaler am kursächsischen Hof. Neben Altarwerken und allegorischen Gemälden fertigte er vor allem auch eine große Zahl an Porträts seiner Dienstherren sowie der Reformatoren Martin Luther und Philipp Melanchthon, die auch seine Freunde waren. Ebenso machte er Bekanntschaft mit seinen Zeitgenossen Albrecht Dürer und Tizian. Seine Werke hängen in Museen auf der ganzen Welt. In der Fränkischen Galerie auf der Festung Rosenberg befinden sich mehrere Gemälde von Lucas Cranach dem Älteren, wie »Christus und die Ehebrecherin«, »Lot und seine Töchter«, »Ein Schmerzensmann«, »Venus und Amor als Honigdieb«.

6 Von Weismain auf den Kordigast

Aussicht vom geologischen Zeugenberg

Leicht | 2:50 Std. | 210 Hm | 8,6 km

Besonderer Genuss: Kultur am Wegrand

Tourencharakter
Leichte, meist sonnige Tour, auf befestigten Wegen durch Wälder und Wiesen. Im Ortsgebiet auf Straßen

Ausgangs-/Endpunkt
Parkplatz Kastenhof in Weismain, GPS N50°05'08.6" E11°14'24.3", Höhe 315 m ü. NN

Anfahrt
Auto Auf der A70 Ausfahrt 19 Roßdorf am See und auf der St2190 und St2191 nach Weismain
Bahn Nach Burgkunstadt und mit dem **Bus** Linie 1230 und 1231 nach Weismain (www.bahn.de)

Gehzeiten
Parkplatz Kastenhof – Schloss Giechkröttendorf 0:20 Std. – Großer Kordigast 1:00 Std. – Gasthaus Steinerne Hochzeit 0:20 Std. – Steg 1:00 Std. – Parkplatz Kastenhof 0:10 Std.

Einkehr in Weismain
Gasthaus Steinerne Hochzeit, Kordigast 15, Tel. 09575/1334, www.erlebnishof-kordigast.de (nur Sa und So, Fr ab 15 Uhr)
Brauereigasthof Obendorfer, Festungsweg 2, Tel. 09575/207, www.wirtshausobendorfer.de

Karten
Coburger Land, Oberes Maintal, UK 50 3, 1:50 000 (www.lvg.bayern.de)
Fränkische Schweiz Nord, Nr. 65, 1:50 000 (www.fritsch-landkartenverlag.de)

Touristinformation
Kirchplatz 7, 96260 Weismain, Tel. 09575/922011, www.stadt-weismain.de

Der Kordigast erhebt sich am nördlichen Rand der Fränkischen Schweiz und ist ein Ausläufer der Fränkischen Alb. Fernsicht besteht nicht nur über die Hügel der Fränkischen Schweiz, sondern auch über das Obermainland bis zum Frankenwald und Fichtelgebirge.

Zum Schloss Giechkröttendorf Die Wanderung beginnen wir am Parkplatz im Ⓐ **Kastenhof**, der erstmals 1479 schriftlich erwähnt wurde. Er war Sitz des Bamberger Kastners, der für das Einnehmen der Steuern und Abgaben zuständig war. Das heutige Gebäude wurde 1703 errichtet und vom Bamberger Fürstbischof auch als Jagdschloss genutzt. Das Haus beherbergt nun die Umweltstation des Landkreises Lichtenfels, die Touristinformation und das Nord JURA-Museum. An der Nordwestecke der Mauer steht ein Rundturm aus dem Jahr 1516. Ein Mauerdurchbruch ermöglicht die Sicht auf die malerische Ansicht von außen. Wir starten aber

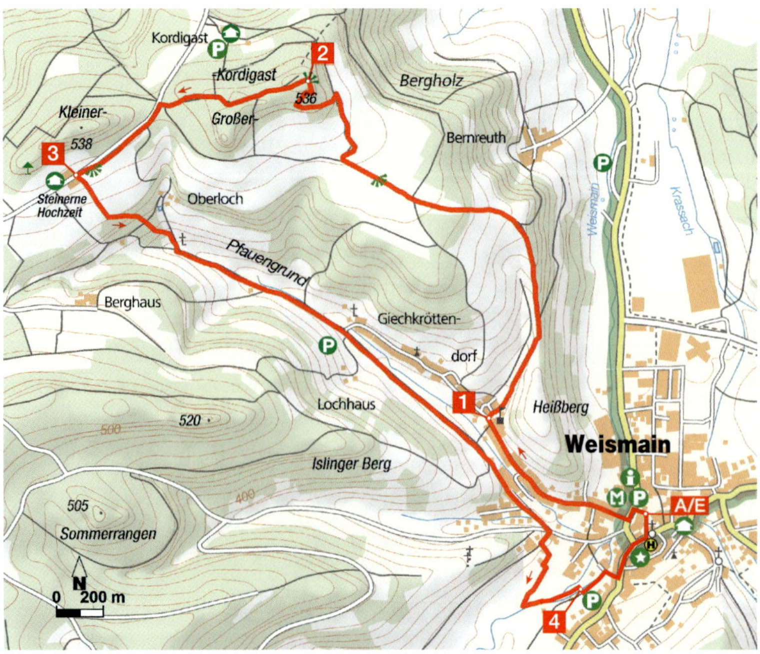

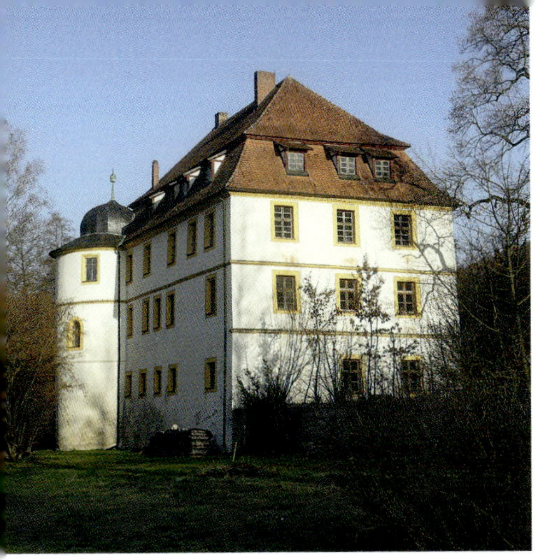

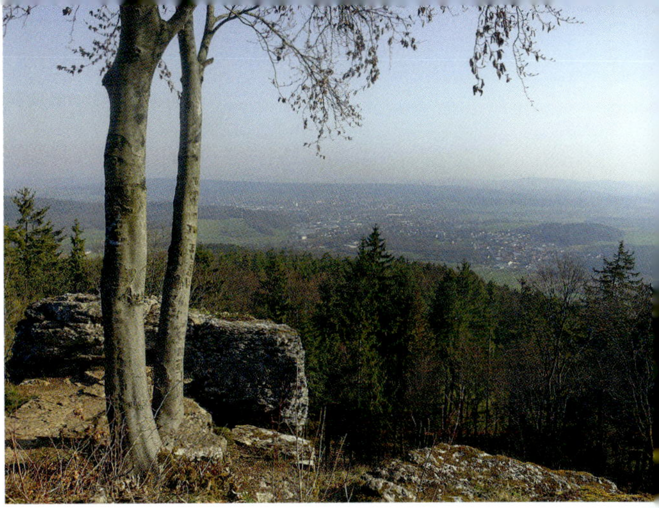

aus dem Kastenhof durch das kleine Tor in der Mauer am Backhäusl. Außerhalb steht das Grünhaus mit einem interessanten Garten, der Teil des Stadtökologischen Lehrpfads ist. Wir gehen auf der Burgkunstadter Straße 40 Meter nach links und vor der historischen Förstmühle rechts auf der Giechkröttendorfer Straße weiter über den Weismain in Richtung Großer Kordigast. Wir bleiben nun auf der Giechkröttendorfer Straße über die Umgehungsstraße hinweg immer geradeaus und stoßen an einer Kreuzung auf das 1 **Schloss Giechkröttendorf**. Das ehemalige Wasserschloss wurde 1422 erstmals urkundlich erwähnt. Das heutige Bild ergibt sich aus Umbauten im 18. Jahrhundert.

Oben links: Das Schloss Giechkröttendorf war einst ein Wasserschloss.

Oben rechts: Auf dem Großen Kordigast mit Blick auf Burgkunstadt

Auf den Großen Kordigast An der Kreuzung vor dem Schloss wandern wir rechts und nach 50 Metern wieder rechts in Richtung Großer Kordigast. An der Weggabelung nach dem letzten Haus müssen wir rechts, denn der Weg mit der Markierung des Frankenwegs zieht sich am rechten Rand des langen Tals hinauf. Weiter oben begleitet uns noch die Markierung K des Kordigast-Rundwegs. An einer spitzen Gabelung in den Feldern, 1,6 Kilometer nach dem Schloss, nehmen wir die rechte Spur mit der Markierung K in Richtung Großer Kordigast. An einer Weggabelung im Wald, in Sichtweite des Felsaufsatzes des Bergs, gehen wir in spitzem Winkel links. 60 Meter vor einem Picknickplatz geht es rechts auf einem steilen Pfad auf das Plateau und zum Gipfelkreuz hinauf. Der 2 **Große Kordigast** ist einer von zwei benachbarten Bergen, dem Kleinen und dem Großen Kordigast. Der bewaldete Kleine Kordigast ist 538 Meter hoch und der teilweise baumfreie Große Kordigast nur 536 Meter hoch. »Klein« und »Groß« bezieht sich nicht auf die Höhe, sondern auf die historische Bedeutung (siehe Infokasten). Das gesamte 400 Meter lange Plateau des Großen Kordigast war einst eine mit Mauern befestigte keltische Anlage. Geologisch gesehen ist der

Der Rundturm ist Teil der Befestigung um den Kastenhof.

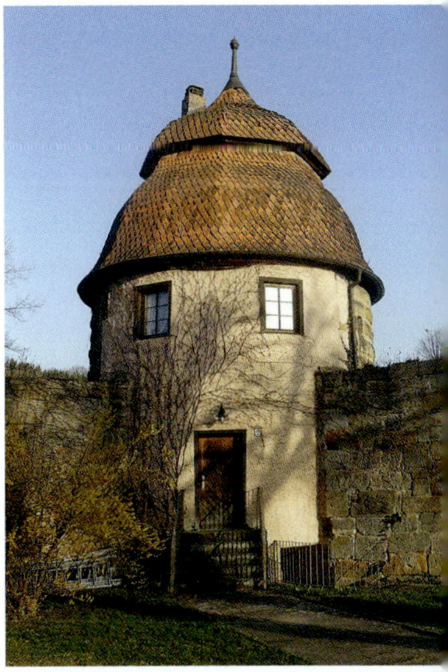

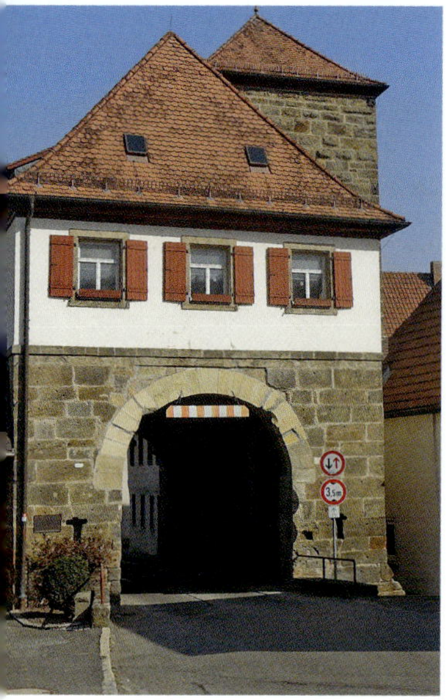

Das Obere Tor ist als einziges Stadttor erhalten.

Große Kordigast ein sogenannter Zeugenberg wie zum Beispiel auch das Walberla (Tour 30). 60 Millionen Jahre lang setzten sich am Grund des einstigen süddeutschen Flachmeers Sedimentschichten ab, die heute den Frankenjura bilden. Durch Erosion hat sich der Große Kordigast als sogenannter Zeugenberg herausgebildet und zeigt die freigelegten unteren Schichten. Die Felsen sind ehemalige Schwammriffe aus kristallinem Dolomit.

Zum Gasthaus Steinerne Hochzeit Vom Gipfelkreuz laufen wir auf einem Pfad an der Nordkante über das Plateau des Großen Kordigast nach Südwesten in Richtung Kleiner Kordigast. Weiter unten an der Forststraße ist der beliebte Spielplatz »Spielwienix« mit Schutzhütte, an dem wir auf der Forststraße geradeaus weiter in Richtung Gasthaus Steinerne Hochzeit wandern. Das 3 **Gasthaus Steinerne Hochzeit** vor dem Kleinen Kordigast wurde als Bauernhof 1870 errichtet. Der kuriose Name gründet auf einer Sage: »Im Hochzeitshaus stand das Mahl bereit und wartete auf Brautpaar und Gäste. Auf dem Weg von der Kirche verspätete sich die Hochzeitsgesellschaft. Die Köchin, die über diese Verspätung verärgert war, stieß in ihrer Entrüstung eine Verwünschung aus. Die Bummler sollten zu Fels erstarren. Der Fluch ging in Erfüllung und die Hochzeitsgesellschaft wurde zu Fels.« Die Sage bezieht sich auf eine Felsengruppe am Kleinen Kordigast oberhalb des Gasthauses, die diese versteinerte Hochzeitsgesellschaft darstellen soll. Die ursprünglich sieben figürlichen Felstürme sind

Historische Ereignisse auf dem Kordigast

Auf dem Großen Kordigast gibt es Spuren menschlicher Besiedelung aus vorchristlicher Zeit. Neben Keramikfunden aus der Latènezeit (5. Jahrhundert v. Chr.) zählen auch die Reste einer Pfostenschlitzmauer aus der Zeit zwischen 600 und 400 v. Chr. und ein keltisches Hügelgrab zu den Artefakten. Die gesamte Hochfläche war einst von einer Steinmauer umgeben und teilte sie in der Mitte durch einen kleinen, gebogenen Wall in zwei Hälften. Der Hauptteil der Festung lag vermutlich am östlichen Ende des Plateaus, da dieses dort steiler abfällt als im Westen. Zur Zeit der keltischen Besiedelung des Großen Kordigast existierte auch auf dem Staffelberg eine keltische Wehranlage, zu der Sichtkontakt bestand. Es waren politische Zentren kleiner Regionen mit einem Umfeld von etwa fünf bis zehn Kilometern. Im Mittelalter war der Große Kordigast wesentlich stärker gerodet als heute, denn es wurde Land- und Weidewirtschaft betrieben. Bis in das 19. Jahrhundert führte über den Kordigast ein viel genutzter jüdischer Handelsweg, der Altenkunstadt mit Bamberg verband.

aber nach einem Erdbeben Mitte des 20. Jahrhunderts nur noch teilweise erhalten. Den Pfad zu den Felsen findet man 200 Meter nach dem Gasthaus rechts hinauf. Die Einkehr im Biergarten am Gasthaus Steinerne Hochzeit ist weniger anstrengend.

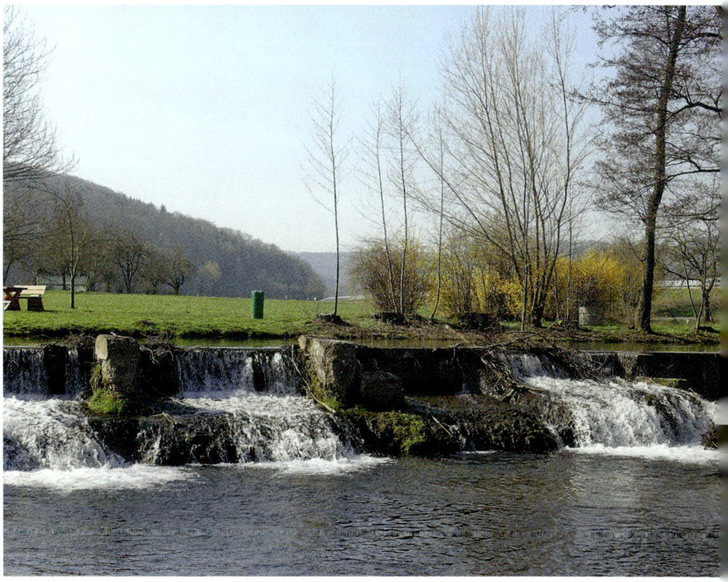

Zum Wasserspielplatz kommen alle Kinder gerne.

Zum Steg am Wasserspielplatz Weiter geht es noch vor dem Gasthaus in Richtung Weismain über die Wiese und dann durch den Wald hinunter. Unten im Pfauengrund wandern wir in Richtung Weismain nur noch geradeaus und abwärts. In Weismain laufen wir nach dem Schloss auf der Wassergasse ein, müssen aber 50 Meter vor der Umgehungsstraße auf der Straße Sandleite rechts und nach weiteren 50 Metern links. Dann gehen wir entlang der Umgehungsstraße nach Südwesten und in spitzem Winkel unter der Brücke mit dem Weismain nach links flussabwärts. Auf dem 4 **Steg am Wasserspielplatz** mit Kaskade und Picknickplatz überqueren wir den Weismain.

Zum Kastenhof Nach dem Steg laufen wir zwischen Weismain und Mühlbach links auf dem Stadtökologischen Lehrpfad in Richtung Stadt. Vor den Resten der Stadtmauer gehen wir rechts entlang des Stadtgrabens und dann links durch das historische Obere Tor. Es ist das einzige noch erhaltene Stadttor, das aus dem 14. Jahrhundert stammt. Nach dem oberen Tor achten wir auf das links abgehende Sträßchen Hölle, in dem ein reizvoll restauriertes Haus steht. Hier am Mühlbach war das einstige Gewerbegebiet, denn hier übten Färber und Gerber ihr Handwerk aus. Die Häuser rund um den Marktplatz stehen unter Denkmalschutz. An den Gebäuden sind besonders die Verzierungen im Fachwerk sehenswert. Aus der Reihe sticht das Rathaus aus dem Jahr 1543 wegen seiner überragenden Höhe hervor. Der Gewölbekeller diente einst als Warenlager für Tuch, Öl- und Weinfässer. Die Stadtkirche Sankt Martin entstammt der Spätgotik, wenn auch das Langschiff im 19. Jahrhundert erneuert wurde. Vor der Kirche geht es links und dann rechts durch das große Tor mit dem historischen Wappen des Bamberger Fürstbischofs zum Parkplatz im E **Kastenhof** zurück. Es lohnt aber, noch den historischen Rundgang zu machen, wie er auf der Informationstafel gezeigt ist.

Das große Rathaus in Weismain besitzt einen riesigen Gewölbekeller.

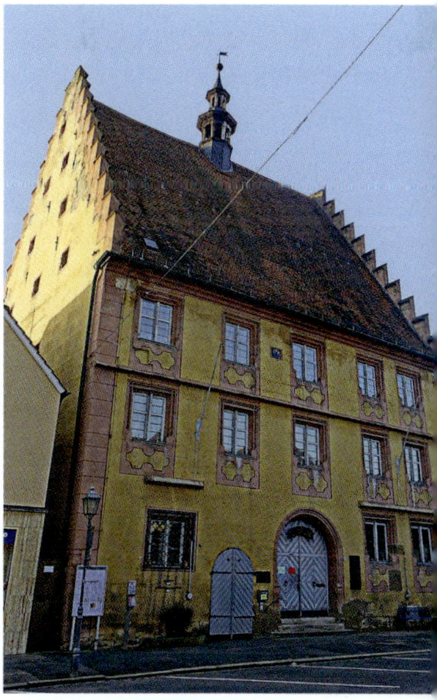

7 Schloss Wernstein und Veitlahm

Zum Aussichtsturm »Schau dich um«

Leicht | 2:10 Std. | 180 Hm | 7,2 km

Besonderer Genuss: Kultur am Wegrand

Tourencharakter
Leichte, meist sonnige Tour auf befestigten Wegen durch Wälder, Wiesen und Felder. Im Ortsgebiet auf Straßen

Ausgangs-/Endpunkt
Parkplatz Patersberg an der Straße KU3,
GPS N50°07‘16.2“ E11°23‘38.8“,
Höhe 410 m ü. NN

Anfahrt
Auto Von Bayreuth auf der B85 und in Kulmbach auf der Theodor-Heuss-Allee nach Veitlahm
Bus Mit der Linie 8344 von Kulmbach nach Veitlahm (www.bahn.de)

Gehzeiten
Parkplatz Patersberg – Kirche Sankt Veit 0:15 Std. – Schloss Wernstein 0:15 Std. – Wasserfall 0:35 Std. – Aussichtsturm »Schau dich um« 0:45 Std. – Parkplatz Patersberg 0:20 Std.

Einkehr in Mainleus-Veitlahm
Patersberg Café, Patersbergweg 5, Tel. 09229/97 59 49 (nur Do–So ab 14 Uhr)
Gasthaus Eselscheune, Hainbuchen 7, Tel. 09229/973 46 00, www.eselscheune.de (nur Do–Sa ab 17 Uhr, So ab 11.30 Uhr)

Karten
Frankenwald, UK 50 4, 1:50 000 (www.lvg.bayern.de)
Fränkische Schweiz Nord, Nr. 65, 1:50 000 (www.fritsch-landkartenverlag.de)

Touristinformation
Fritz-Hornschuch-Platz 4, 95336 Mainleus, Tel. 09229/87 80, www.mainleus.de

Die Wanderung im Obermainland entdeckt die kulturhistorisch wertvolle Wehrkirche in Veitlahm und das sehenswerte Schloss Wernstein. Naturerlebnisse sind der Aussichtsturm auf dem Patersberg mit seiner interessanten Geologie und der Veitlahmer Wasserfall.

Zur Kirche Sankt Veit Vom **A Parkplatz Patersberg** an der Straße KU 3 starten wir mit der Markierung 66 in Richtung Wernstein und nach 40 Metern rechts und zwischen dem roten und gelben Haus links. Am Feuerwehrhaus müssen wir links und dann rechts auf der Hauptstraße weiter nach Veitlahm hinein. An der Kreuzung bleiben wir geradeaus auf dem Patersbergweg und schlendern nach links am Café Patersberg vorbei zur **1 Kirche Sankt Veit**. Die gotische Wehrkirche stammt aus dem 15. Jahrhundert. Der später angesetzte Treppenturm ermöglichte den fürstlichen Herrschern einen ungestörten Zugang zur Empore.

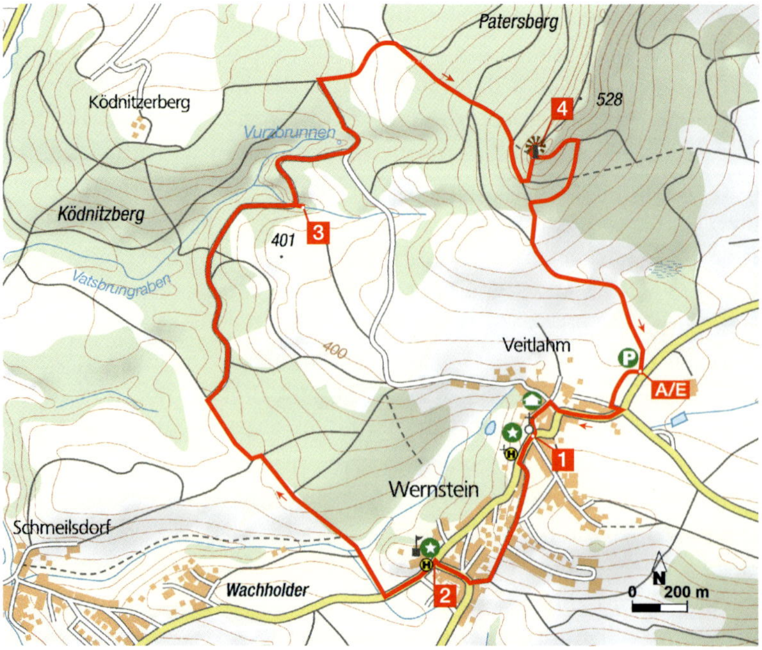

Zum Schloss Wernstein Von der Kirche laufen wir durch den Friedhof hinunter und am Ende nach links in die Straße Wolfsleite, die später zur Hainleite wird. Am Ende der Straße gehen wir rechts auf das Schloss zu. In der Kurve ist das Tor zum ❷ **Schloss Wernstein**, das auf eine Burg aus dem 14. Jahrhundert zurückgeht. Die Anlage wurde im 18. und 19. Jahrhundert umgestaltet. Das Schloss zählt zu den schönsten in Oberfranken und ist seit über 600 Jahren der Wohnsitz der Familie von Künsberg.

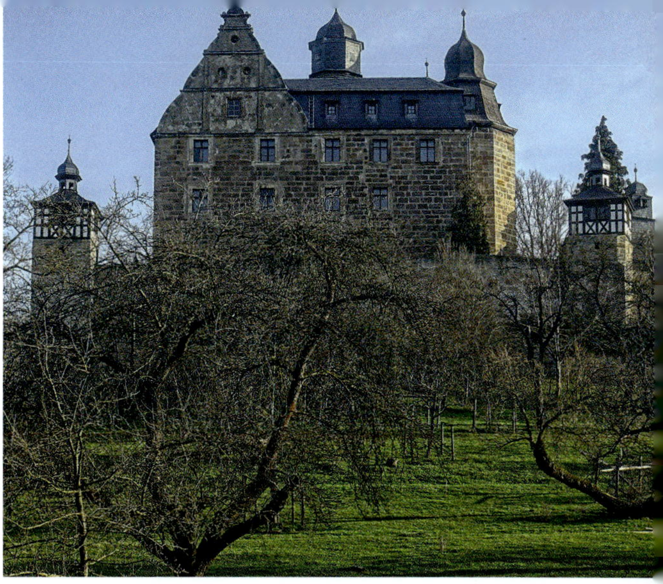

Die Westfassade vom Schloss Wernstein

Zum Wasserfall Neben dem Schloss laufen wir den Schloßberg hinunter und biegen nach 200 Metern rechts auf den Forstweg. Erst an einem Abzweig mit dem Wegweiser »Wasserfall« steigen wir rechts in den Wald hinauf. In einer engen Linkskurve rauscht auf der rechten Seite der kleine ❸ **Wasserfall**.

Zum Aussichtsturm »Schau dich um« Weiter auf der Forststraße gehen wir an der zweiten T-Kreuzung rechts in Richtung Patersberg. 30 Meter nach einer Wiese bleiben wir in der Linkskurve geradeaus auf der Schlepperspur. Kleine Wegweiser leiten uns gleich rechts und dann links aufwärts. Eine Forststraße wird überquert und ab einem Picknickplatz geht es sehr steil zum ❹ **Aussichtsturm »Schau dich um«** auf den Berg hinauf. Der Patersberg besteht aus Basalt, der erst durch Erosion zum Vorschein kam. Bei klarer Sicht sind die Türme vom Kloster Banz, die Veste Coburg und die Plassenburg über Kulmbach zu sehen.

Zum Parkplatz Patersberg Vom Aussichtsturm steigen wir nun besser auf dem Patersbergweg mit der Markierung 66 in Richtung Veitlahm hinunter. An einer T-Kreuzung geht es mit Wegweiser rechts und bald mit Blick auf Veitlahm zum Ⓔ **Parkplatz Patersberg** zurück.

»Schau dich um«

Auf einem Aussichtsturm bedarf es keiner Aufforderung sich umzuschauen. Woher also dieser Name? Der Aussichtsturm wurde auf Initiative des Naturforschers Johann Peter Apollonius Weltrich 1838 errichtet. Er war königlicher Rentamtmann in Kulmbach. Bei der Einweihung des Turms beendete er seine Ansprache mit den Worten: »Seid fröhlich und schaut euch um auf dem Patersberge.« Die kurze Redewendung »Schau dich um« ist zum Namen des Aussichtsturms geworden. Johann Peter Apollonius Weltrich entdeckte in den nahen Lindinger Sandgruben östlich von Veitlahm Pflanzenversteinerungen, die nach ihm benannt wurden. Die *Weltrichia mirabilis* war seinerzeit eine neu entdeckte Gattung eines Baumfarns. 1843 wurde Johann Peter Apollonius Weltrich zum Ehrenbürger der Stadt Kulmbach ernannt.

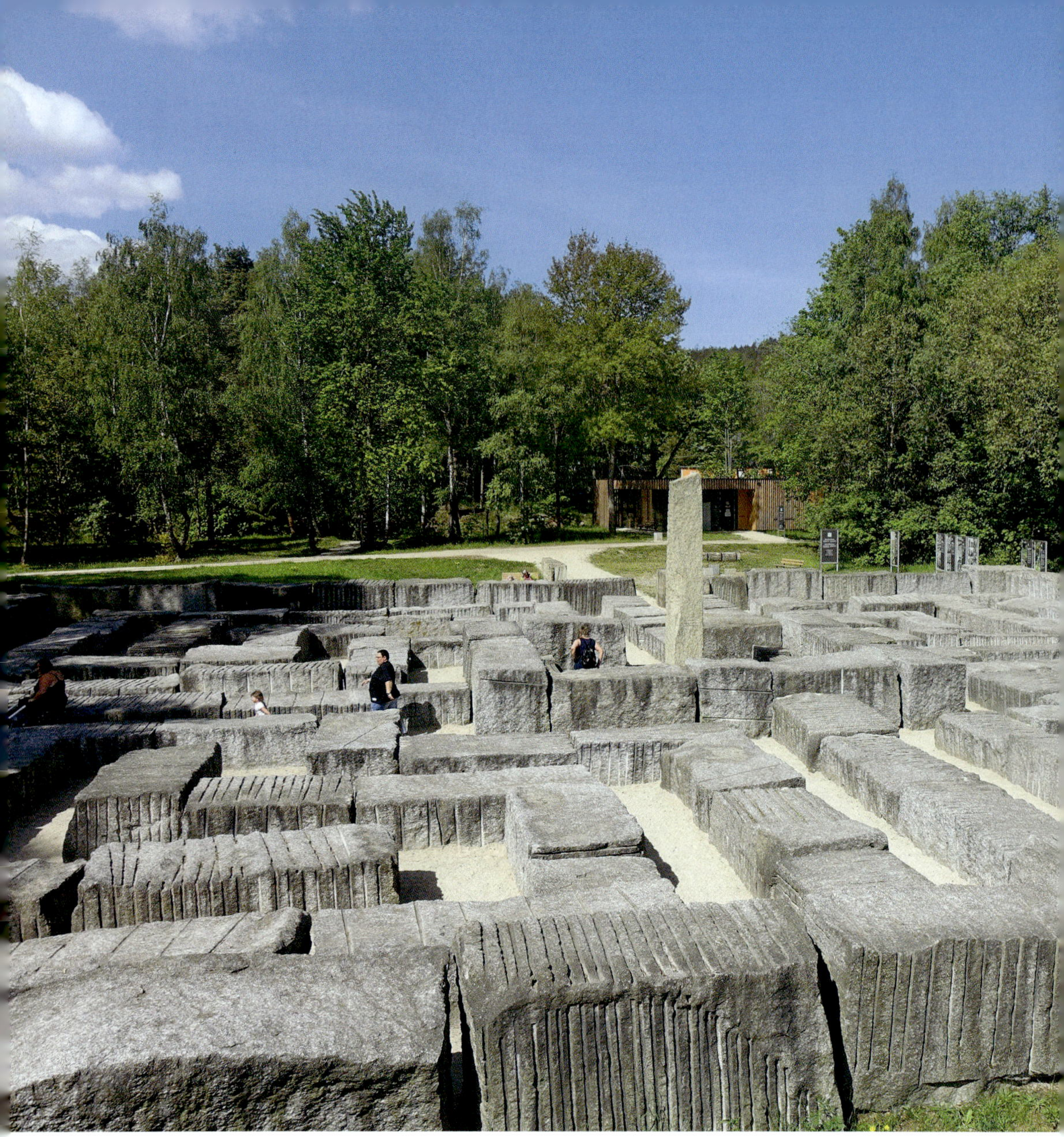

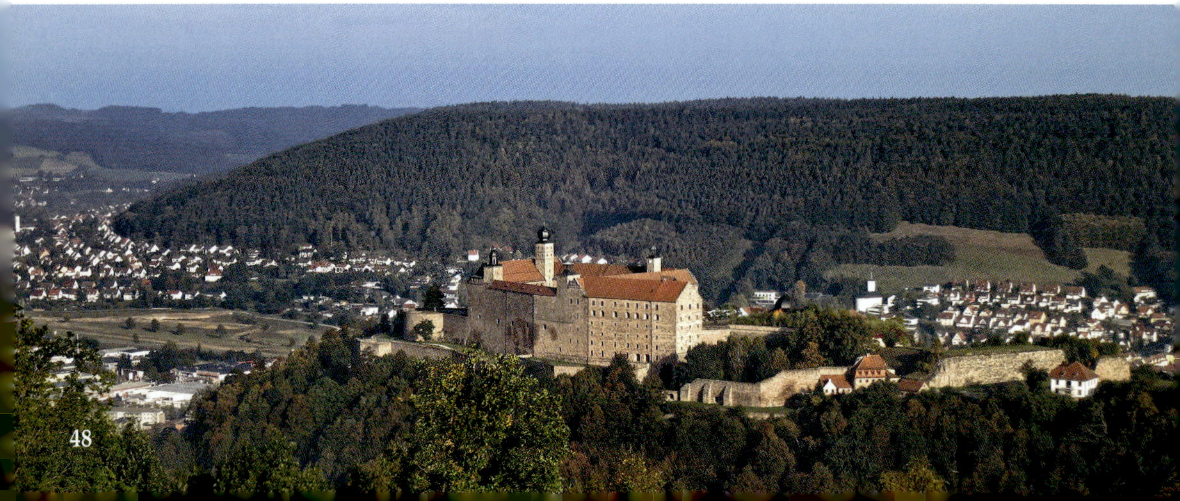

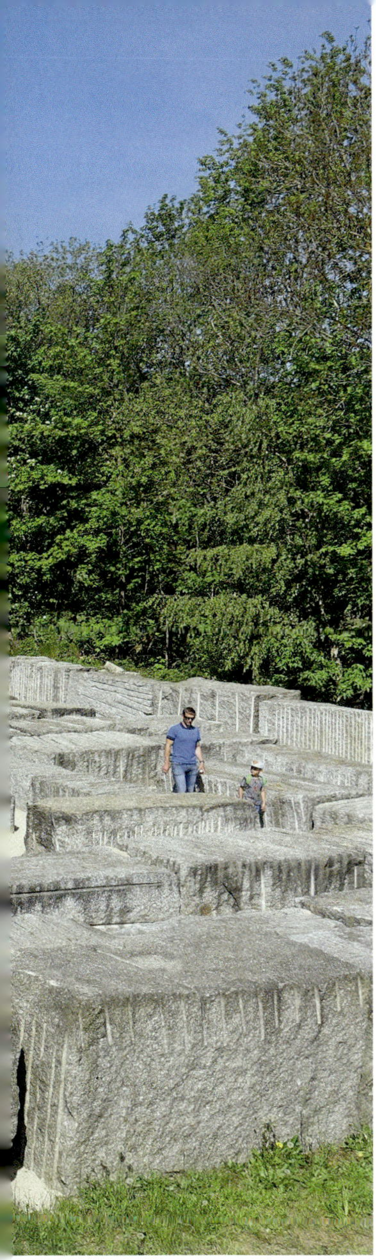

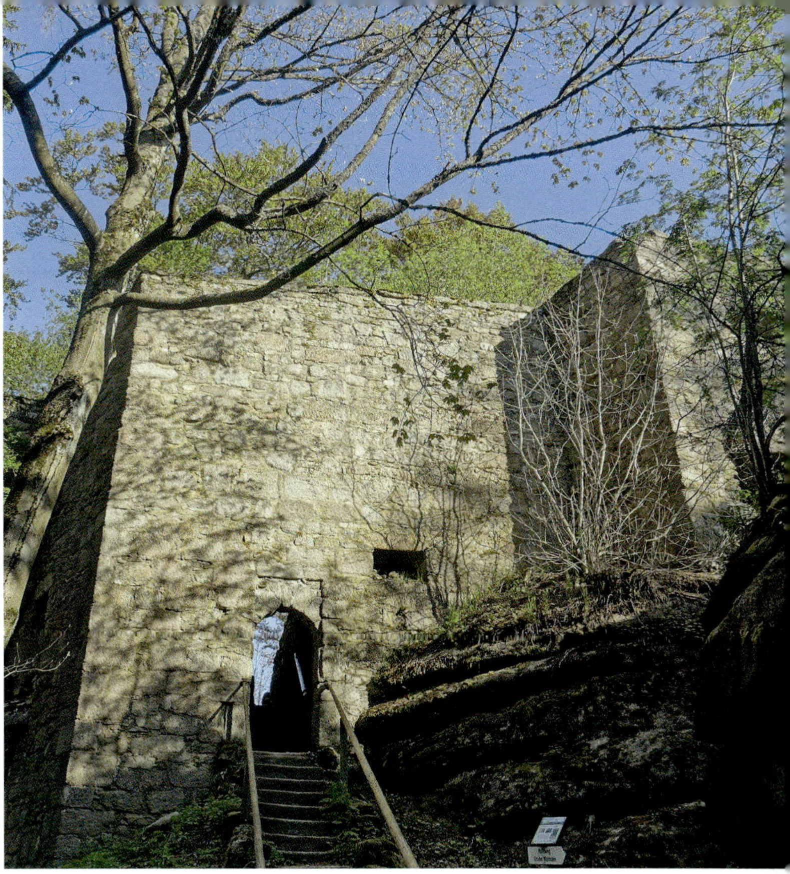

Frankenwald und Fichtel-gebirge

Oben links: Im Granitlabyrinth am Epprechtstein sollen die Besucher zu sich selbst finden (TOUR 12). Oben rechts: Am Torhaus der Westburg auf dem Waldstein (TOUR 11). Unten rechts: Auf der Maximilianstraße in Bayreuth (TOUR 16). Unten links: Aussicht vom Rehturm zur Plassenburg über Kulmbach (TOUR 10).

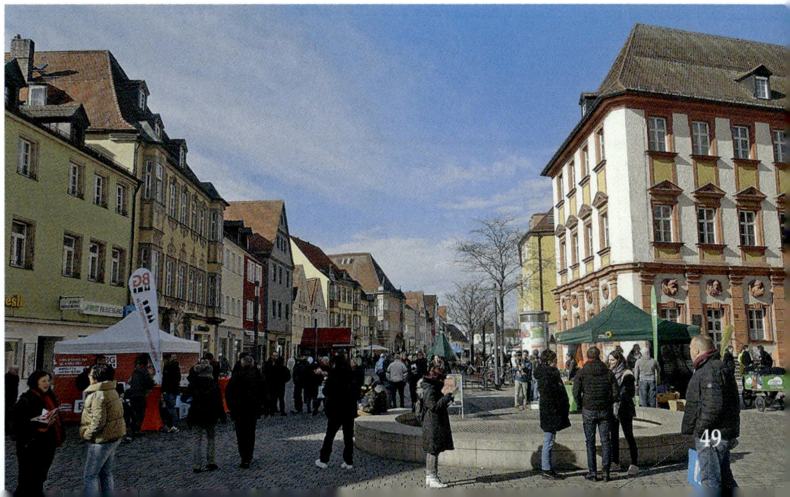

8

Im Höllental bei Lichtenberg

Aussichten über eine wilde Schlucht

Mittel 3:20 Std. 330 Hm 7,5 km

Besonderer Genuss: Aussicht

Tourencharakter
Mittelschwere, schattige Tour auf Pfaden und Forststraßen durch Wälder und Felsgebiet. Bergschuhe mit griffiger Sohle, Trittsicherheit und Schwindelfreiheit erforderlich

Ausgangs-/Endpunkt
Wanderparkplatz Informationszentrum Blechschmidtenhammer, GPS N50°23'34.7" E11°41'19.7", Höhe 440 m ü. NN

Anfahrt
Auto Von Kronach auf der B 303 und B 173 nach Issigau
Bahn Nach Hof und mit dem **Bus** Linie 6372 nach Blechschmidtenhammer (www.bahn.de)

Gehzeiten
Informationszentrum Blechschmidtenhammer – Forststraße 0:20 Std. – Teufelssteg 0:50 Std. – König David 1:00 Std. – Hirschsprung 0:10 Std. – Selbitzbrücke 0:55 Std. – Informationszentrum Blechschmidtenhammer 0:05 Std.

Einkehr in Lichtenberg
Restaurant Harmonie, Schloßberg 2, Tel. 09288/246, www.harmonie-lichtenberg.com
Gasthaus Blechschmiedenhammer, Blechschmidtenhammer 2, Tel. 09288/487

Karten
Frankenwald, UK 50 4, 1:50 000 (www.lvg.bayern.de)
Frankenwald, Nr. 51, 1:50 000 (www.fritsch-landkartenverlag.de)

Touristinformation
Badstraße 31, 95138 Bad Steben, Tel. 09288/7470, www.bad-steben.de

Zwischen den sanft geschwungenen Hügeln des Frankenwalds ist das wildromantische Höllental der Selbitz eine besondere Sehenswürdigkeit. Oben auf den Höhen tangiert die Wanderung einige fantastische Aussichtspunkte.

Zur Forststraße Vom Wanderparkplatz am Ⓐ **Informationszentrum Blechschmidtenhammer** eröffnen wir die abwechslungsreiche Wanderung am alten Bahnhof vorbei in Richtung Felsenpfad. Das Naturparkinformationszentrum informiert über die Entstehung des Frankenwalds, seine Geologie und seine Tier- und Pflanzenarten. An der Straßengabelung steigen wir halb rechts auf dem Felsenpfad mit der Markierung US 14 in den Hang hinauf. Nach 300 Metern müssen wir rechts auf der Treppe und dem folgenden Serpentinenweg aufwärts. Der Treppenweg endet an einer ❶ **Forststraße**, der wir nach links in Richtung Teufelssteg folgen.

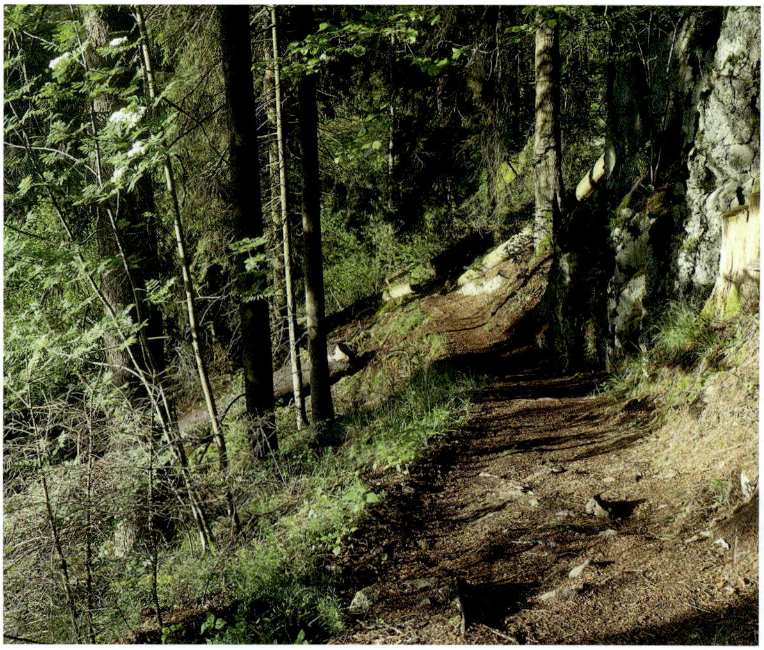

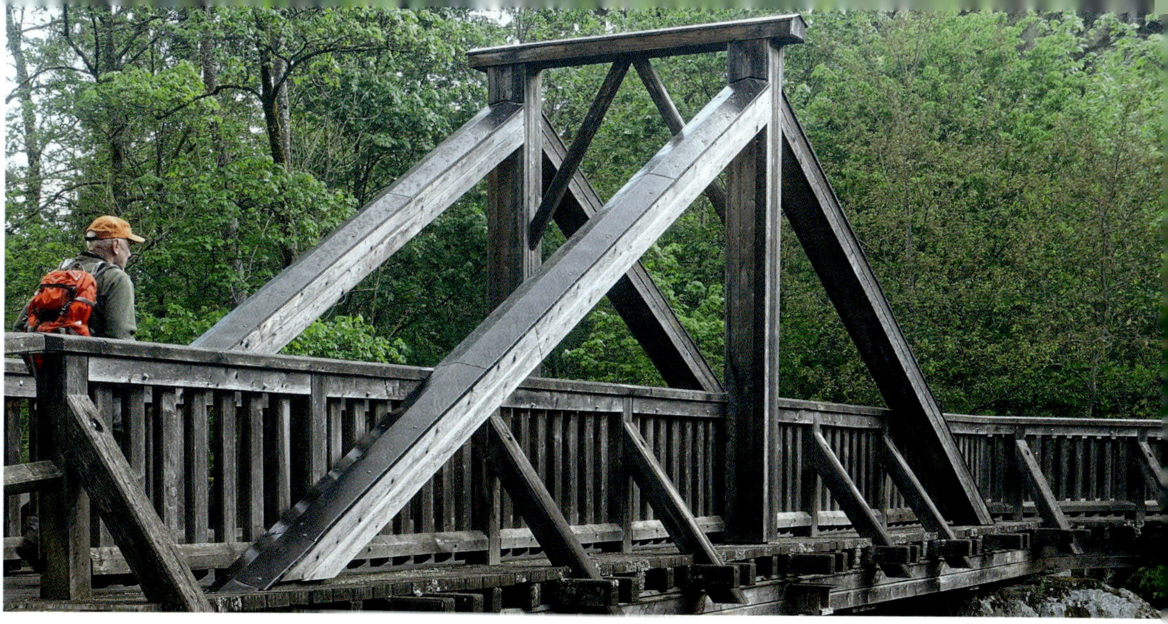

Zum Teufelssteg Von der Forststraße aus sind hin und wieder die Häuser von Blankenstein in Thüringen zu sehen. Nach 350 Metern auf der Forststraße wandern wir links auf dem Pfad mit der Markierung US 14 hinunter und queren gleich einen breiteren Weg. Nun sind wir auch auf dem Frankenweg und auf dem Erlebnispfad Geologie und Bergbau unterwegs. Im Steilhang gehen wir auf einem schmalen Pfad, Treppen aus groben Steinen, Laufstegen und Eisentreppen an aufragenden Felswänden vorbei. Auf interessante plutonische Felsformationen werden wir durch Informationstafeln aufmerksam gemacht. Gekippte Diabas-Säulen, die aus dem Schlot eines Vulkans entstammen, stehen am Weg. An anderer Stelle ragen Felswände aus Diabas-Kissenlava auf, die unterseeisch entstanden sind. Die Struktur der Diabas-Tuff-Brekzie erinnert an das Konglomerat von Beton. Schließlich erreichen wir auf der Sohle der Schlucht eine Forststraße, der wir nach links in Richtung Teufelssteg folgen. Nach 50 Metern verlassen wir die Forststraße

Auf dem Teufelssteg über die Selbitz

Linke Seite: Auf dem Felsenpfad hoch über der Selbitz

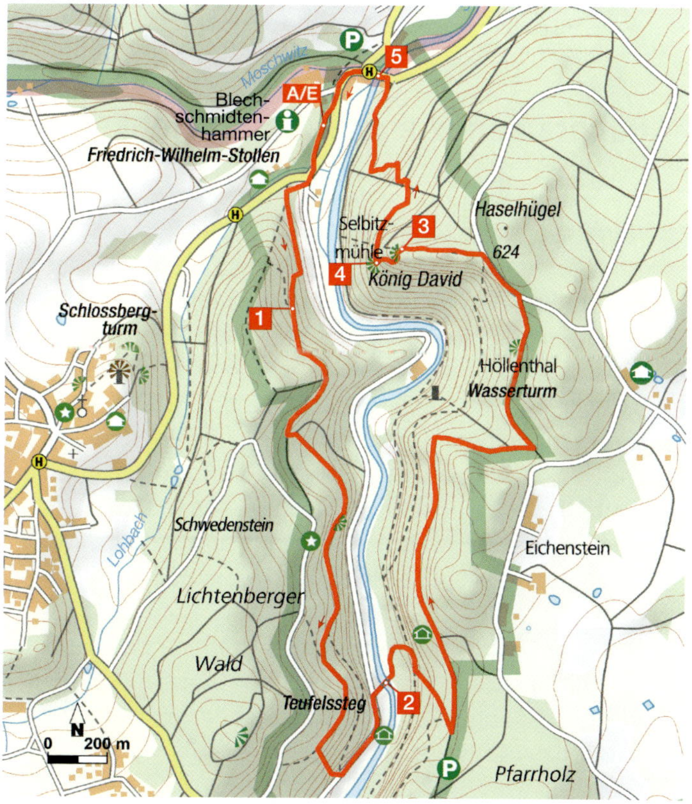

In den Felsbändern wächst die seltene Pfingstnelke.

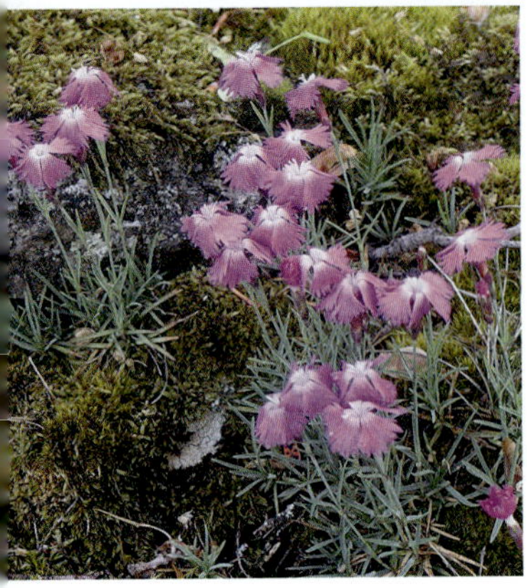

auf einem Pfad nach rechts hinunter zur Selbitz. An einem Picknickplatz ist auch ein Barfußpfad. In der Schutzhütte berichtet eine Tafel von der Sage der Entstehung des Höllentals durch die Wut des Teufels. Wahr ist, dass die Selbitz sich seit Jahrmillionen bis zu 170 Meter tief durch den Diabas gegraben hat und so das Höllental entstand. Auf dem 2 **Teufelssteg** überqueren wir mit dem Frankenwaldsteig die Selbitz.

Zum Aussichtspunkt König David Kurz nach dem Steg wählen wir den Pfad mit Geländer auf der rechten Seite aufwärts. Wir treffen wieder auf den größeren Weg und laufen noch immer hinauf. Weiter oben überqueren wir den noch gut sichtbaren Bahnkörper der ehemaligen Bahnlinie nach Blankenstein. Dann überqueren wir den Erlebnispfad Wasser, der auf einem Kanal verläuft. An einer Weggabelung steigen wir auf dem Frankenwaldsteig in spitzem Winkel links weiter aufwärts. Die gleich folgende Forststraße ist der Kanzelweg und wir laufen nach links weiter. An einem romantischen Picknickplatz mit Hütte bleiben wir geradeaus in Richtung König David. Nach einer Rechtskurve an einem Felsen bleiben wir auf dem Kanzelweg oben. An einer T-Kreuzung gehen wir auf der Forststraße links hinunter und an einer Weggabelung rechts hinauf. An einer Weggabel führt der Frankenwaldsteig links auf einem Erdweg aufwärts. An einem Aussichtspunkt schauen wir nach Lichtenberg hinüber. Lichtenberg lohnt eine Besichtigung, zumal sich dort auch das empfehlenswerte Restaurant Harmonie befindet. Der schwer zugängliche Bergsporn ganz oben in Lichtenberg ist ein idealer Standort für eine Burg. Sie wurde vermutlich im 12. Jahrhundert erbaut und bietet besonders vom Turm ein herrliches 360°-Panorama. Der Aussichtsturm wurde in der Neuzeit auf dem Stumpf des einstigen Bergfrieds errichtet. In der Burg sind Kelleranlagen und Umfassungsmauern auf der Talseite erhalten. Der Bereich der Burg grenzt sich durch höhere Gebäude zur Stadt hin ab. Der Ort Lichtenberg hatte schon sehr

Panoramen wie an einer Perlenkette

Die zahlreichen Aussichtspunkte am Weg dieser Wanderung sind eine Augenweide. Zudem sind auf der Wanderung aus dem westlichen Steilhang des Höllentals die Häuser von Blankenstein in Thüringen zu sehen. An einem ersten Aussichtspunkt am östlichen Steilhang können wir nach Lichtenberg hinüberschauen. Am Aussichtspunkt König David steht Lichtenberg nun näher am Horizont. Hier geht der Blick auch hinunter zum Kraftwerk im Höllental. Vom Aussichtspunkt Hirschsprung schauen wir nach Westen in das Waldmeer des Muschwitztals. Wer Lichtenberg besucht, kann von der Höllental-Terrasse oder vom Aussichtsturm auf der Burg die Zellstoff- und Papierfabrik in Blankenstein an der Saale in Thüringen sehen. Von fast allen Aussichtspunkten blitzt auch ein Stück der Selbitz im Höllental durch das Blattwerk herauf.

früh die Stadtrechte erhalten und war daher von einer Mauer umgeben. Viele Gebäude der Altstadt stammen aus dem Mittelalter und stehen unter Denkmalschutz. Vom Aussichtspunkt bleiben wir auf dem Frankenweg geradeaus in Richtung Blechschmidtenhammer. An einer T-Kreuzung geht es auf steinigem Pfad links in Richtung Hirschsprung hinauf. Links auf großen Felsen erleben wir den Aussichtspunkt ❸ **König David**. Wieder steht Lichtenberg am Horizont, aber jetzt näher. Nun geht der Blick auch hinunter ins Höllental zum Kraftwerk.

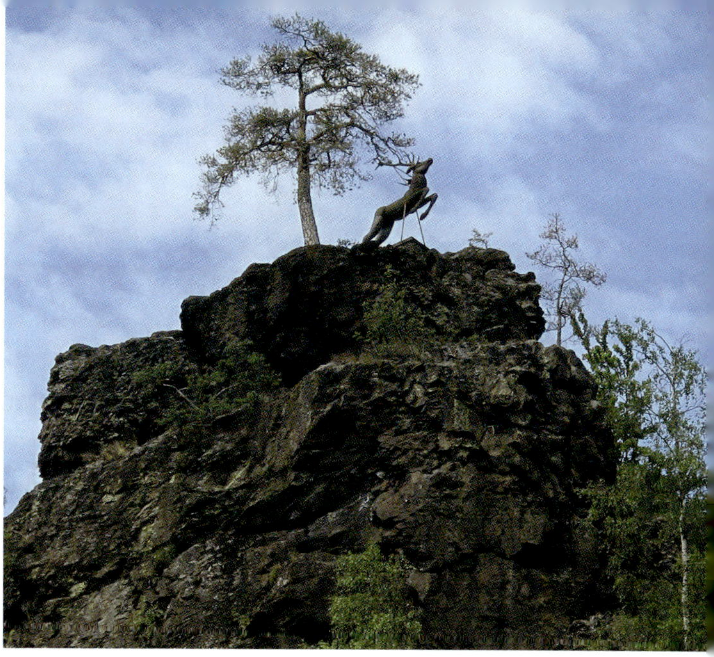

Am sagenhaften Hirschsprung über dem Höllental

Zum Aussichtspunkt Hirschsprung. Am König David müssen wir auf der anderen Seite an einer weiteren Aussicht vorbei auf steilem Pfad hinunter in Richtung Hirschsprung. Am Aussichtspunkt ❹ **Hirschsprung** fällt zuerst die Statue eines Hirschs auf einem Felsen ins Blickfeld. Die Figur des Hirschs erinnert an die Sage, hier sei ein Hirsch vor Jägern durch einen Sprung über das Höllental geflohen. Nach Westen schauen wir in das Waldmeer des Muschwitztals.

Zur Selbitzbrücke Vom Hirschsprung gehen wir zurück, aber schon nach fünf Metern an der Gabelung der Pfade links aufwärts. An einer Weggabel müssen wir auf dem Frankenweg links hinunter und queren eine Forststraße. Schließlich bleiben wir auf dem Talweg geradeaus und überqueren auf der Selbitzbrücke das Flüsschen. Nördlich der Brücke ist Thüringen.

Aussicht über das Höllental nach Lichtenberg

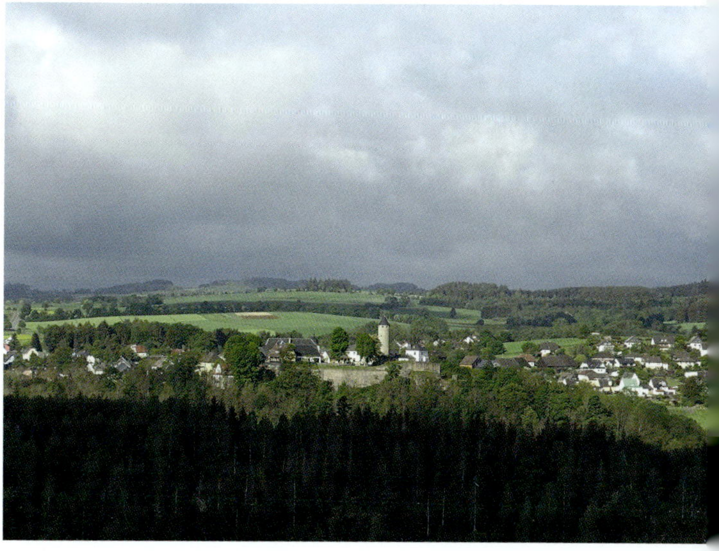

Zum Informationszentrum Blechschmidtenhammer Nach der Selbitzbrücke geht es auf der Straße aufwärts am Gasthaus Blechschmiedenhammer vorbei wieder zum Wanderparkplatz am Ⓔ **Informationszentrum Blechschmidtenhammer** zurück.

9 Auf dem Geopfad Steinachtal

Naturdenkmal Klamm und Wandereinkehr

Das Steinachtal ist eines der schönsten Täler im gering besiedelten Frankenwald. Aufgrund der geologischen Aufschlüsse gilt die Steinachklamm als herrliches Naturdenkmal in idyllischer Landschaft des Hochfrankenwalds, in fast unberührter Natur.

Leicht 3:10 Std. 150 Hm 10,2 km

Besonderer Genuss: Ruhe und Natur

Tourencharakter
Leichte, oft schattige Tour auf Forststraßen und Pfaden durch Wälder

Ausgangs-/Endpunkt
Wanderparkplatz Waldschänke im Steinachtal, GPS N50°10'45.9" E11°31'17.4", Höhe 360 m ü. NN

Anfahrt
Auto Von Kulmbach auf der B 289, B 303 und auf der Hammergrundstraße zur Waldschänke im Steinachtal
Bus Mit der Linie 8352 von Kulmbach nur nach Stadtsteinach (www.bahn.de)

Gehzeiten
Wanderparkplatz Waldschänke – Brücke Oberer Pegel 0:45 Std. – Steinachklamm-Steg 0:30 Std. – Neumühle 0:15 Std. – Steinachklamm-Steg 0:15 Std. – Brücke Oberer Pegel 0:35 Std. – Wanderparkplatz Waldschänke 0:50 Std.

Einkehr
Wandereinkehr Neumühle, Neumühle 1, 95355 Presseck, Tel. 09222/9909444 (nur So und Fei ab 12 Uhr)
Waldschänke Steinachtal, Oberhammer 1, 95346 Stadtsteinach, Tel. 09225/2669888

Karten
Frankenwald, UK 50 4, 1:50 000 (www.lvg.bayern.de)
Frankenwald, Nr. 51, 1:50 000 (www.fritsch-landkartenverlag.de)

Touristinformation
Marktplatz 8, 95346 Stadtsteinach, Tel. 09225/957824, www.stadtsteinach.de

Zur Brücke Oberer Pegel Vom Wanderparkplatz an der Ⓐ **Waldschänke Oberhammer** starten wir auf der Forststraße flussaufwärts. Nach 160 Metern bleiben wir an der Pegelbrücke auf dieser Seite der Steinach geradeaus in Richtung Neumühle. Die Markierungen KU 52 des Steinachklamm-Wegs und die Nr. 7 des Nordeckwegs begleiten uns. Gelegentlich ist auch die Markierung des Geopfads mit einem schematischen Trilobiten angebracht. Trilobiten sind meeresbewohnende Gliederfüßer, die vor mehr als 520 Millionen Jahren im Erdzeitalter Trias lebten. In der Steinachklamm wurden viele dieser Trilobiten in Versteinerungen gefunden. Das Gebiet zählt zu den ältesten Fossilfundorten Mitteleu-

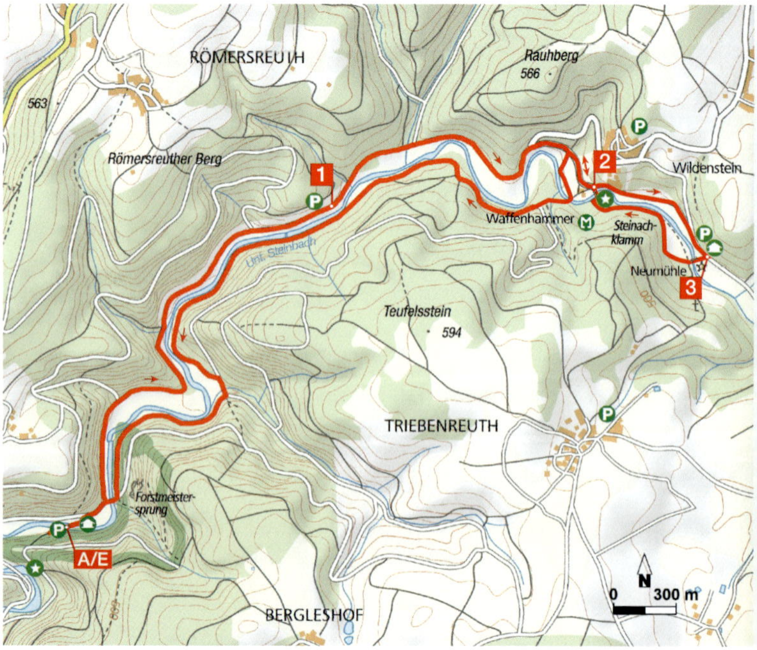

ropas und der Trilobit ist das Symbolfossil des Frankenwalds. Wir bleiben immer im Tal in der Nähe der Steinach flussaufwärts und kommen zur **1 Brücke Oberer Pegel** mit kleinem Parkplatz und Bank.

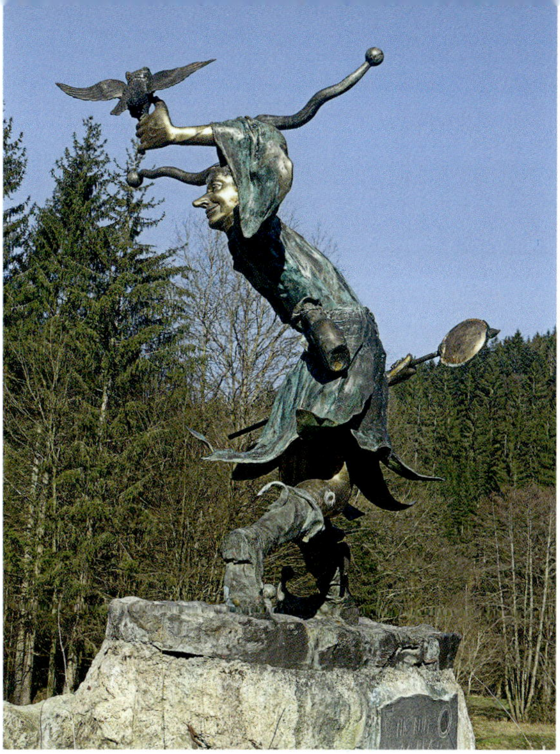

Zum Steg in der Steinachklamm An der Steinach tauchen die Gebäude des alten Waffenhammers auf, vor dem die Statue des Eulenspiegels glänzt. Die Figur steht auf einem Felsen aus Quarzkeratophyr, dem seltenen Gestein aus der nahen Steinachklamm. Direkt in dem beeindruckenden Felsental kommen wir am **2 Steg in der Steinachklamm** vorbei, auf dem wir später herüberlaufen werden. Die eindrucksvolle Steinachklamm zählt zu den wichtigsten Naturschönheiten des Frankenwalds und ist eines von Bayerns schönsten Geotopen. In langen Zeiträumen hat sich die Steinach durch das harte Gestein gefräst. Die Felsen der Steinachklamm bestehen aus Quarzkeratophyr, einem vulkanischen Gestein aus dem Erdaltertum. Wo und wann die Geburt dieses Gesteins stattfand, ist nicht bekannt. Der Quarzkeratophyr der Steinachklamm, ein dem Diabas ähnliches Gestein,

Der Eulenspiegel steht für das einstige Museum im Waffenhammer.

In der imposanten Steinachklamm gibt es Geologie zum Anfassen.

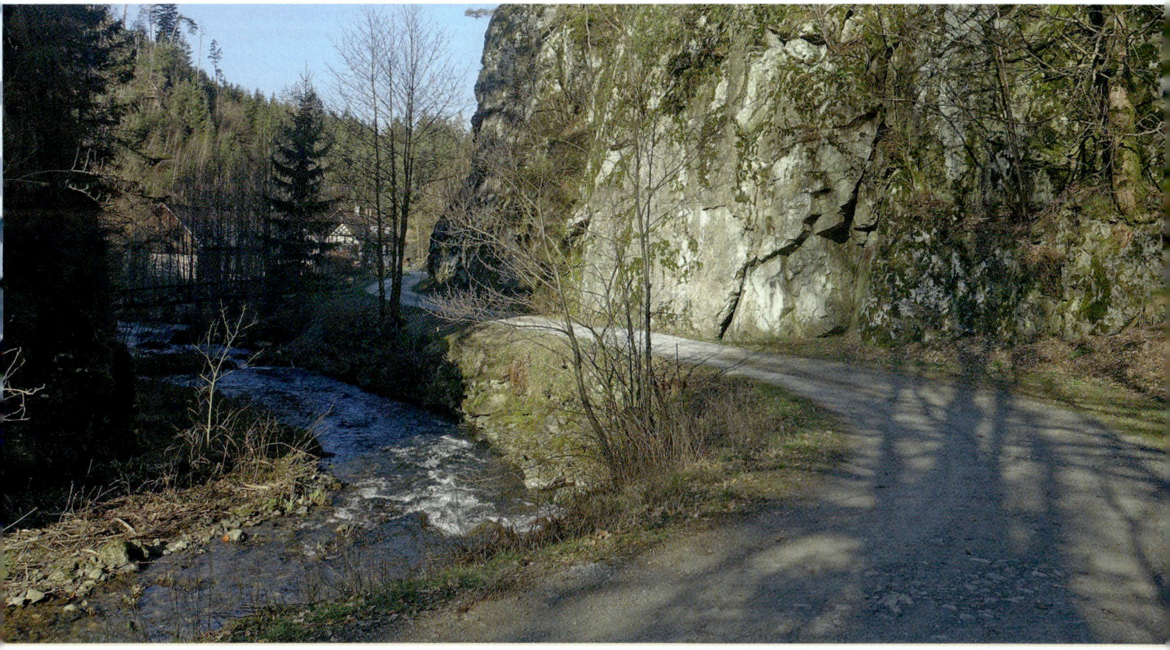

ist ein nur wenige Hundert Meter großes, isoliertes Vorkommen, das rundherum von anderen Gesteinen umgeben ist. In einer frühen Phase der Gebirgsbildung lösten sich Gesteinspakete und glitten in tiefer liegende Meeresbecken der sich hebenden Gebirge. Diese Gleitschollen wurden wieder mit Meeressedimenten überdeckt und nach der weiteren Hebung der Gebirge durch die Steinach freigelegt. Das Gestein ist hier nahezu einzigartig. Nur wenige, sehr kleine Vorkommen sind außerhalb des Steinachtals bekannt. Der seltene Quarzkeratophyr in der Steinachklamm ist umgeben von weicheren Grauwacken und Tonschiefern.

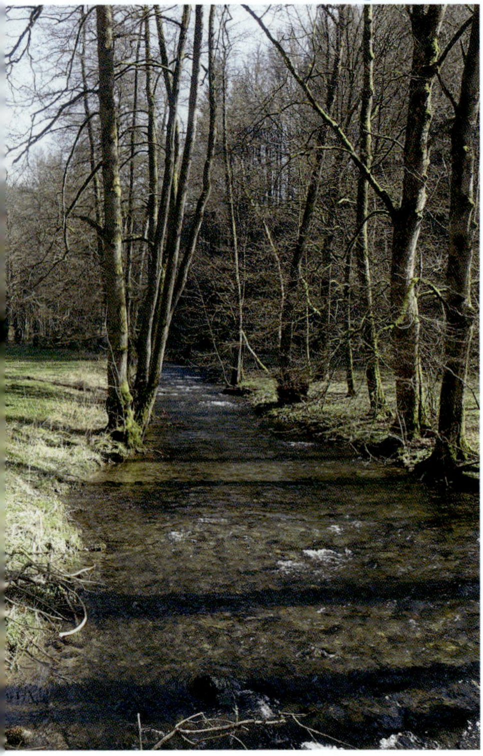

Die Steinach durchfließt auch ein liebliches Wiesental.

Zur Neumühle Auf dem anschließenden Weg lohnen Blicke zurück in die Klamm. Weiter gehen wir zugleich auf dem integrierten Themenweg »1000 Schritte Erdgeschichte«. Auf 900 Metern wird mit Informationstafeln die Erdgeschichte abgebildet. Auf unserer Wanderung allerdings im Rückwärtsgang. Schließlich erreichen wir die Wandereinkehr **3 Neumühle**. Die stillgelegte Mühle trägt im Türsturz die Inschrift 1756. Die erste Beurkundung geht aber auf das Jahr 1560 zurück. Für Wanderer wichtiger sind die Brotzeiten aus eigener ökologischer Landwirtschaft.

Zum Steg in der Steinachklamm Wir setzen die Wanderung zwischen den Gebäuden der Neumühle fort und überqueren auf der Brücke die Steinach. Am Waldrand laufen wir nun auf undeutlichem Weg ohne Markierung rechts flussabwärts. Der Weg steigt schließlich in den Wald hinauf an und wir können an der höchsten Stelle nach rechts einen Abstecher auf die Felswand direkt über der Steinach machen. Zurück am Weg geht es rechts hinunter und unten an der Steinach 60 Meter nach rechts flussaufwärts zum **2 Steg in der Steinachklamm** und wir überqueren das Flüsschen.

Der Wanderweg überquert auf Stegen mehrfach die Steinach.

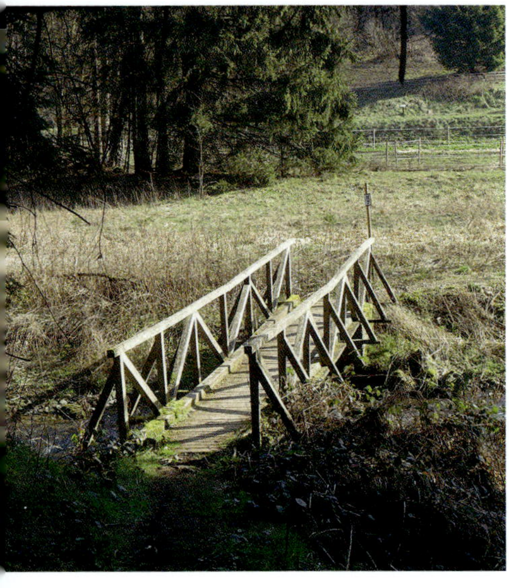

Zur Brücke Oberer Pegel Auf dem Steinachklamm-Weg wandern wir links wieder am Waffenhammer vorbei. 150 Meter nach den Gebäuden folgen wir einem Wegweiser hinter dem Weidezaun in spitzem Winkel nach links auf einen Pfad in Richtung Waldschänke. Auf einem Steg überqueren wir wieder die Steinach und steigen in einer engen Waldschlucht aufwärts. Der Pfad endet an einer Forststraße, auf der wir nach rechts abwärtslaufen. Wir bleiben immer auf dieser Seite der Steinach und kommen nun auf der anderen Seite der **1 Brücke Oberer Pegel** vorbei.

Zur Waldschänke Oberhammer An einem kleinen Weiher überqueren wir schließlich den Tiefenbach und müssen nach rechts weiter. Wieder begleitet uns die Steinach und die Forststraße quert den Fluss auf der Pegelbrücke. Wir gehen links und sehen schon gleich die **E Waldschänke Oberhammer**, an der wir gestartet sind. Vom Wanderparkplatz an der Waldschänke aus ist auf einem Steg über die Steinach noch ein 300 Meter weiter Abstecher zur Ruine Nordeck über dem Steinachtal möglich. Es besteht dort zwar wegen des Walds keine Aussicht, aber die zwei Meter dicken Mauern sind imposant.

Unten und ganz unten: Die Burgruine Nordeck überrascht mit ihren dicken Mauern.

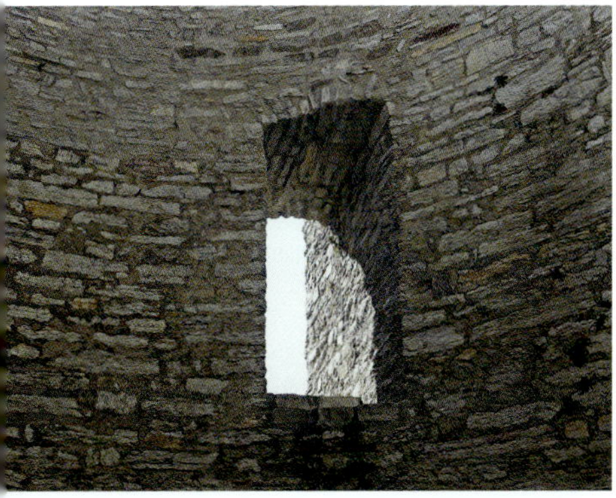

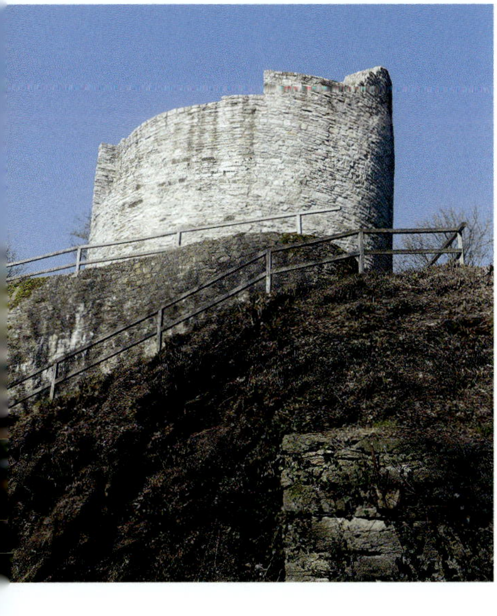

Geologie im Steinachtal

Während ihres 18 Kilometer langen Laufs durch den Frankenwald tangiert die Steinach mehr als 40 Gesteinsformationen. Dieser Wechsel der Geologie macht das Steinachtal auch landschaftlich zu einem der schönsten Täler Nordostbayerns. Die facettenreiche Geologie des Steinachtals beruht auf der erdgeschichtlichen Beschaffenheit des Frankenwalds. Die alten Gesteine wurden bei der sogenannten variszischen Gebirgsbildung vor etwa 300 bis 330 Millionen Jahren überfaltet. In Bereich des Frankenwalds wurden zudem über einen langen Zeitraum vom Präkambrium bis zum Karbon Gesteine in einem Meeresbecken abgelagert. Charakteristisch sind daher aus ihrem ursprünglichen Verband gelöste Gesteine, von denen manche nur an einem einzigen Ort vorhanden sind, wie etwa der Quarzkeratophyr in der Steinachklamm. Der Mittellauf der Steinach ist geprägt von Kalkblöcken, Tonschiefern und Diabas. Im Gebiet der Waldschänke Oberhammer verleiht der Diabas, der unterseeisch in vulkanischen Eruptionen entstand, dem unteren Steinachtal sein wildromantisches Aussehen. Dort finden sich auch Aufschlüsse des Flaserkalks, wie etwa an der Burgruine Nordeck.

10

Auf den Kulmbacher Höhen

Plassenburg und Rehturm-Panoramen

Leicht 2:00 Std. 260 Hm 5,8 km

Besonderer Genuss: Einkehr

Tourencharakter
Leichte, überwiegend schattige Tour mit deutlichen Steigungen auf befestigten Wegen und Pfaden durch Wälder. Im Ortsgebiet auf Straßen

Ausgangs-/Endpunkt
Parkplatz Schwedensteig, GPS N50°06‘39.0“E11°27‘35.1“, Höhe 305 m ü. NN

Anfahrt
Auto Auf der B85 oder B289 nach Kulmbach
Bahn Nach Kulmbach (www.bahn.de)

Gehzeiten
Parkplatz Schwedensteig – Plassenburg 0:25 Std. – Wolfskehle 0:15 Std. – Rehturm 0:35 Std. – Marktplatz 0:35 Std. – Parkplatz Schwedensteig 0:10 Std.

Einkehr in Kulmbach
Kommunbräu Kulmbach, Grünwehr 17, Tel. 09221/84490, www.kommunbraeu.de
Zunftstube, Obere Stadt 4, Tel. 09221/83377
Gasthaus Zur Birke, Fischergasse 17, Tel. 09221/3914552, www.zur-birke-kulmbach.de
Kulmbacher Bierwoche, EKU-Platz, 95326 Kulmbach, www.kulmbacher-bierwoche.de (Ende Juli)

Karten
Frankenwald, UK 50 4, 1:50000 (www.lvg.bayern.de)
Frankenwald, Nr. 51, 1:50000 (www.fritsch-landkartenverlag.de)

Touristinformation
Buchbindergasse 5, 95326 Kulmbach, Tel. 09221/95880, www.kulmbach.de

Kulmbach steht nicht nur für Bierseligkeit in Brauereien und originellen Gasthäusern mit deftiger fränkischer Kulinarik. Kultur und wanderbare Höhen mit wechselnden Aussichten über die Stadt überraschen und erfreuen die Wanderer.

Zur Plassenburg Am Parkplatz Ⓐ **Schwedensteig** ist schon unser erstes Ziel, die Plassenburg, über der Stadt zu sehen. Die trutzige Burg wurde erstmals 1135 erwähnt und gehörte von 1338 bis 1791 den Hohenzollern. Sie ist eines der imposantesten und größten Renaissancebauwerke Deutschlands. Die jetzt zu sehende Vierflügelanlage wurde im 16. Jahrhundert erbaut. In der Plassenburg befinden sich das Landschaftsmuseum Obermain, das Deutsche Zinnfigurenmuseum, das Armeemuseum Friedrich der Große und das Museum Hohenzollern in Franken (www.plassenburg.de).

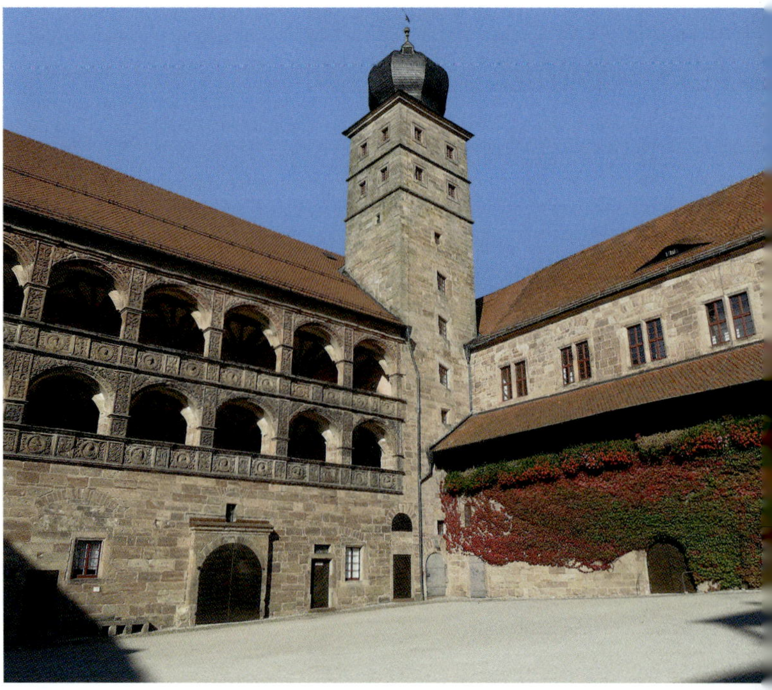

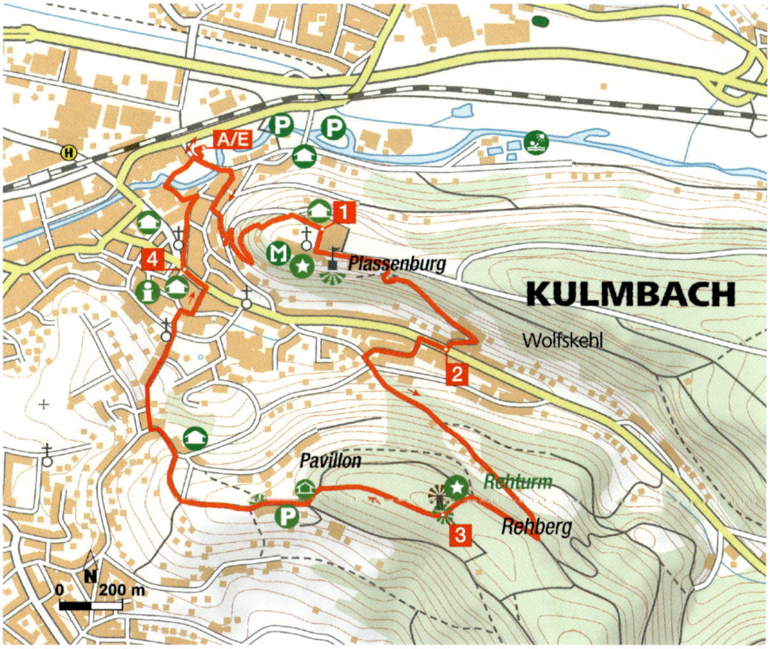

Wir starten nach Südwesten Richtung Innenstadt und kommen am Taubenhaus zum Pörbitscher Weg, auf dem wir nach links an der Kulmbacher Mälzerei-Darrhaube vorbeilaufen. In der Grünanlage ist rechts der kleine Biergarten des guten Gasthauses Zur Birke zu sehen. Nach der Brücke über den Mühlbach beginnt an der Kreuzung das Anetsgäßchen als Treppe aufwärts. Am Haus Nr. 11a müssen wir links die lange Treppe hinauf und oben auf der Oberen Buchgasse rechts. An der Zufahrtsstraße zur Plassenburg gehen wir mit der Markierung des Frankenwaldsteigla in spitzem Winkel links und können nach 30 Metern rechts auf dem Gehweg entlang der Straße oder besser rechts in Serpentinen weiter aufsteigen. Vor der starken Burgmauer laufen wir nach links zum großen Tor und hinein in den Kasernenhof der ❶ **Plassenburg**. Auf der Rampe an der rechten Seite kommen wir zum großen Westrondell hinauf. Die Aussicht zeigt ganz links unser nächstes Ziel, den Rehberg mit dem Rehturm. In der Stadt unten sehen wir von links nach rechts den Turm der Petrikirche, die auf das 12. Jahrhundert zurückgeht und damit die älteste Kirche Oberfrankens ist, und den Turm der Stadtkirche Unsere Liebe Frau. Weiter nach rechts folgt im näheren Bereich das rote Zeltdach des Roten Turms und dahinter der Marktplatz mit dem kleinen Rathausturm. Der große Platz weiter rechts ist der EKU-Platz, auf dem die Kulmbacher Bierwoche stattfindet. Der Weiße Turm, wie der Rote Turm Teil der ehemaligen Stadtbefestigung des 14. Jahrhunderts, ist rechts hinter den Bäumen verborgen. Vom großen Westrondell geht es in den Schönen Hof. Der Arkadenhof mit dichtem Reliefdekor ist eine der bedeutendsten Schöpfungen der deutschen Renaissance und gilt als schönster Renaissancehof nördlich der Alpen.

Linke Seite: Im herrlichen Arkadenhof der Plassenburg

Zur Straße Wolfskehle Wieder zurück im Kasernenhof wenden wir uns am Fürstenbrunnen nach rechts und können durch ein Tor nach Osten aus der Burg über die Hochfläche laufen. 60 Me-

Unterwegs auf dem Frankenwaldsteigla

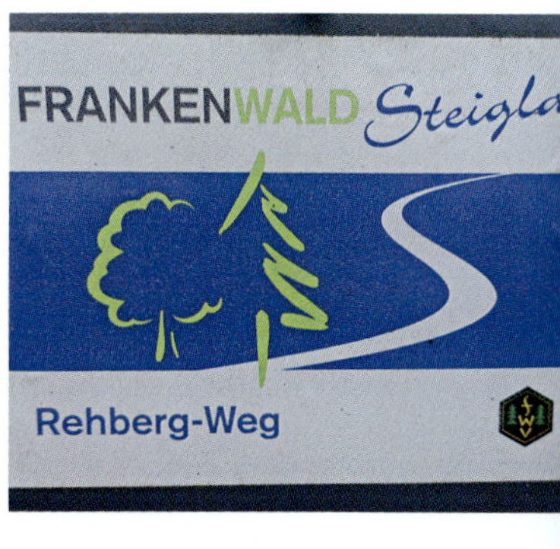

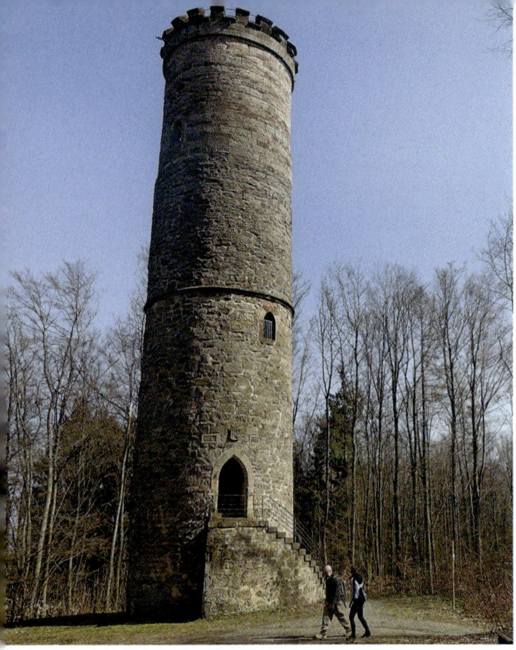

Der Rehturm bietet eine großartige Aussicht.

ter nach dem ehemaligen Forsthaus steigen wir rechts auf dem Treppenweg durch den Wald hinunter in Richtung Wolfskehle. Weiter unten trägt der Weg den Namen Kaupersgäßchen und wir steigen an dem Wendeplatz vor dem Haus Nr. 3 rechts auf einer Treppe hinab. Ganz unten queren wir die Straße mit dem Namen 2 **Wolfskehle** und folgen ihr nach rechts.

Zum Rehturm Nach 60 Metern laufen wir links auf der Beethovenstraße aufwärts und folgen am Ende dem Steinernen Gässchen nach links. Nach 50 Metern müssen wir rechts die Rehleite hinauf, aber mit der Markierung des Frankenwaldsteigla gleich wieder links in den Hohlweg aufwärts. An Abzweigen bleiben wir stets aufwärts und wandern oben an der Forststraße in spitzem Winkel nach rechts. Über eine Treppe auf der linken Seite kommen wir zum 3 **Rehturm**, der erstmals 1498 erwähnt wurde. Damals war der Turm Teil eines Überwachungssystems, das durch Signalfeuer vor Gefahren warnen sollte. Der heutige Rehturm zählt zu den schönsten und reizvollsten Aussichtspunkten über Kulmbach und ist ein beliebtes Ziel für Wanderer.

Die Bierrebellen im Kommunbräu

Großbrauereien und die Kulmbacher Bierwoche, zu der jährlich bis zu 120 000 Besucher kommen, beherrschen die Stadt. Unter diesen Verhältnissen eine neue Brauerei zu gründen, erschien erst einmal sinnlos. Doch eine Gruppe Kulmbacher Bürger beschloss, ein Wirtshaus mit Kleinbrauerei zu eröffnen und dort ein unfiltriertes Handwerksbier zu brauen. Durch die Zeichnung von Anteilen sollten die Mitbürger ihre eigene Brauerei finanzieren, wie das in der Tradition der Kulmbacher Kommunbrauhäuser schon immer so war. 1994 probierten die Anteilseigner ihr erstes gebrautes Bier. Heute sind am Kulmbacher Kommunbräu rund 400 Anteile gezeichnet. Neben dem ausgezeichneten Bier hat sich der Kommunbräu mit einer ehrlichen fränkischen Küche einen Namen gemacht. Das Gourmet-Magazin *Der Feinschmecker* hat den Kulmbacher Kommunbräu als eines der 40 besten Bierlokale Deutschlands ausgewählt. Die Biergartenfreunde haben das Prädikat »Von Gästen empfohlen« erteilt und es gibt noch viele weitere Auszeichnungen. In Kulmbach sind aber noch einige andere Traditionsgaststätten, die sich ihren Charakter als Wirtshaus im besten Sinne bewahrt haben.

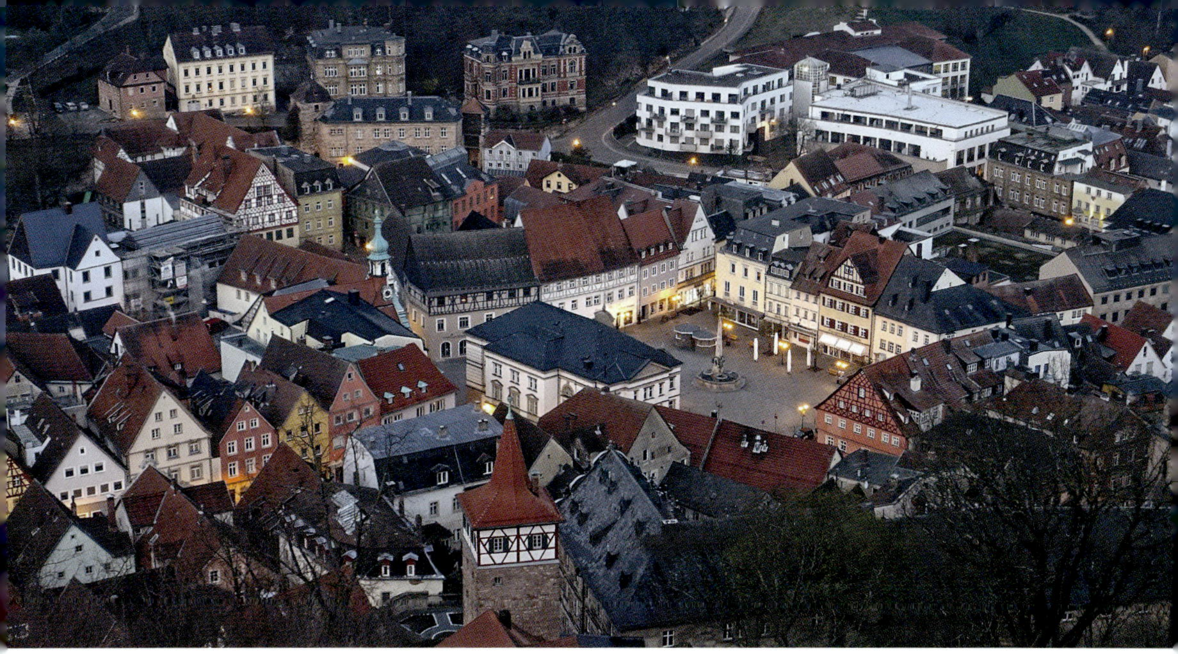

Blick vom Westrondell der Plassenburg auf Roten Turm und Marktplatz in Kulmbach

Zum Marktplatz An der Informationstafel über Pilze wandern wir vorbei nach Westen und bleiben auf dem breiten Weg, der bald abwärtsverläuft und am Pavillon und am Wanderparkplatz vorbeiführt. Noch vor der Bergstraße benutzen wir rechts den Gehweg mit dem Namen Kalte Marter abwärts. An einer Weggabel nehmen wir den linken, asphaltierten Weg und steigen unten vor der Stadtkirche Unsere Liebe Frau über die Treppe am dicken Heilingschwertturm vorbei hinunter in die Bauergasse. An der Straße Oberhacken gehen wir rechts und auf dem Unteren Stadtgäßchen links. Die breite Straße Obere Stadt führt nach links am guten Wirtshaus Zunftstube vorbei zum ❹ **Marktplatz** hinab. Am Marktplatz steht links um die Ecke das schöne spätbarocke Rathaus, das 1752 erbaut wurde.

Zum Parkplatz am Schwedensteig Vom Marktplatz laufen wir auf der Spitalgasse nach Norden an der Spitalkirche und am Weißen Turm vorbei. Die Verlängerung der Spitalgasse ist die Fischergasse. Würden wir auf der Fischergasse immer geradeaus weitergehen, kommen wir zum Gasthaus Zur Birke und noch weiter zur gemütlichen Wirtshausbrauerei Kommunbräu mit sehr gutem Bier und prima Küche (siehe Infokasten). Nach dem Weißen Turm gehen wir aber vor dem Hotel Kronprinz links und an der Stadthalle rechts. Auf der Brücke überqueren wir den Weißen Main und kommen durch die Grünanlage zum Parkplatz Ⓔ **Schwedensteig** zurück.

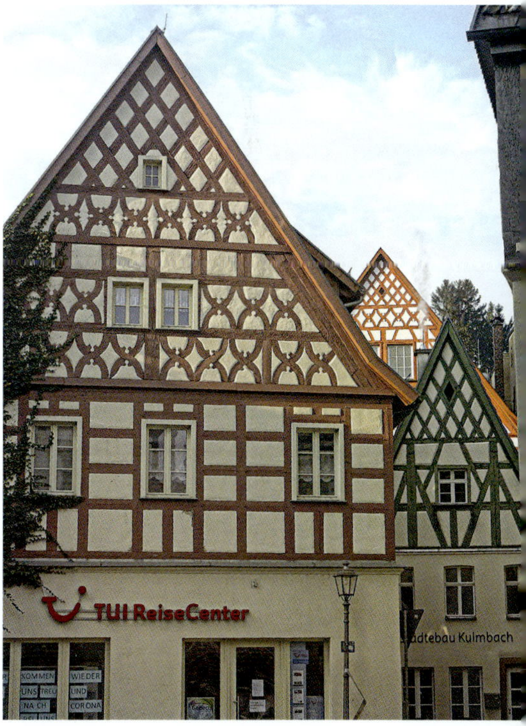

Impressionen aus der Fachwerkstadt Kulmbach

11

Auf den Großen Waldstein

Aussicht vom Dach über Franken

Leicht 2:30 Std. 230 Hm 7,6 km

Besonderer Genuss: Ruhe und Natur

Tourencharakter
Leichte, vorwiegend schattige Tour, größtenteils auf Forstwegen durch Wälder. Feste Schuhe mit griffigen Sohlen und Trittsicherheit erforderlich

Ausgangs-/Endpunkt
Wanderparkplatz Waldhütte in Zell, GPS N50°07'42.9" E11°49'45.3", Höhe 665 m ü. NN

Anfahrt
Auto Auf der A9 Ausfahrt 36 Münchberg-Süd und auf der St2194 und auf der Sparnecker Straße nach Zell im Fichtelgebirge
Bahn Nach Münchberg und mit dem **Bus** Linie 6351 nach Zell im Fichtelgebirge (www.bahn.de)

Gehzeiten
Wanderparkplatz Waldhütte – Arnsteinfels 0:30 Std. – Bärenfang 0:10 Std. – Waldstein Schüssel 0:25 Std. – Saalequelle 0:45 Std. – Wanderparkplatz Waldhütte 0:40 Std.

Einkehr in Zell i. Fichtelgeb.
Waldsteinhaus, Waldstein 1, Tel. 09257/264, www.waldsteinhaus.de
Gasthof zum Waldstein, Marktplatz 16, Tel. 09257/501, www.gasthof-zum-waldstein.de

Karten
Fichtelgebirge, UK 50 12, 1:50 000 (www.lvg.bayern.de)
Hofer Land, Nr. 64, 1:50 000 (www.fritsch-landkartenverlag.de)

Touristinformation
Bahnhofstraße 10, 95239 Zell im Fichtelgebirge, Tel. 09257/94 20, www.markt-zell.de

Der Große Waldstein ist mit 877 Metern die höchste Erhebung im nördlichen Fichtelgebirgs-Hufeisen. Bekannt ist er durch seine bizarren Felsen, seine Schlossruinen, als Quellgebiet der Saale und durch den Bärenfang aus dem 17. Jahrhundert.

Zum Arnsteinfels Vom Wanderparkplatz Ⓐ **Waldhütte** in Zell gehen wir zu Beginn mit der Markierung weiß-blaues Rechteck nach Südosten am Wasserbehälter vorbei in Richtung Waldstein hinauf. An einer Weggabelung nach einer Wiese wählen wir den rechten Weg. An einer zweiten Kreuzung der Forststraßen gehen wir links zum 30 Meter hohen Felsenturm ❶ **Arnsteinfels**. Die skurrile Skulptur der Natur ist ein typisches Beispiel einer Wollsackverwitterung (siehe Infokasten). Der Arnsteinfels lässt sich gut besteigen. Die Aussicht zeigt von links nach rechts Zell vor dem Haidberg, Reinersreuth und Sparneck. In der Ferne liegt das Münchberger Hügelland.

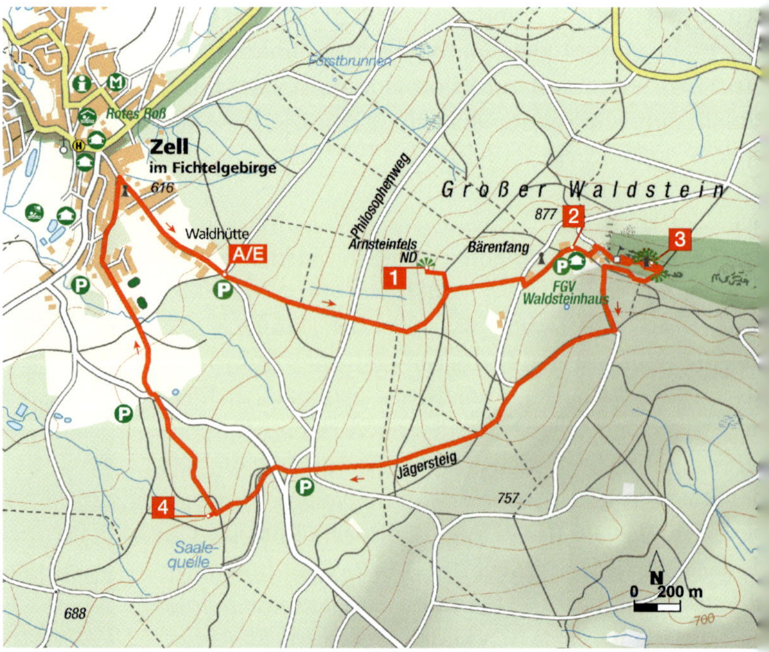

Zum Bärenfang Wir gehen zurück zur Kreuzung und laufen links nach Osten weiter hinauf. Eine Informationstafel weist auf den Antennenmast des Senders Waldstein hin, der sich rechts hinter den Bäumen versteckt. Ein Asphaltsträßchen wird überquert und dann sind wir am historischen ❷ **Bärenfang**. Der massive Bau aus Granitblöcken wurde erstmals 1656 urkundlich erwähnt. Die Anlage ist in Deutschland einzigartig. Darin wurden bis zum Jahr 1760 annähernd 100 Bären gefangen.

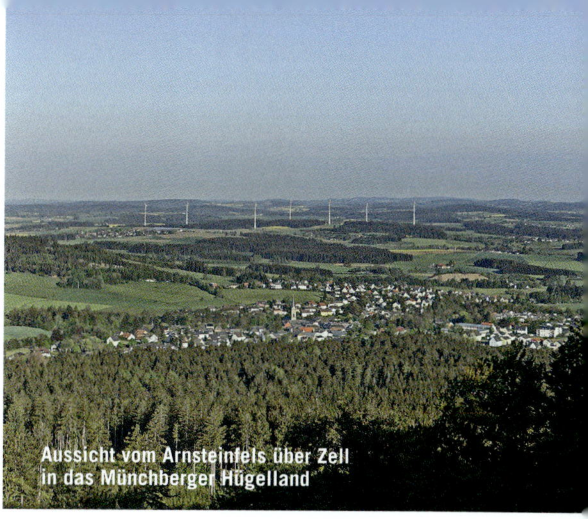
Aussicht vom Arnsteinfels über Zell in das Münchberger Hügelland

Zum Waldstein Schüssel Wir gehen weiter an ungefährlichen Bären aus Granit vorbei zum Waldsteinhaus des Fichtelgebirgsvereins, vor dem ein beliebter Biergarten betrieben wird. Hier ist auch die Bühne der Waldsteinschauspiele. Seit 1854 werden Dramen und Moritaten aufgeführt. Einer der 18 Wegweiser zeigt nach Osten zum Aussichtsfelsen Schüssel. Zunächst sind aber die Ruinen der Westburg zu besichtigen. Vor dem Aufstieg auf die bizarren Felsen steht der Teufelstisch, ein Fels in Form eines kelchartigen Tischs. Gemäß einer Sage soll der Teufel dort Karten gespielt haben. Die Kratzspuren seiner Krallen sind noch heute zu sehen. Die Ruine der Westburg steht am Gipfel des 877 Meter hohen Waldsteins, dem höchsten Berg des nördlichen Fichtelgebirges. Im 14. Jahrhundert war die Burg von den Sparnecker Rittern bewohnt. Wegen der roten Ziegel auf dem Dach wurde der Bau das »Rote Schloss« genannt. Das Dach wurde allerdings erst im 18. Jahrhundert mit den Ziegeln gedeckt, obwohl die Burg schon 1523 weitgehend zerstört war. Wir steigen wieder hinab und gehen an gewaltigen, 300 Millionen Jahre alten Felsen entlang nach Osten zu den Resten der Ostburg. Die Ostburg war schon um das Jahr 1100 gebaut worden und wurde wegen der neueren Westburg aufgegeben. Ausgegrabene Keramikscherben und Metallgegenstände zeugen davon, dass im 8. Jahrhundert auch schon eine Befestigungsanlage bestanden haben muss. Doch Menschen waren schon lang

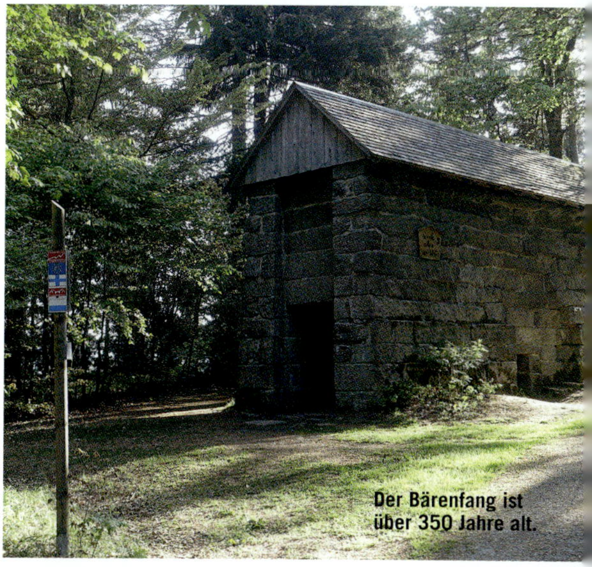
Der Bärenfang ist über 350 Jahre alt.

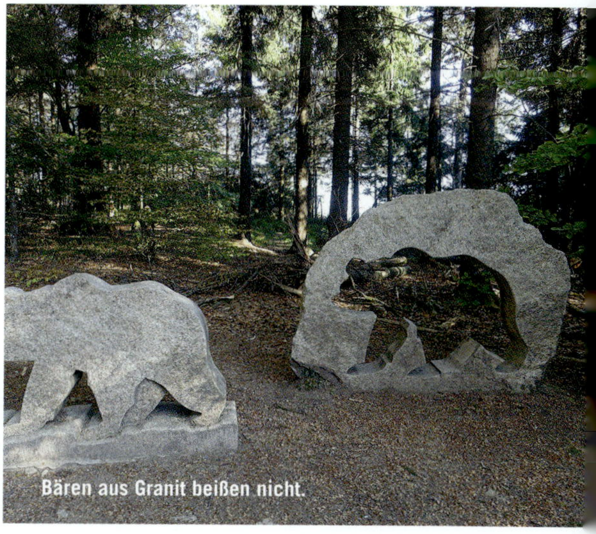
Bären aus Granit beißen nicht.

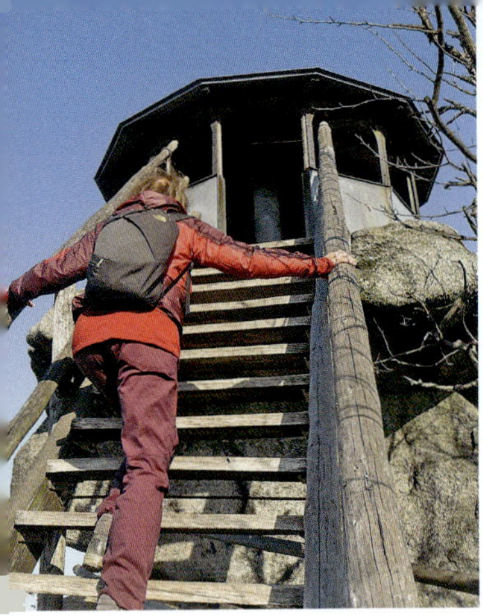

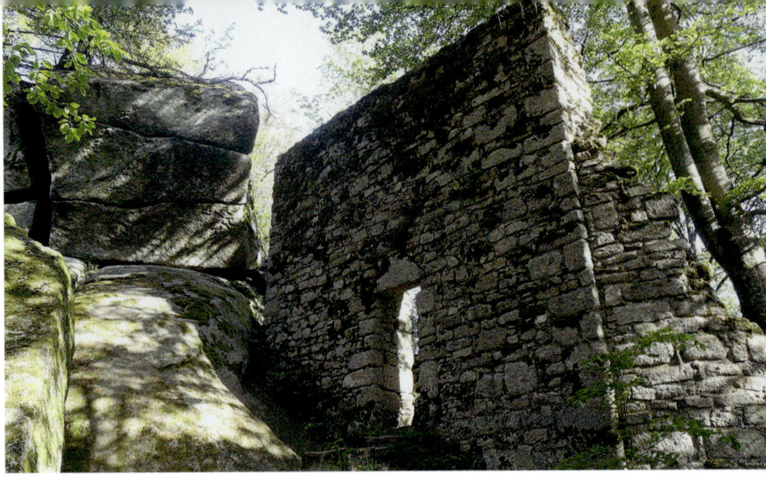

Oben links: Aufstieg zum Aussichtspavillon Schüssel

Oben rechts: Mauerreste der romanischen Burgkapelle

vor dieser Zeit auf dem Waldstein. Es wurden auch steinzeitliche Gegenstände gefunden. Am deutlichsten sind die Mauerreste einer spätromanischen Kapelle zu sehen. Dann steigen wir durch die Kapelle zum Aussichtspavillon ❸ **Waldstein Schüssel** hinauf. Eine kesselartige Vertiefung auf dem Felsen gab ihm einst den Namen. Dieser Name übertrug sich auf den Aussichtspavillon, der 1851 errichtet wurde. Von ihm aus kann man über das weite Land schauen, deren Orte und Landmarken auf einer Orientierungsscheibe aufgezeigt werden. Am augenfälligsten liegt im Südosten Weißenstadt mit seinem 48 Hektar großen See.

Zur Saalequelle 20 Meter vor der Kapelle stehen einige Wegweiser, an denen wir rechts in Richtung Waldsteinhaus schlendern. An einer T-Kreuzung 50 Meter unterhalb des Waldsteinhauses laufen wir links hinunter und weiter unten an einer Kreuzung mit der Markierung 5 einer Nordic-Walking-Runde rechts aufwärts. An einer Weggabelung gehen wir mit der Nummer 5 geradeaus und nach 80 Metern links hinunter. Bald entdecken wir auch den ersten

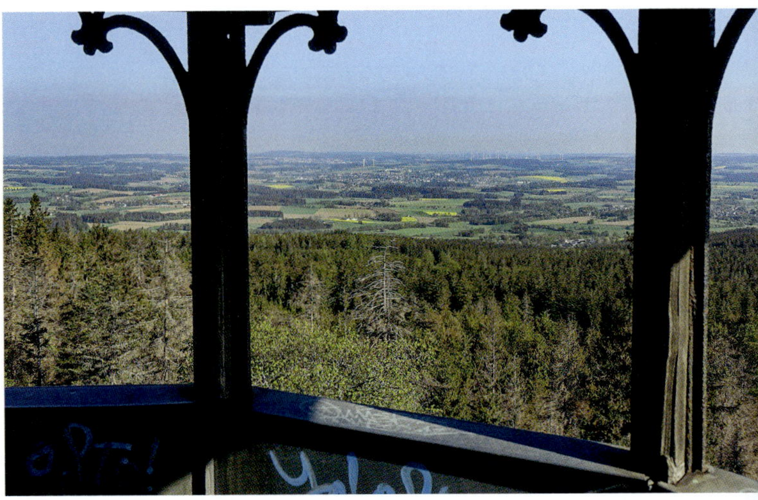

Aussicht vom Pavillon Schüssel zum Münchberger Hügelland

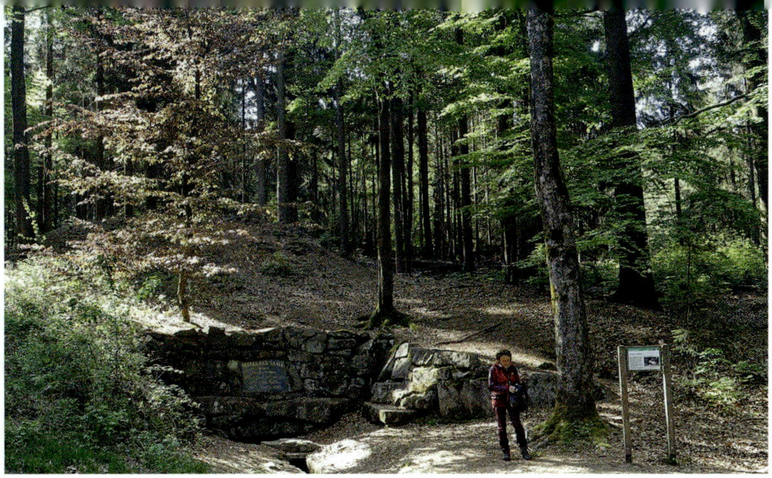

An der Quelle der Sächsischen Saale

Wegweiser zur Saalequelle und die Markierung blaues Kreuz sowie die des Fränkischen Gebirgswegs und bleiben immer geradeaus. An einer Weggabel folgen wir dem Wegweiser rechts Richtung Saalequelle. Ein kleiner Steg führt über einen Graben und dann sind wir an der Sächsischen ❹ **Saalequelle**. Sie trägt den Beinamen »Sächsisch«, weil sie durch das Gebiet des historischen Sachsens fließt. Im Quellgebiet wurde im 18. Jahrhundert ein Stollen zur Gewinnung gelber Kreide betrieben. Aus der Mauer mit Granitblöcken vor dem Stollen fließt das klare Wasser hervor und macht sich auf den über 400 Kilometer langen Weg bis zur Mündung in die Elbe.

Zum Wanderparkplatz Waldhütte Vor dem kleinen Steg wandern wir mit der Markierung Q auf dem Saalequellweg links in Richtung Zell-Marktplatz abwärts. Wir sind auch auf den europäischen Fernwanderwegen E3 und E6. Der E3 führt vom Atlantik bis zum Schwarzen Meer und der E6 von der Ostsee bis zur Ägäis. Weiter unten queren wir eine Forststraße schräg und wandern dann an einem Feldrand entlang. Auf dem Saalequellenweg laufen wir in Zell ein und 500 Meter nach dem Sportplatz in spitzem Winkel rechts auf dem Waldsteinweg zum Wanderparkplatz Ⓔ **Waldhütte** zurück.

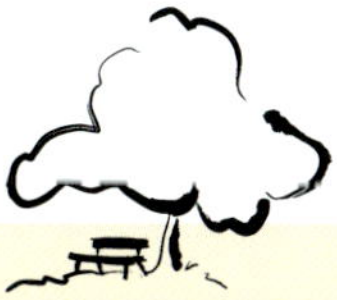

Bizarre Felsgebilde aus Granit

Fantastische Felsen, die zu grotesken Formen zusammengesetzt scheinen, lassen Wanderer im Fichtelgebirge erstaunen. Die Ursache wird in dem geologischen Fachausdruck »Wollsackverwitterung« ausgedrückt. Diese spezielle Form der Verwitterung tritt an grobkristallinen Graniten, Diorit, Gneisen und Sandstein auf. Der Vorgang findet im oder am Boden statt, weil mit Huminsäuren angereichertes Wasser anfällige Minerale zersetzen. Dies umso mehr, als die Felsen zum Beispiel durch Frostsprengung größere Angriffsflächen bieten. So entstehen durch physikalische und chemische Prozesse Gesteinsblöcke mit abgerundeten Kanten, die aufeinandergestapelten Wollsäcken oder Kissen ähneln. Dies führt zu einer Lockerung des Gesteinsgefüges, manchmal bis hin zu den berühmten Wackelsteinen. Sobald die Felsen durch Oberflächenerosion freigelegt werden, lässt der Prozess der Wollsackverwitterung mangels Säure nach. Übrig bleiben die bizarren Felsformationen als Geschenk der Natur zur Begeisterung aller Naturfreunde.

12 Auf den Epprechtstein

Aussicht über das Sechsämterland

Leicht 4:00 Std. 210 Hm 8,4 km

Besonderer Genuss: Ruhe und Natur

Tourencharakter
Leichte, meist schattige Tour auf Forststraßen und Pfaden durch Wälder. Trittsicherheit und feste Schuhe mit griffigen Sohlen erforderlich

Ausgangs-/Endpunkt
Parkplatz am Granitlabyrinth Kirchenlamitz-Buchhaus, GPS N50°08'36.1" E11°55'46.8", Höhe 655 m ü. NN

Anfahrt
Auto Auf der A9 Ausfahrt 37 Gefrees und auf der St2180 nach Kirchenlamitz-Buchhaus
Bahn Nach Kirchenlamitz-Ost und mit dem **Bus** Linie 24 nach Buchhaus (www.bahn.de)

Gehzeiten
Parkplatz Granitlabyrinth – Blauer Bruch 0:30 Std. – Burgruine Epprechtstein 0:15 Std. – Luisentisch 0:10 Std. – Lamitzquelle 1:45 Std. – Hoher Stein 0:15 Std. – Parkplatz Granitlabyrinth 1:05 Std.

Einkehr in Kirchenlamitz
Gasthaus zur Waldschmiede, Buchhaus 3, Tel. 09285/9687808
Bauernhofcafé Petzold, Großschloppen 1, Tel. 09285/8389, www.bauernhof-cafe.com (nur an Wochenenden ab 13 Uhr)

Karten
Fichtelgebirge, UK 50 12, 1:50 000 (www.lvg.bayern.de)
Hofer Land, Nr. 64, 1:50 000 (www.fritsch-landkartenverlag.de)

Touristinformation
Marktplatz 3, 95158 Kirchenlamitz, Tel. 09285/9590, www.kirchenlamitz.de

Der historische Gebietsbegriff Sechsämterland der einstigen Bayreuther Markgrafschaft steht für die innere Hochebene im Fichtelgebirgs-Hufeisen. Es steht auch für Wanderfreuden mit großartigen Aussichten wie vom Epprechtstein.

Zum Blauen Bruch Vom Parkplatz am einzigartigen **A Granitlabyrinth** überqueren wir die Straße und wandern links des Gasthauses Zur Waldschmiede nach rechts und an der Weggabelung geradeaus in Richtung Epprechtstein aufwärts. An einer Kreuzung gehen wir mit der Markierung 3 rechts in Richtung Blauer Bruch. An einer Kreuzung müssen wir auf dem zweiten Weg rechts zum **1 Blauen Bruch**. Hier wurde bläulicher Granit gebrochen, aber auch viele Mineralien gefunden.

Zur Burgruine Epprechtstein 30 Meter weiter ist links oben der Schobertsbruch, an dem auch Unterkunftsstände der Arbeiter und oben die Ruine Epprechtstein zu sehen sind. Wir gehen zu-

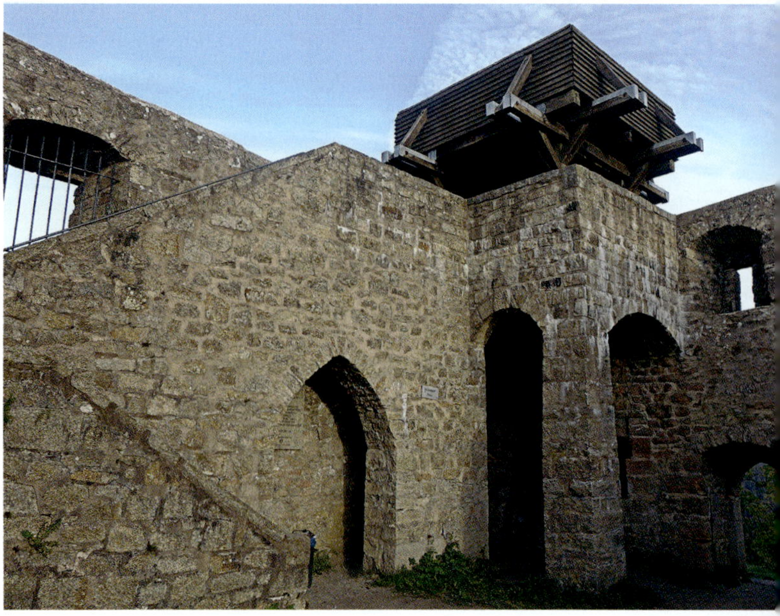

rück und gleich nach der Hütte am Blauen Bruch rechts auf dem Pfad und dann auf einer langen Treppe aufwärts zur ❷ **Burgruine Epprechtstein**. Die Aussicht von der Plattform zeigt in der Rundumsicht alle höheren Berge des Fichtelgebirges.

Zum Luisentisch Von der Ruine steigen wir auf der Nordseite hinunter und die Treppe und der Pfad wenden sich nach Süden hinunter zum ❸ **Luisentisch**, einem Picknickplatz mit Hütte.

Zur Lamitzquelle Am Luisentisch bleiben wir geradeaus abwärts nach Süden und wandern an der nächsten Kreuzung mit der Markierung 1 rechts abwärts in Richtung Lamitzquelle. An einer spitzen Gabelung laufen wir rechts und auf der Forststraße rechts hinauf immer geradeaus. Erst an einer Weggabelung nach dem Bräurangenbruch wandern wir links. An der nächsten Gabelung geht es rechts und dann 50 Meter auf der Forststraße wieder rechts zur rechts unten liegenden ❹ **Lamitzquelle**, die in die sächsische Saale mündet, die sich ihrerseits in die Elbe ergießt.

Zum Hohen Stein Von der Quelle überqueren wir die Forststraße auf einen alten Waldweg in Richtung Hoher Stein. Später nur noch auf einem Pfad erreichen wir das außergewöhnliche Felsgebilde des ❺ **Hohen Steins**. Um die Aussicht zu genießen, müssen Mutige eine lange Leiter bezwingen.

Zum Granitlabyrinth Zurück geht es oberhalb der Lamitzquelle vorbei und dann links. An einer Kreuzung müssen wir mit der Nummer 1 links auf einen Pfad und wandern geradeaus hinunter zum Parkplatz am Ⓔ **Granitlabyrinth**. Die Infostelle am Labyrinth vermittelt Fakten über Granit (www.geopark-bayern.de).

Granite

Granit zählt zu den häufigsten Gesteinen auf der Erde. Es handelt sich um grobkristalline magmatische Plutonite (Tiefengesteine). Zwölf Musterquader verschiedener Granite aus dem Fichtelgebirge sind in Buchhaus vor dem Granitlabyrinth aufgestellt.

Linke Seite: Die Burgruine Epprechtstein ist auch ein guter Aussichtspunkt.

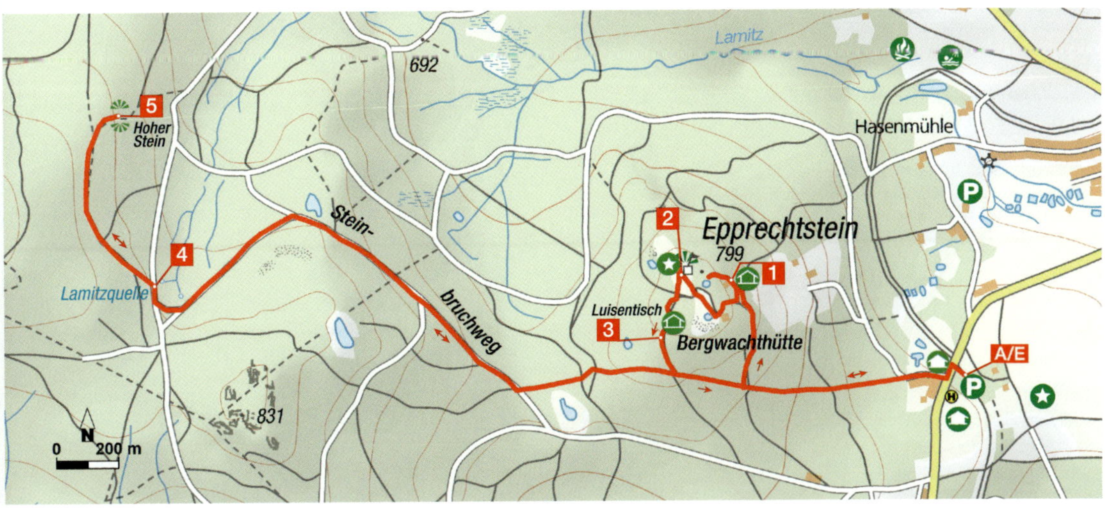

13

Aussichtsturm Schönburgwarte

Blick auf Frankenwald und Fichtelgebirge

Leicht 2:40 Std. 260 Hm 7,6 km

Besonderer Genuss: Aussicht

Tourencharakter
Leichte, vorwiegend schattige Tour, größtenteils auf Waldwegen, Pfaden und Forststraßen durch Wälder

Ausgangs-/Endpunkt
Parkplatz am Bahnhof Kirchenlamitz-Ost, GPS N50°09‘56.4“ E11°59‘10.6“, Höhe 560 m ü. NN

Anfahrt
Auto Auf der A9 Ausfahrt 36 Münchberg-Süd und auf der St2194, B289 und St2176 nach Kirchenlamitz-Ost
Bahn Von Hof nach Kirchenlamitz-Ost (www.bahn.de)

Gehzeiten
Parkplatz Bahnhof Kirchenlamitz-Ost – Zigeunerstein 0:40 Std. – Ruine Hirschstein 0:15 Std. – Schönburgwarte 0:35 Std. – Ruine Hirschstein 0:25 Std. – Zigeunerstein 0:15 Std. – Parkplatz Bahnhof Kirchenlamitz-Ost 0:30 Std.

Einkehr in Kirchenlamitz
Keine Einkehr am Wanderweg, Picknickplatz an der Schönburgwarte
Alte Wirtschaft an der Lamitz, Königstraße 12, Tel. 09285/9684700, www.alte-wirtschaft.de
Gasthaus zur Waldschmiede, Buchhaus 3, Tel. 09285/9687808

Karten
Hof-Selb, UK 50 5, 1:50000 (www.lvg.bayern.de)
Hofer Land, Nr. 64, 1:50000 (www.fritsch-landkartenverlag.de)

Touristinformation
Marktplatz 3, 95158 Kirchenlamitz, Tel. 09285/95 90, www.kirchenlamitz.de

Die Tour zu einer der östlichsten Landmarken zwischen Fichtelgebirge und Frankenwald führt durch den Martinlamitzer Forst und wird mit dem Felsen Zigeunerstein und der Ruine Hirschstein aufgelockert.

Zum Zigeunerstein Vom Parkplatz am (A) **Bahnhof Kirchenlamitz-Ost** starten wir auf der Kornbergstraße nach Nordosten und gehen auf der Dörflaser Straße links. Vor dem Haus mit dem roten Walmdach steigen wir rechts auf dem Pfad aufwärts in den Wald und überqueren weiter oben drei Forststraßen. 50 Meter vor einer Lichtung führt auf der rechten Seite ein Pfad zum Naturdenkmal (1) **Zigeunerstein**. Der imposante Felsen ist neun Meter lang, zwei Meter hoch und soll 250 Tonnen wiegen. Trotzdem lässt er sich mit einem Holzstück von zwei Personen bewegen.

Zur Ruine Hirschstein Wir gehen zurück zum Fränkischen Gebirgsweg und wieder aufwärts. Weiter oben knickt der Weg nach

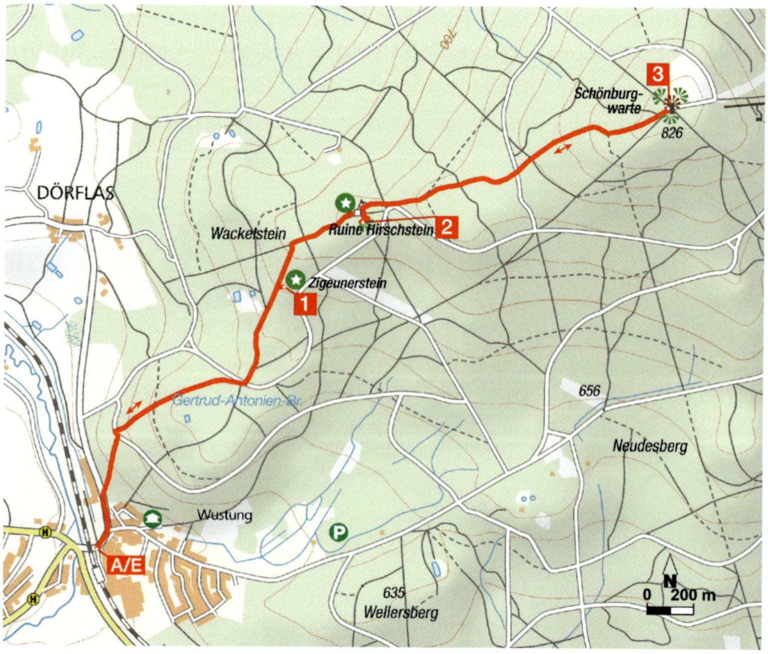

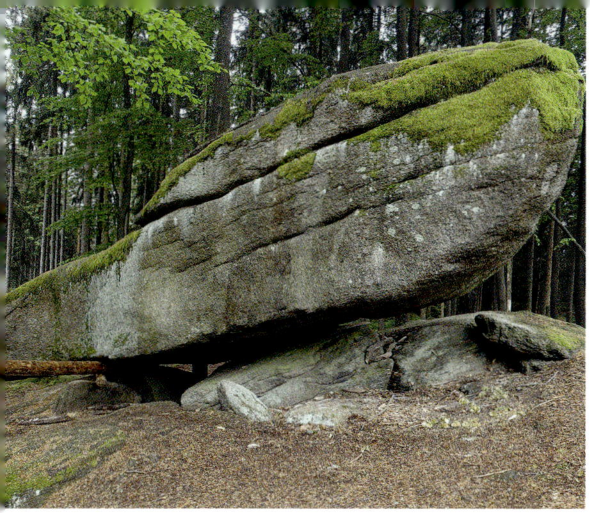

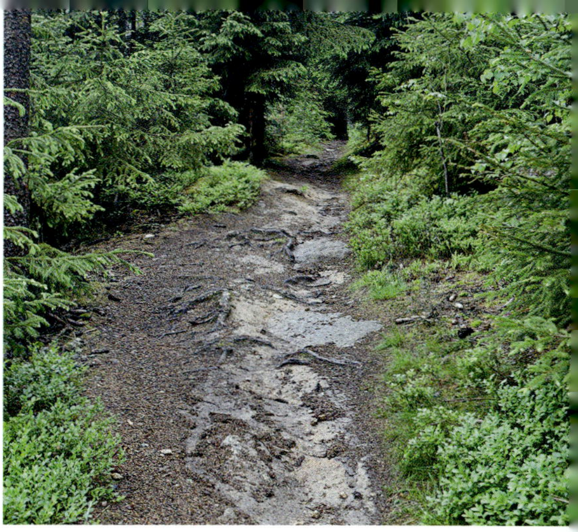

Oben links: Am Zigeunerstein über Kirchenlamitz

Oben rechts: Auf dem Pfad zum Zigeunerstein

Nordosten ab und wir bleiben dann immer geradeaus. An einer Weggabelung am Fuß des Hirschsteins steigen wir rechts hinauf und dann in spitzem Winkel auf der Treppe zur 2 **Ruine Hirschstein**. Sie zählt zu den ältesten Burgen im Fichtelgebirge. Bereits 1206 soll sie den Herschensteinern gehört haben. Urkundlich nachweisbar ist sie seit 1223. Mitte des 14. Jahrhunderts wurde die Burg durch die Nürnberger zerstört und diente danach in Kriegszeiten als Unterschlupf für die Bevölkerung. Offene Kellergewölbe wurden im 18. Jahrhundert zugeschüttet.

Zur Schönburgwarte Von der Burgruine nach Nordosten sind wir auf dem Nordweg unterwegs, bleiben immer geradeaus und kommen so genau zur 25 Meter hohen 3 **Schönburgwarte** auf dem 827 Meter hohen Großen Kornberg. Die Schönburgwarte ist wohl der massivste Aussichtsturm im Fichtelgebirge. Die umfassende Aussicht zeigt unter anderem Schneeberg, Ochsenkopf (Tour 15), Epprechtstein (Tour 12) und den Großen Waldstein (Tour 11).

Zur Ruine Hirschstein Da der Weg des Aufstiegs die schönste Route ist, wandern wir auf dem gleichen Weg am Fuß des Turms nach Südwesten hinunter. So kommen wir wieder an der 2 **Ruine Hirschstein** vorbei.

Zum Zigeunerstein Auf dem Weg liegt auch wieder der 1 **Zigeunerstein**. Vielleicht schaffen wir es jetzt, den Wackelstein mit dem Balken zu bewegen.

Zum Parkplatz am Bahnhof Kirchenlamitz-Ost Auf dem weiteren Weg abwärts überqueren wir wieder drei Forststraßen. Der Pfad endet an dem Haus mit dem roten Walmdach an der Dörflaser Straße, auf der es links zum Parkplatz am E **Bahnhof Kirchenlamitz-Ost** zurückgeht.

Weitsichten

1885 wurde die Schönburgwarte als Aussichtsturm aus Holz gebaut. Später folgte ein Steinbau. Der über 60 Meter hohe, nicht zugängliche Kornbergturm wurde 1988 zur Überwachung der Grenze eingeweiht, aber 1994 aufgrund der Grenzöffnung außer Dienst gestellt (www.kornberg.de).

14

Kösseine und Felsenlabyrinth

Mystischer Luisenburg-Felsengarten

Mittel | 3:00 Std. | 340 Hm | 8,0 km

Besonderer Genuss: Ruhe und Natur

Tourencharakter
Mittelschwere, meist schattige Tour auf Pfaden und Forststraßen durch Wälder und Felsgebiet. Trittsicherheit und feste Schuhe mit griffigen Sohlen erforderlich

Ausgangs-/Endpunkt
Parkplatz Felsenlabyrinth, GPS N50°00‘47.4“E11°59‘31.2“, Höhe 645 m ü. NN

Anfahrt
Auto Auf der A9 zur Ausfahrt 37 Gefrees und auf der St2180 und auf der B303 zur Luisenburg
Bahn Nach Marktredwitz und mit dem **Bus** Linie 7610 nach Bad Alexandersbad (www.bahn.de)

Gehzeiten
Parkplatz Felsenlabyrinth – Haberstein 0:40 Std. – Brünnerl 0:40 Std. – Kösseine 0:15 Std. – Kleine Kösseine 0:10 Std. – Burgsteinfelsen 0:30 Std. – Kaiserfelsen 0:15 Std. – Parkplatz Felsenlabyrinth 0:30 Std.

Einkehr in Wunsiedel
Unterkunfthaus Kösseine, Kösseine 1, Tel. 09232/2061, www.das-koesseinehaus.de
Berggasthof Waldlust, Luisenburg 5, Tel. 09232/1819004

Karten
Fichtelgebirge, UK 50 12, 1:50000 (www.lvg.bayern.de)
Fichtelgebirge, Nr. 52, 1:50000 (www.fritsch-landkartenverlag.de)

Touristinformation
Jean-Paul-Straße 5, 95632 Wunsiedel, Tel. 09232/602162, www.wunsiedel.de

Hinweis
Besser Wochenenden meiden

Das herrliche Luisenburg-Felsenlabyrinth ist das größte seiner Art in Europa. Höhepunkte der Wanderung sind auch die Aussichtspunkte auf dem bizarren Kaiserfelsen, Burgsteinfelsen und Haberstein bis hinauf zum Pavillon auf der Kösseine.

Zum Haberstein Vom **A Parkplatz Felsenlabyrinth** steigen wir die Straße aufwärts, vorbei am Festspielgelände, und die Treppe hinauf an der Kasse vorbei in Richtung Kösseine. Die Markierung ist ein »H«, das uns bis auf die Kösseine begleitet. An einer winzigen Hütte gehen wir links hinauf und bleiben in der Linkskurve mit der Markierung »H« geradeaus in Richtung Haberstein. Nach der Querung einer Forststraße machen wir nach rechts den Abstecher zum **1 Haberstein** mit guter Aussicht. Im Norden stehen der Große Waldstein (Tour 11), Epprechtstein (Tour 12) und Großer Kornberg (Tour 13). Im Westen sind der Ochsenkopf (Tour 15) und im Nordwesten der Schneeberg mit dem markanten Radarturm zu sehen.

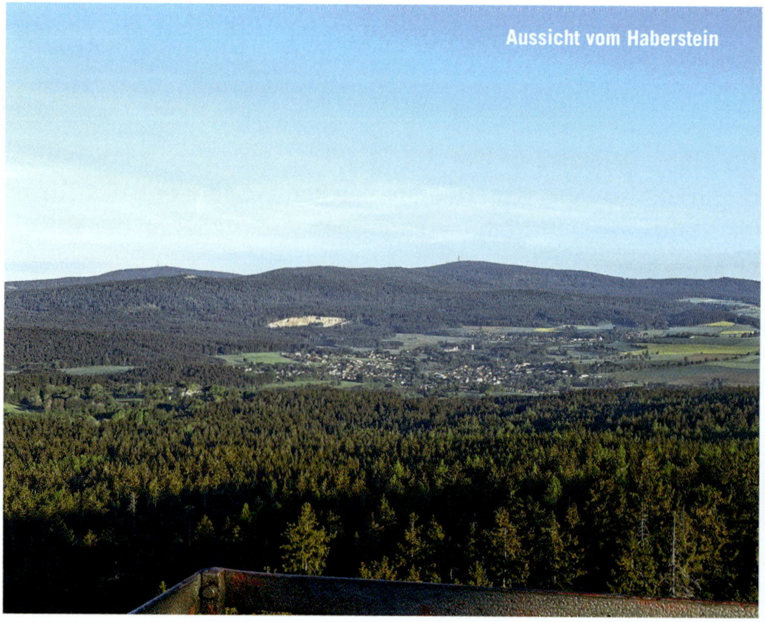
Aussicht vom Haberstein

Zum Brünnerl Vom Haberstein zurück wandern wir an der Weggabelung rechts auf dem Fränkischen Gebirgsweg in Richtung Kösseine vorbei am Kleinen Haberstein. An einer T-Kreuzung geht es rechts hinunter und dann queren wir eine Forststraße in Richtung Kösseine. An einer T-Kreuzung müssen wir rechts und an einer Kreuzung mit der Markierung »H« geradeaus. An der nächsten Kreuzung steht das kleine ❷ **Brünnerl**.

Auf die Kösseine Nun geht es links steiler bergan, weiter oben queren wir die Zufahrtstraße zum Unterkunftshaus Kösseine und steigen die Treppe an der Sendeantenne vorbei aufwärts. Oberhalb des Gasthauses mit der herrlichen Terrasse steht der massive Aussichtspavillon auf dem Gipfel der ❸ **Kösseine**. 1839 wurde eine Holzpyramide für die Landesvermessung errichtet, die gleichzeitig als Aussichtspunkt diente. Der erste hölzerne Aussichtsturm entstand 1852. 1924 war die Einweihung des jetzigen Aussichtsturms aus Granit. Im Norden sind der Große Waldstein (Tour 11) und der Epprechtstein (Tour 12) zu sehen. Der Große Kornberg (Tour 13) steht im Nordosten. Im Osten ist das Erzgebirge und im Süden der Oberpfälzer Wald mit dem Steinwald sowie der Bayerische Wald mit dem Arber, Osser und Hohenbogen zu erblicken. An klaren Tagen soll man die Zugspitze sehen können. Im Südwes-

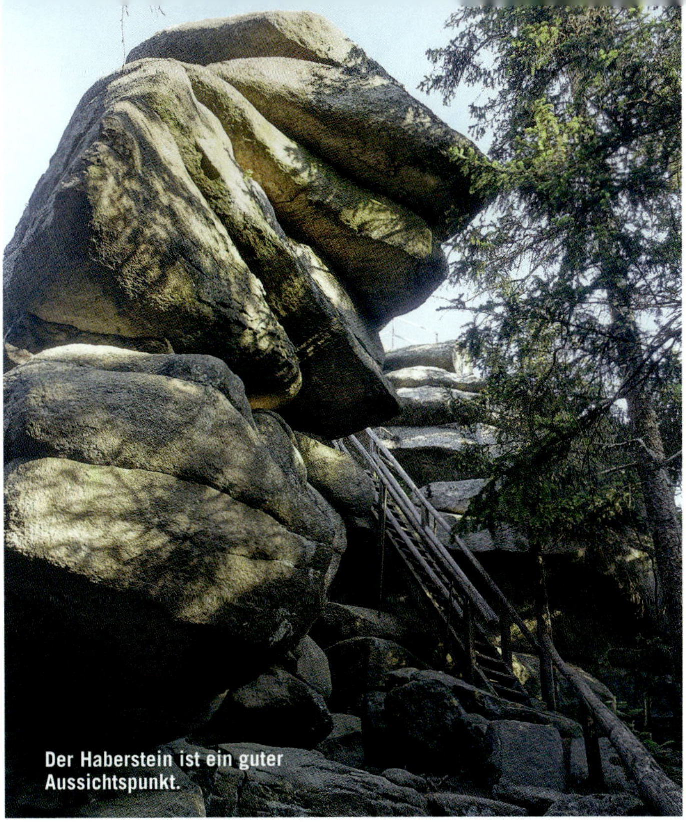

Der Haberstein ist ein guter Aussichtspunkt.

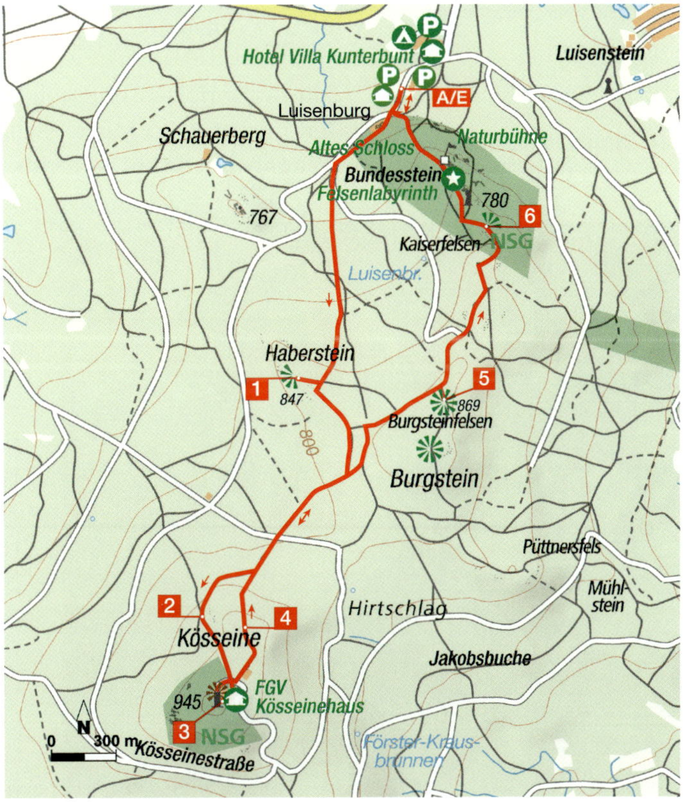

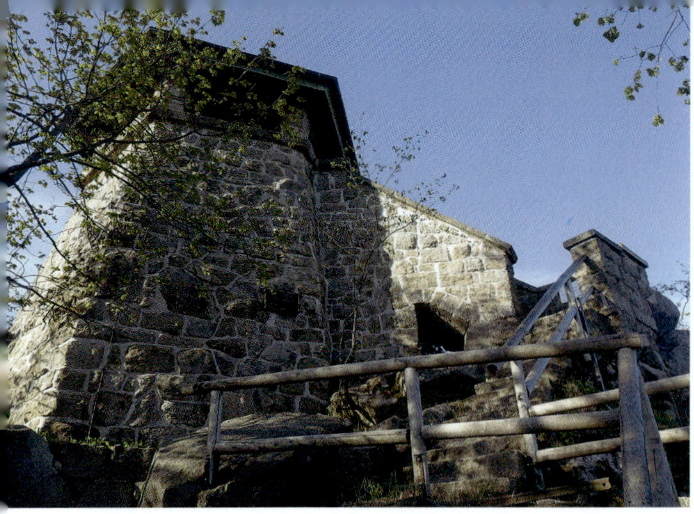

ten hebt sich der Raue Kulm heraus, und im Nordwesten der Ochsenkopf (Tour 15) und Schneeberg.

Zur Kleinen Kösseine Im Abstieg folgen wir einfach der Straße hinunter und gehen 10 Meter links nach der Bergwachthütte auf dem Pfad ohne Markierung weiter. An mächtigen Felsgestalten vorbei kommen wir zur ❹ **Kleinen Kösseine**, die aus einem Felsenturm besteht.

Gipfelaufbau auf der Kösseine

Rechte Seite innen: Durchschlupf im Felsenlabyrinth Luisenburg

Rechte Seite außen: Im Felsenlabyrinth Luisenburg

Zum Burgsteinfelsen Der romantische Pfad führt steil durch den Wald hinunter und wir treffen auf den Weg des Aufstiegs. Dort müssen wir 10 Meter rechts und dann links hinunter und unten die Forststraße überqueren. An einer T-Kreuzung bleiben wir jetzt aber mit der Markierung weiß-blaues Rechteck geradeaus in Richtung Burgstein. Schließlich fädeln wir in eine Forststraße ein und verlassen sie nach 70 Metern nach rechts in Richtung Burgstein. Die Aussicht von der Plattform des ❺ **Burgsteinfelsens** wird hier bestimmt vom Schneeberg und rechts davon liegt im Tal Wunsiedel.

Ein witziger Pavillon im Felsenlabyrinth Luisenburg

Zum Kaiserfelsen Wir steigen vom Burgsteinfelsen ab und wenden uns nach rechts in Richtung Luisenburg abwärts. An einer Weggabelung geht es rechts zum ❻ **Kaiserfelsen**, von dem jetzt noch etwas näher Wunsiedel von oben zu betrachten ist.

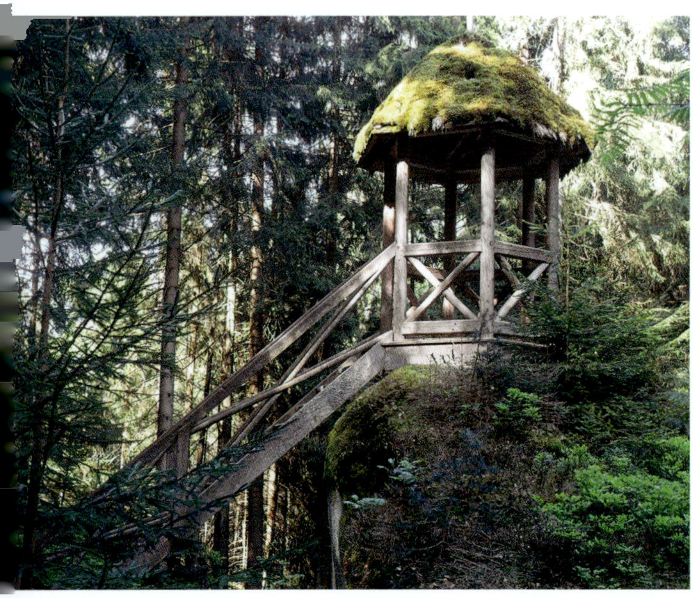

Zum Parkplatz Felsenlabyrinth Wieder unten gehen wir rechts weiter in einem kleinen Abstieg über Felsen und erreichen am Bundesstein mit dem großen Kreuz das Gebiet des Felsenlabyrinths, durch das uns bis zum Ende rote Pfeile führen. Fantastische Felsgebilde mit fantasievollen Namen begeistern die Besucher. Riesige Felsbrocken umrandet von Höhlen und Schluchten bestimmen diese einzigartige Landschaftskulisse. Goethe schrieb 1820: »Die ungeheure Größe der ohne Spur von Ordnung und Richtung übereinander gestürz-

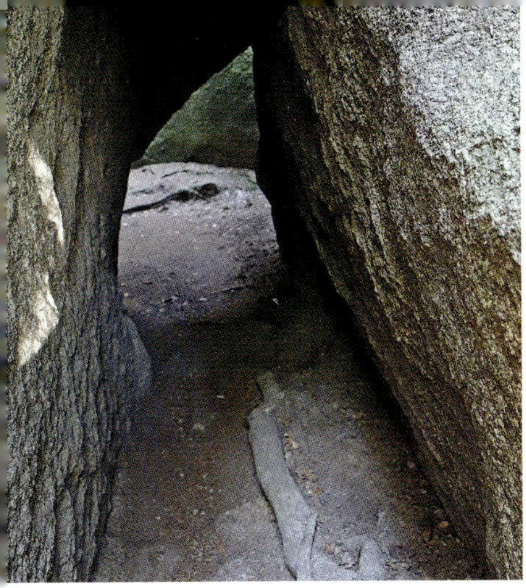
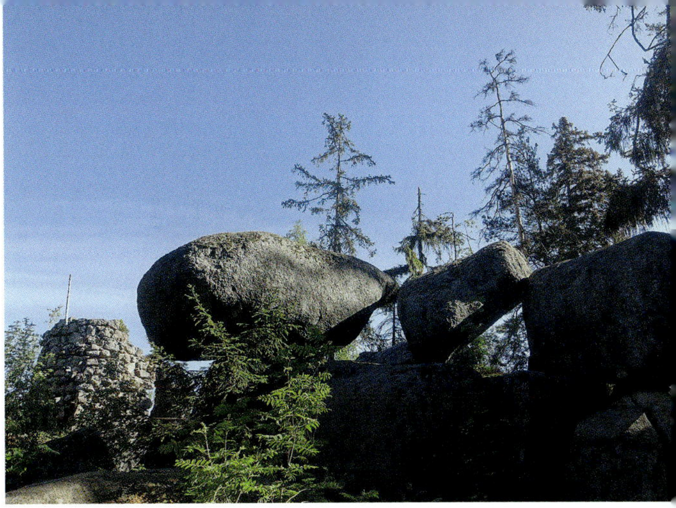

ten Granitmassen gibt einen Anblick, dessengleichen mir auf allen Wanderungen niemals wieder vorgekommen, und es ist niemanden zu verargen, der, um diese Erstaunen, Schrecken und Grauen erregenden chaotischen Zustände zu erklären, Fluten und Wolkenbrüche, Sturm und Erdbeben, Vulkane und was nur sonst die Natur gewaltsam aufregen mag, hier zu Hülfe ruft. Bei näherer Betrachtung jedoch und bei gründlicher Kenntnis dessen, was die Natur, ruhig und langsam wirkend, auch wohl Außerordentliches vermag, bot sich uns eine Auflösung dieses Rätsels dar.« Des Rätsels Lösung ist: Die Formen der einzelnen Blöcke entstanden durch Wollsackverwitterung im tropischen, feuchtwarmen Klima des Tertiärs. Erosionsbedingt wurden sie im Lauf der Zeit herauspräpariert. Daraus ergaben sich die wildromantischen Wege durch enge Spalten und steile Treppen. Der Weg der roten Pfeile ist allerdings nur die Hälfte der Wege im Labyrinth. Eine weitere Strecke ist mit blauen Pfeilen gekennzeichnet. Aber in dieser Traumwelt kann man beliebig lange umherstreifen, bevor man am Ende an der Kasse doch noch den Eintritt bezahlen darf. Nach der Kasse rechts auf der Treppe hinunter liegt der Ausgangspunkt der Wanderung, der E **Parkplatz Felsenlabyrinth**.

Blauer Kösseine-Granit

40 Prozent des Fichtelgebirges bestehen aus Granit. Fast alle Granite des Fichtelgebirges sind im Grundton grau bis weiß. Der blaue Kösseine-Granit ist nicht nur im Fichtelgebirge eine Seltenheit. Die 300 Millionen Jahre alten Granitformationen am östlichen Rand der Luisenburg bestehen ebenso wie ein schmales Band am südlichen Fuß der Kösseine aus blauem Granit, der wegen seiner einmalig schönen Färbung sehr geschätzt wird. Die hellblaue Färbung wurde dadurch hervorgerufen, dass er vor seiner Erstarrung Nebengestein assimiliert hat, was zur Bildung winziger blauer Partikel von Cordierit im Feldspat führte. Zurzeit ist nur noch ein Steinbruch am südlichen Fuß des Kösseine-Massivs in Betrieb. Das ist der einzige Abbauort von blauem Granit in Deutschland. Anschauen kann man den Kösseine-Granit und andere Sorten von Fichtelgebirgs-Graniten in Musterquadern vor dem Felsenlabyrinth bei Kirchenlamitz (siehe Tour 12).

15

Fichtelsee und Ochsenkopf

Bezaubernder See und bizarre Felsen

Leicht 3:40 Std. 310 Hm 11,2 km

Besonderer Genuss: Ruhe und Natur

Tourencharakter
Leichte, oft schattige Tour, meist auf Forststraßen und Pfaden mit Steigungen durch Wälder. Im Ortsbereich auf Straßen. Trittsicherheit und feste Schuhe erforderlich

Ausgangs-/Endpunkt
Wanderparkplatz Mühlberg in Fichtelberg, GPS N50°00'49.1" E11°51'14.7", Höhe 760 m ü. NN

Anfahrt
Auto Auf der A9 Ausfahrt 39 Bad Berneck und auf der B303 nach Fichtelberg
Bahn Nach Bayreuth und mit dem **Bus** Linie 329 zum Fichtelsee (www.bahn.de)

Gehzeiten
Wanderparkplatz Mühlberg – Fichtelseemoor-Hütte 0:20 Std. – Fichtelnaabquelle 0:55 Std. – Weißmainfels 0:15 Std. – Asenturm 0:40 Std. – Historischer Grenzstein 0:15 Std. – Fichtelnaab 0:50 Std. – Wanderparkplatz Mühlberg 0:25 Std.

Einkehr
Gasthaus Asenturm, Ochsenkopf, 95686 Bischofsgrüner Forst, Tel. 09276/252, www.asenturm.de

Karten
Fichtelgebirge, UK 50 12, 1:50 000 (www.lvg.bayern.de)
Fichtelgebirge, Nr. 52, 1:50 000 (www.fritsch-landkartenverlag.de)

Touristinformation
Gablonzer Straße 11, 95686 Fichtelberg, Tel. 09272/970 33, www.fichtelberg.de

Hinweis
Besser Wochenenden meiden

Der Ochsenkopf ist neben dem Schneeberg einer der zwei Tausender im Fichtelgebirge und damit ein ergiebiger Aussichtspunkt. Schon Goethe war angetan von der herb-schönen Landschaft. Badevergnügen ist am Fichtelsee zu finden.

Zur Fichtelseemoor-Hütte Vom Wanderparkplatz **A Mühlberg** eröffnen wir die Wanderung nach Nordosten in Richtung Fichtelsee in den Wald hinauf. Den idyllischen See überqueren wir auf zwei Brücken und sind auf dem Fränkischen Gebirgsweg. Von der zweiten Brücke aus ist links der Radarturm auf dem Schneeberg zu sehen. Direkt nach dem Waldhotel Fichtelsee wandern wir auf dem Seerundweg links nach Norden in Richtung Seehaus. Durch den Wald des Naturschutzgebiets Hüttenlohe erreichen wir die Verlandungszone des Sees. Die Reste des Hochmoores bilden das besterhaltene Hochmoor Oberfrankens (siehe Infokasten). An einer Weggabelung am Ende des Bohlenwegs müssen wir in spitzem Winkel

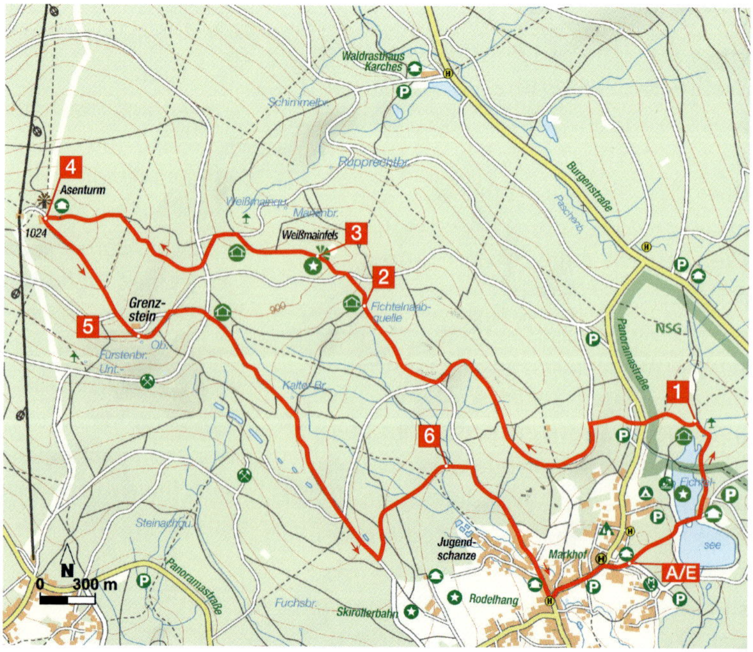

links in Richtung Bischofsgrün und kommen gleich zur ❶ **Fichtelseemoor-Hütte**. Die Aussicht von der Hütte über das Nordende des Sees hat etwas Meditatives.

Zur Fichtelnaabquelle Nach der Hütte gehen wir an der T-Kreuzung rechts auf dem Fränkischen Gebirgsweg in Richtung Fichtelnaabquelle aufwärts. Weiter oben überqueren wir die Fichtelseestraße und einen Parkplatz geradeaus in Richtung Fichtelnaabquelle und steigen nach 20 Metern mit der Markierung 2 weiter geradeaus auf einem alten Waldweg in den Wald hinauf. An einer Forststraße folgen wir der Markierung 2 nach links und bleiben an zwei Kreuzungen geradeaus. Unterwegs kommen wir am Geldbrunnen vorbei, aber wir haben nur schmutziges Wasser gefunden. An einer Kreuzung mit großem Felsen geht es mit der Markierung »Q« rechts in Richtung Fichtelnaabquelle hinauf. In einem kurzen Abstecher kommen wir später nach links zur ❷ **Fichtelnaabquelle**. Das Wasser vereinigt sich mit dem Wasser der Waldnaab und später mit der Heidenaab und fließt als Naab der Donau zu in Richtung Schwarzes Meer.

Zum Weißmainfels Vom Abstecher zurück steigen wir auf dem Weg weiter auf und

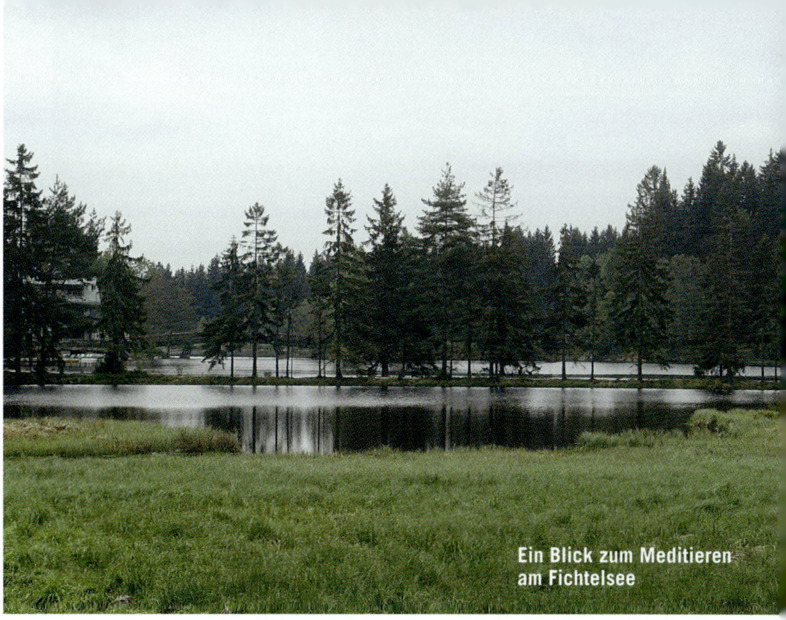

Ein Blick zum Meditieren am Fichtelsee

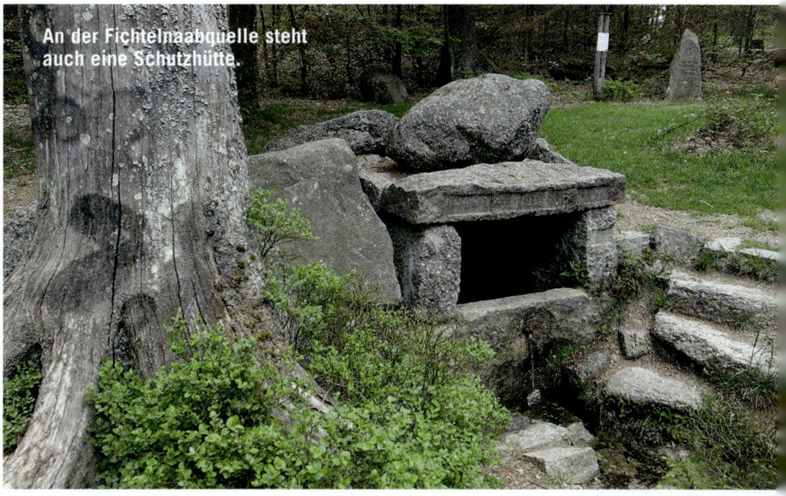

An der Fichtelnaabquelle steht auch eine Schutzhütte.

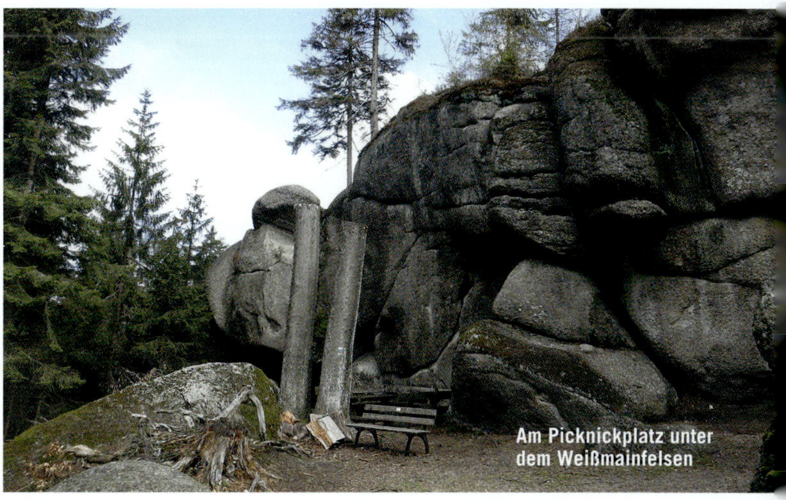

Am Picknickplatz unter dem Weißmainfelsen

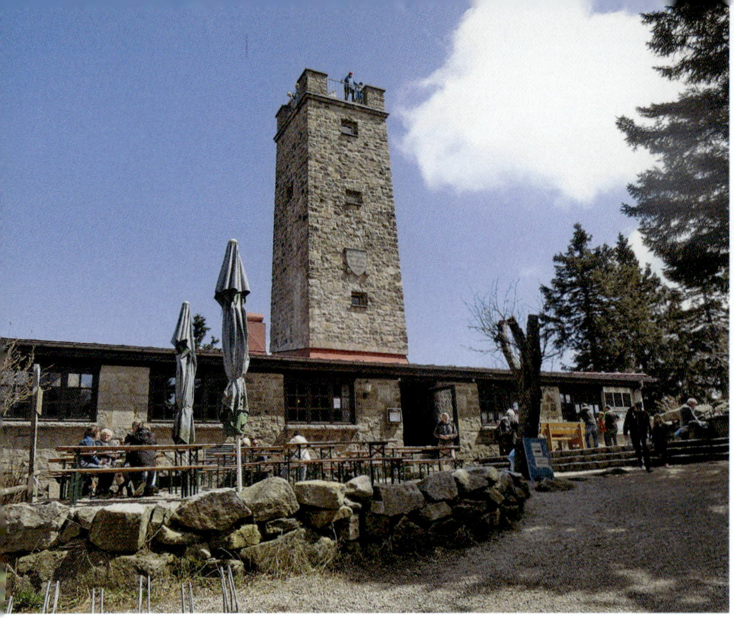

Der Asenturm auf dem Ochsenkopf ist bewirtschaftet.

Rechte Seite: Der Sendemast auf dem Ochsenkopf

Aussicht vom Asenturm auf dem Ochsenkopf

überqueren weiter oben eine Forststraße in Richtung Weißmainfels schräg in einen ausgewaschenen Waldweg aufwärts. An einer T-Kreuzung bleiben wir geradeaus und sind gleich am Picknickplatz unter dem beeindruckenden 3 **Weißmainfels**. Durch einen engen Felsspalt führt eine Treppe 20 Meter höher auf die Plattform des Felsens. Im Nordosten steht der Radarturm auf dem 1051 Meter hohen Schneeberg und im Westen ist unser Ziel mit dem Antennenturm auf dem Ochsenkopf zu sehen. Der Weißmainfels bildet den Scheitelpunkt der Europäischen Wasserscheide. Die Bäche am Ochsenkopf entwässern in unterschiedliche Richtungen.

Zum Asenturm auf dem Ochsenkopf Vom Weißmainfels gehen wir 20 Meter zurück und an der T-Kreuzung auf dem Goetheweg rechts in Richtung Ochsenkopf. An einer Hütte queren wir eine Forststraße und erreichen die Weißmainquelle auf 887 Metern Höhe. Der Weiße Main wird zum Main, der in den Rhein mündet und der Nordsee zufließt. Wir gehen von der Quelle wieder zur Forststraße hinauf und folgen ihr nach rechts aufwärts. An einer Straßengabelung wählen wir die linke Möglichkeit und queren nach 100 Metern eine Forststraße schräg in einen Weg in Richtung Ochsenkopf. Der Pfad wird bald steiler, aber schließlich erreichen wir den Gipfel mit dem 4 **Asenturm**. Im Tal liegt im Norden Bischofsgrün und im Süden Warmensteinach und im Nordosten ist wieder der Schneeberg gut zu sehen.

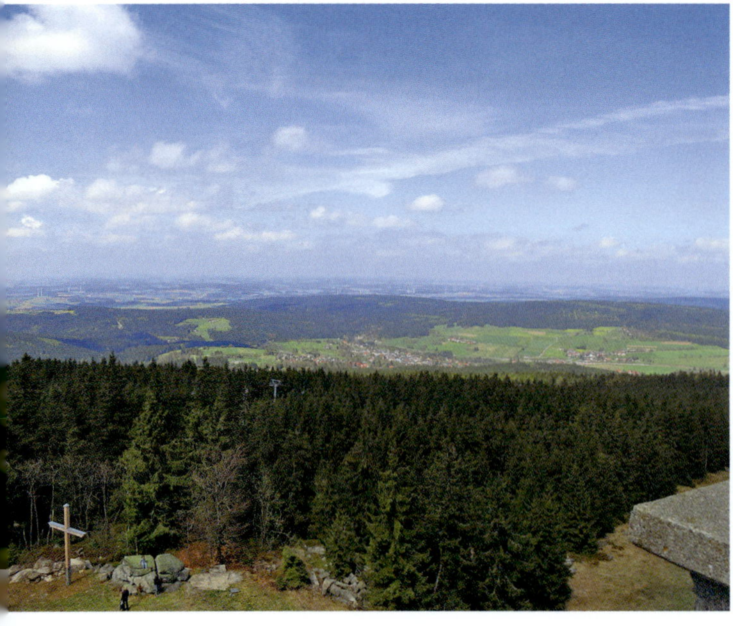

Zum historischen Grenzstein Im Abstieg halten wir uns in Richtung Antennenturm und gehen dann auf der Zufahrtsstraße nach Süden abwärts. Auf der rechten Seite können wir auch auf einem parallel verlaufenden Weg hinuntersteigen. In beiden Fällen kommen wir weiter unten an der Forststraße an einen **5 historischen Grenzstein** gegenüber einem kleinen Steinbruchsee.

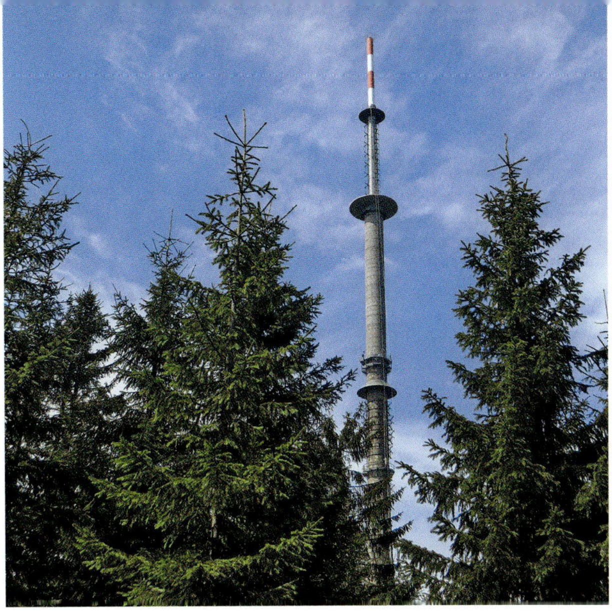

Zur Fichtelnaab Nach dem Grenzstein laufen wir an der Gabelung rechts abwärts und an der nächsten Kreuzung rechts in Richtung Fichtelberg. An einer Kreuzung mit einem Pavillon und an weiteren Abzweigen bleiben wir jeweils geradeaus. Vor einer Linkskurve können wir noch einen Abstecher nach rechts zur Steinachquelle machen, deren Wasser vor Bayreuth zum Roten Main wird. Auf der linken Seite der Forststraße liegt etwas tiefer ein kleiner Steinbruchsee, an dessen Ende wir an der T-Kreuzung mit Bank noch vor dem nächsten Steinbruchsee links müssen. Zeitweise begleitet uns auf der rechten Seite die Sommer-Asphaltbahn der Biathlonstrecke. Nach einer Rechtskurve überschreiten wir auf der Forststraße die **6 Fichtelnaab**, die hier schon plätschernd ihren Weg sucht.

Zum Wanderparkplatz Mühlberg An einer T-Kreuzung wandern wir rechts hinunter und laufen auf dem Naabquellenweg in Neubau ein. Die eigentliche Entwicklung des Fichtelberger Ortsteils Neubau begann im Jahre 1602 durch Abbau und Verhüttung von Eisenglimmer. Für die Bergarbeiter wurden Wohnhäuser errichtet und es entstand am Fuße des Ochsenkopfs eine neue Siedlung, »Neugebäu« genannt, das heutige Neubau. Nach der Johanneskapelle gehen wir an der T-Kreuzung links auf der Fichtelseestraße aufwärts und weiter oben auf der Straße Mühlberg rechts zum Wanderparkplatz **E Mühlberg** zurück.

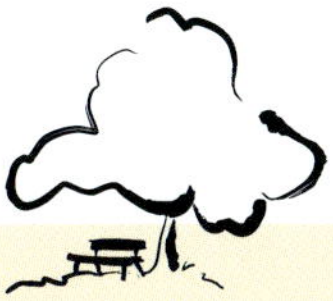

Naturidylle Fichtelsee

Der Fichtelsee dient heute als Naturfreibad dem Vergnügen. Mit Liegewiesen, Spielplatz und Rundweg ist er zum beliebten Naherholungsgebiet geworden. Im Jahr 1607 wurde erstmals ein Seeweiher genannt, der für die Eisenhammerwerke in Neubau angelegt wurde. Die heutige Größe von rund elf Hektar wurde 1986 zur Förderung des Fremdenverkehrs geschaffen. Die Torfflächen, die Verlandungszone der Seelohe und der Wald der Hüttenlohe, nördlich und östlich des Fichtelsees, sind als Naturschutzgebiet ausgewiesen. So ist es gelungen, die für das Hochmoor charakteristischen Zwergsträucher, Kräuter, Gräser und Torfmoose zu schützen. In dem gut erhaltenen Rest des Hochmoors sind Spirke (Moorkiefer), Moorbirke, Rosmarinheide, Krähenbeere, Rauschbeere, Armblütige Segge und Scheidiges Wollgras zu finden.

16

Auf die Theta über Bayreuth

Panoramablick über die Festspielstadt

Leicht | 3:40 Std. | 240 Hm | 12,5 km

Besonderer Genuss: Kultur am Wegrand

Tourencharakter
Leichte, meist sonnige Tour auf befestigten Wegen durch Wälder und Wiesen. Im Ortsgebiet auf Straßen

Ausgangs-/Endpunkt
Parkplatz Festspielhaus, GPS N49°57'39.6" E11°34'43.6", Höhe 375 m ü. NN

Anfahrt
Auto Auf der A9 bis Ausfahrt 41 Bayreuth-Nord und auf der Riedlinger Straße zum Festspielhaus
Bahn Nach Bayreuth (www.bahn.de)

Gehzeiten
Parkplatz Festspielhaus – Markgräfliches Opernhaus 0:35 Std. – Roter Main 0:15 Std. – Einlaufbauwerk 0:20 Std. – Auf der Theta 1:30 Std. – Siegesturm 0:45 Std. – Parkplatz Festspielhaus 0:15 Std.

Einkehr
Wirtshaus, Biergarten Auf der Theta, Hochtheta 6, 95463 Bindlach, Tel. 09208/65361, www.bierland-oberfranken.de (Apr.–Dez.)
Fränkische Bratwurststände am Marktplatz Bayreuth
Oskar Wirtshaus am Markt, Maximilianstraße 33, 95444 Bayreuth, Tel. 0921/5160553, www.oskar-bayreuth.de

Karten
Fichtelgebirge, UK 50 12, 1:50000 (www.lvg.bayern.de)
Fränkische Schweiz Nord, Nr. 65, 1:50000 (www.fritsch-landkartenverlag.de)

Touristinformation
Opernstraße 22, 95444 Bayreuth, Tel. 0921/88588, www.bayreuth-tourismus.de

Bayreuth ist Bierstadt und berühmte Festspielstadt. Brauereien und gute Einkehrmöglichkeiten bestätigen den Titel Bierstadt. Das Thema Festspielstadt wird getragen von Konzerten im Festspielhaus und dem UNESCO-Welterbe Markgräfliches Opernhaus.

Zum Markgräflichen Opernhaus Vom Parkplatz am **A Festspielhaus** gehen wir über die Straße und nach Süden auf das Rondell vor das monumentale Festspielhaus auf dem Grünen Hügel. Es wurde 1872 erbaut und in ihm werden auch heute noch ausschließlich Werke des Komponisten Richard Wagner aufgeführt. Das Festspielhaus kann auch besichtigt werden. Auf der Ostseite des Rondells vor dem Festspielhaus wenden wir uns auf dem Gehweg nach rechts in der Grünanlage hinunter nach Süden. An der Tristanstraße treffen wir auf die Bürgerreuther Straße und folgen ihr geradeaus stadteinwärts. An der Kreuzung knickt die Bürgerreuther Straße nach links ab. Ab dem Bahnhof trägt die Straße den Namen Bahnhofstraße und später Luitpoldplatz, der an der Opernstraße endet. Hier gehen wir links und folgen der Opern-

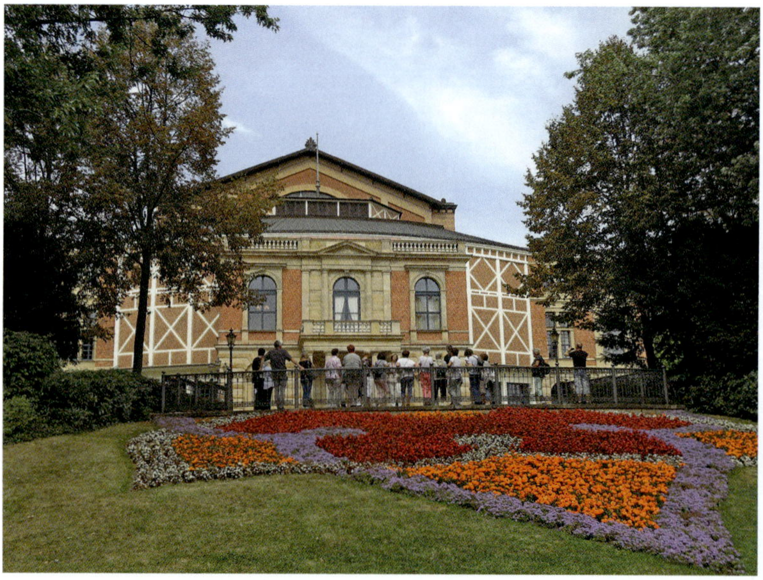

straße im Bogen nach rechts in die Fußgängerzone. An dieser Kreuzung ist auch die Touristinformation, in der es einen Stadtplan gibt. Dann stehen wir auf der Opernstraße gegenüber dem Wittelsbacher Brunnen vor dem ❶ **Markgräflichen Opernhaus**. Es ist das am besten erhaltene barocke Hoftheater und UNESCO-Welterbe, weil es auch ein Meisterwerk barocker Theaterarchitektur ist. Das Opernhaus aus dem Jahr 1750 kann auch besichtigt werden.

Linke Seite: Das weltberühmte Bayreuther Festspielhaus auf dem Grünen Hügel

Das markgräfliche Opernhaus ist ein barockes Juwel.

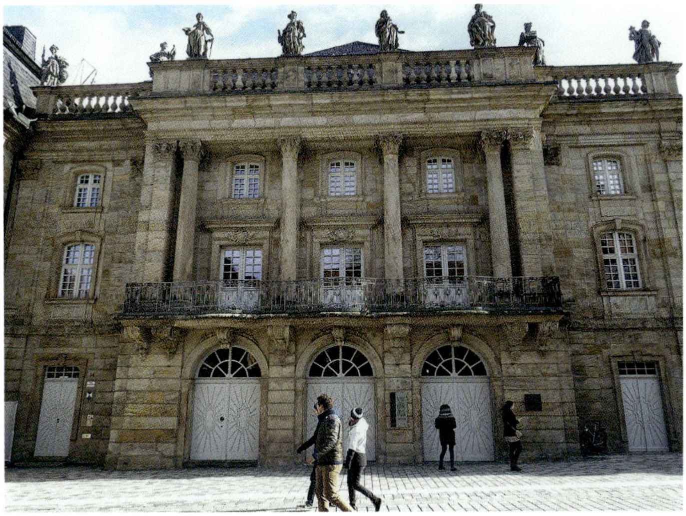

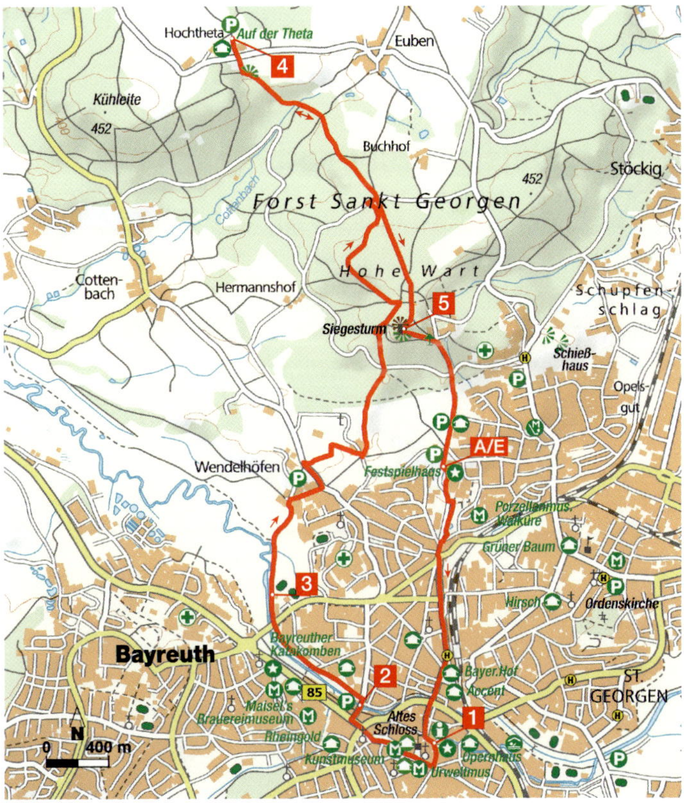

Zum Roten Main Vom Opernhaus laufen wir weiter nach Süden zum Sternplatz. In einem Abstecher von einfach 200 Metern können Interessierte geradeaus zum Neuen Schloss mit dahinterliegendem Hofgarten schauen. Am Sternplatz biegen wir aber nach rechts ab auf die Maximilianstraße, die zum breiten Marktplatz wird. Die Auswahl an gemütlichen Wirtshäusern und Cafés ist groß. Am Ende des Marktplatzes wandern wir rechts an der Spitalkirche aus dem 18. Jahrhundert vorbei geradeaus in die Straße Am Mühltürlein und überqueren den verkehrsreichen Hohenzollernring. Nach 50 Metern gehen wir vor dem Cineplex auf der Straße am Mainflecklein rechts und auf der Brücke über den ❷ **Roten Main**.

Zum Einlaufbauwerk Gleich nach der Brücke spazieren wir mit der Markierung rotes M auf dem Rotmain-Weg links am Roten Main entlang und bleiben an Abzweigen immer eng am Fluss. Nach Unterquerung des Nordrings kommen wir an eine Weggabelung, an der wir den

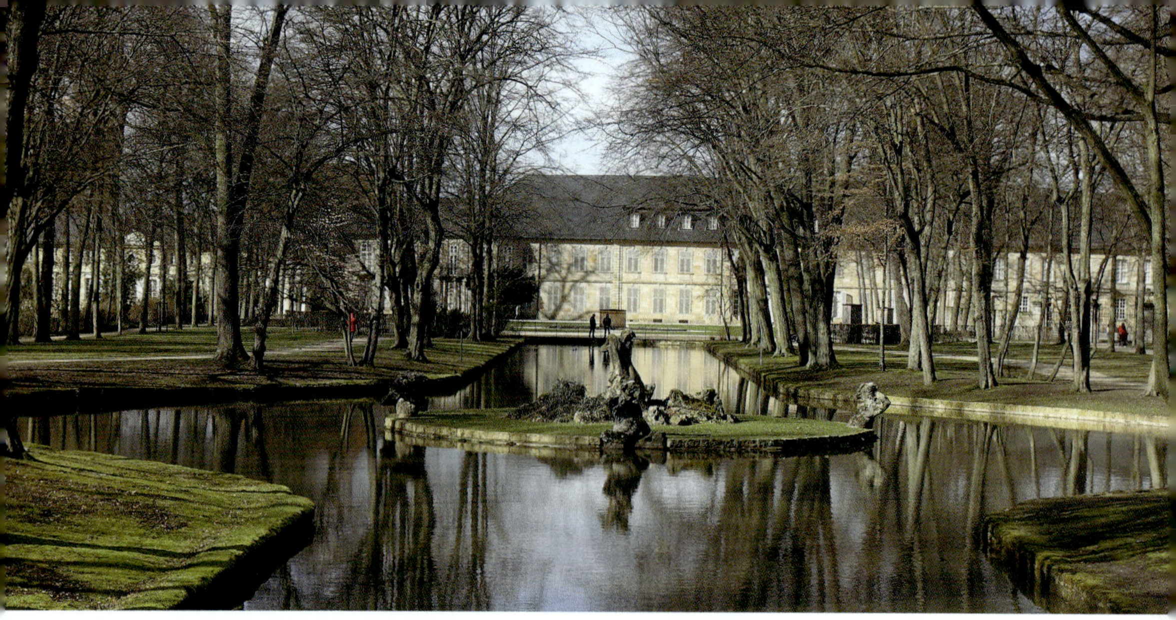

Am Neuen Schloss im Hofgarten

rechten, ansteigenden Weg unter die Sohlen nehmen. Oben ist vor einem Sportplatz ein 3 **Einlaufbauwerk** mit Gitter, das bei Hochwasser des Roten Mains seine Funktion hat.

Zum Biergarten Auf der Theta Wir folgen dem Roten Main, der durch die Wiesen mäandert. An der Informationstafel über Biber gehen wir an der Weggabel nach rechts über die Wiesen und verabschieden uns vom Roten Main. An der T-Kreuzung in Wendelhöfen gehen wir vor dem kleinen Geschäft für Bootszubehör rechts und an der Ortsverbindungsstraße links aufwärts. Nach 230 Metern laufen wir an der Kreuzung vor der Hochspannungsleitung rechts auf dem Feldweg hinauf und über die Wiese. An der T-Kreuzung der Fahrspuren vor einem Feld müssen wir links und dann rechts um das Feld herum, abwärts am Zaun entlang. An dem asphaltierten Sträßchen laufen wir rechts und nach 30 Metern auf dem ersten Weg links zwischen den Gärten aufwärts in Richtung Siegesturm nach Norden. Weiter oben geht es wieder über Wiesen, unter der Hoch-

Festspielstadt Bayreuth

Das Bayreuther Festspielhaus auf dem Grünen Hügel gehört zu den Sehenswürdigkeiten der Stadt. Einzigartig in Architektur und Akustik, zählt es zu den größten Opernbühnen der Welt. 1876 fanden die ersten Festspiele statt. Die heutigen Richard-Wagner-Festspiele werden jedes Jahr im Juli und August durchgeführt. Zur Aufführung kommt jeweils eines der Hauptwerke des Komponisten.

Das Markgräfliche Opernhaus ist eines der schönsten Barocktheater Europas. Prinzessin Markgräfin Wilhelmine machte mit diesem Opernhaus, das sie selbst leitete, 1750 aus der Residenzstadt Bayreuth eine Kulturmetropole. Heute steht das Markgräfliche Opernhaus in der Liste des UNESCO-Welterbes. Darin finden das Bayreuther Osterfestival, der Bayreuther Barock, die Fränkische Festwoche und Musica Bayreuth statt.

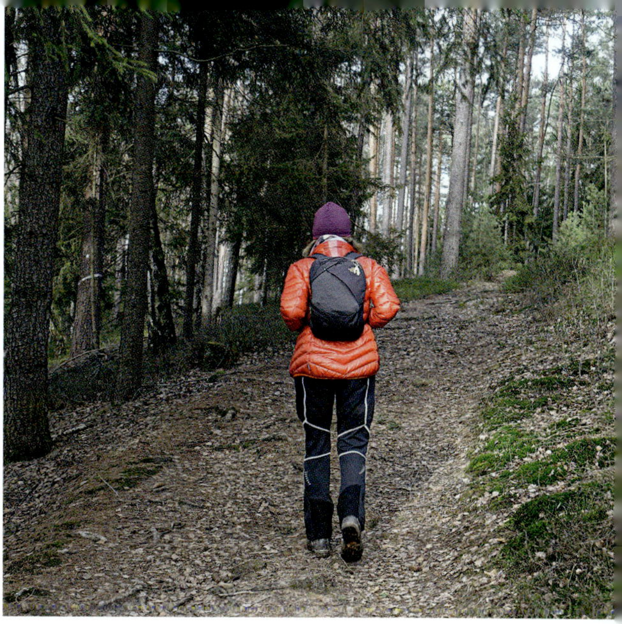

spannungsleitung durch und geradeaus in den Wald hinein. An einer Kreuzung am Spielplatz des Waldkindergartens bleiben wir geradeaus bergauf. An der Kreuzung unterhalb des Siegesturms wandern wir links hinunter und an der nächsten Weggabel rechts hinauf. An der folgenden Kreuzung bleiben wir geradeaus auf dem ebenen Weg und dann immer geradeaus. Der Weg endet an einer Forststraße, der wir nach rechts folgen. An der nahen großen Kreuzung zeigt ein Wegweiser nach links in Richtung Hochtheta. An der sofort folgenden Gabelung nehmen wir den linken Weg mit der Markierung blaue Linie auf weißem Grund für den Markgrafenweg, auf dem wir bis zum Biergarten Auf der Theta bleiben. Im Prinzip bleiben wir dabei an Abzweigen und Kreuzungen immer geradeaus. Nur an einer Stelle geht es mit der Markierung blaue Linie auf weißem Grund auf einem Pfad rechts in einen Graben hinunter, um den Cottenbach auf Trittsteinen zu überqueren. Kurz vor der Straße Hochtheta müssen wir an einer T-Kreuzung rechts und gleich wieder links und finden dann über der Straße den 4 **Biergarten Auf der Theta**. Der einladende Wirtsgarten liegt im Schatten zweier Nussbäume vor dem schönen alten Natursteinhaus.

Auf dem Weg zum Biergarten auf der Theta

Der Siegesturm ist nur im Sommer geöffnet.

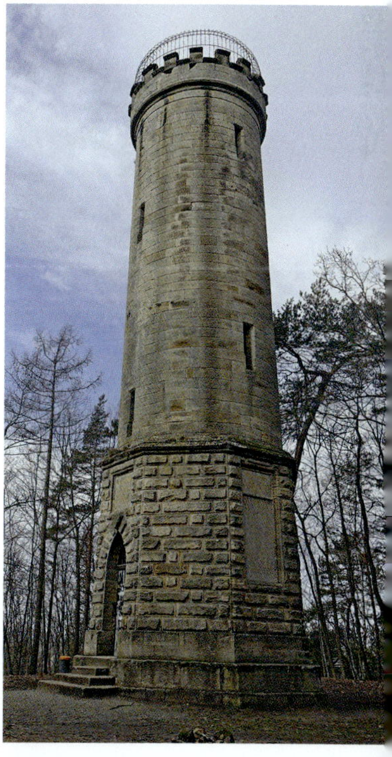

Zum Siegesturm Wir treten den Rückweg an und bleiben dabei auf dem Markgrafenweg, auf dem wir gekommen sind. Nach dem Cottenbach nehmen wir den linken Weg. Nun bleiben wir immer geradeaus und überqueren an der großen Kreuzung die Forststraße, auf der wir von rechts gekommen sind, bleiben nun aber geradeaus in Richtung Bayreuth und Siegesturm. Wir bleiben immer geradeaus und laufen erst an der Weggabelung nach dem Wasserbehälter mit der Markierung blaue Linie auf weißem Grund rechts zum 5 **Siegesturm**. Der Aussichtsturm, der nur im Sommer geöffnet ist, gewährt den Blick über Bayreuth und weit in das Umland.

Zum Parkplatz am Festspielhaus Vom Aussichtsturm geht es auf dem Markgrafenweg hinunter und wir kommen an eine Forststraße, der wir nach rechts abwärtsfolgen. Schließlich laufen wir auf der Straße An der Bürgerreuth in Bayreuth ein und finden weiter unten auf der rechten Seite gegenüber dem E **Festspielhaus** den Parkplatz.

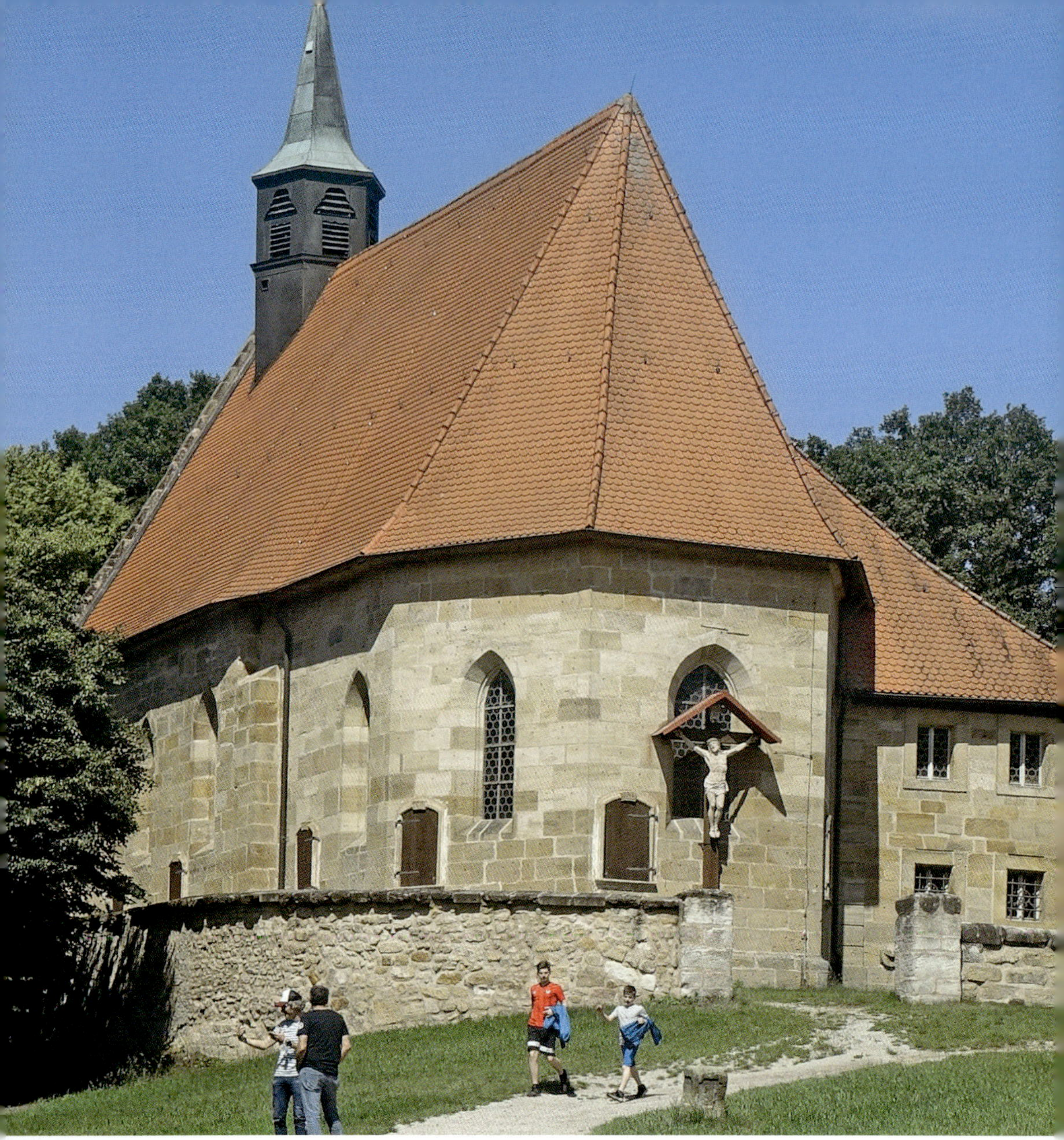

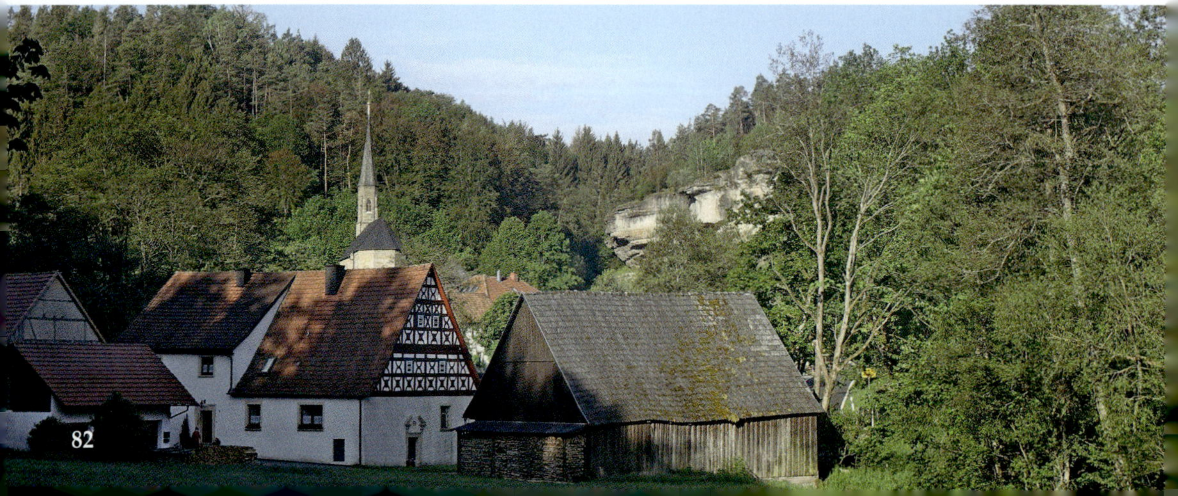

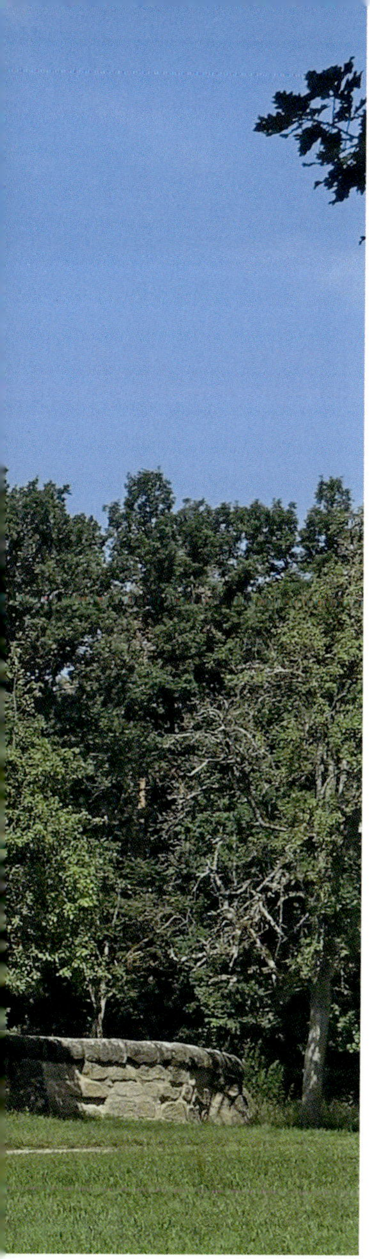

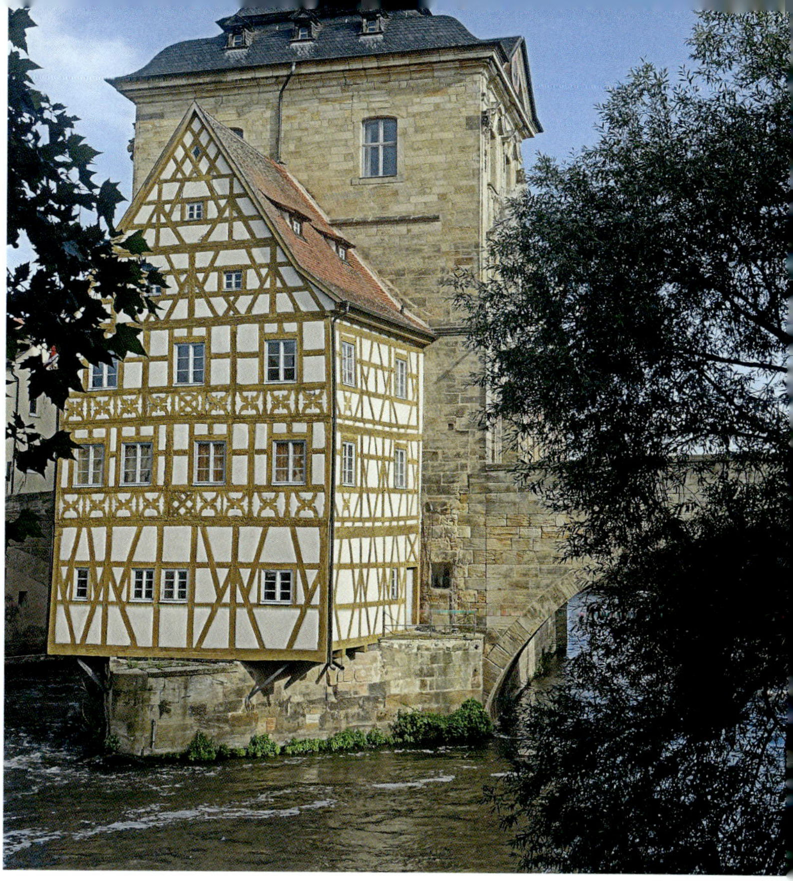

Fränkische Schweiz

Oben links: Die Wallfahrtskirche auf dem Kreuzberg (TOUR 22). Oben rechts: Das Bamberger Rathaus steht mitten in der Regnitz (TOUR 18). Unten rechts: Die Kirche in Oberailsfeld ist eine nähere Betrachtung wert (TOUR 25). Unten links: Die Schwarzmühle vor der Maria-Hilf-Kapelle im Kleinziegenfelder Tal (TOUR 20).

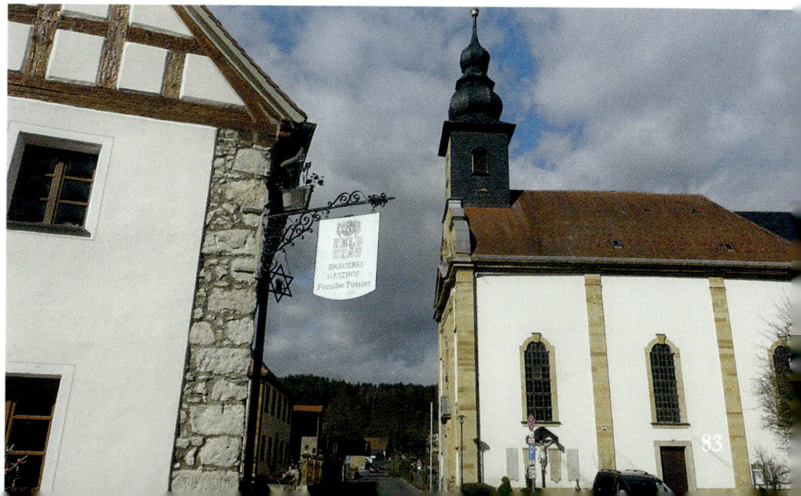

17

Aussicht vom Staffelberg

Im Gottesgarten der Fränkischen Toskana

Leicht | 3:20 Std. | 250 Hm | 10,5 km

Besonderer Genuss: Aussicht

Tourencharakter
Leichte, meist sonnige Tour überwiegend auf Feldwegen durch Wiesen. Im Ortsgebiet auf Straßen

Ausgangs-/Endpunkt
Wanderparkplatz Romansthal, GPS N50°05'53.4" E11°01'55.5", Höhe 420 m ü. NN

Anfahrt
Auto Auf der A 73 Ausfahrt 15 Bad Staffelstein und auf der Viktor-von-Scheffel-Straße nach Romansthal
Bahn Nach Lichtenfels oder Bad Staffelstein und mit dem **Bus** Linie 1227 nach Romansthal (www.bahn.de)

Gehzeiten
Wanderparkplatz Romansthal – Sankt-Marien-Kapelle 0:40 Std. – Fünf Linden 0:15 Std. – Vierzehnheiligen 0:20 Std. – Wegweiser 0:35 Std. – Adelgundiskapelle 1:00 Std. – Wanderparkplatz Romansthal 0:30 Std.

Einkehr in Bad Staffelstein
Brauerei Trunk, Vierzehnheiligen 3, Tel. 09571/3488, www.brauerei-trunk.de
Staffelberg-Klause, Tel. 09573/5437 (im Winter nur an Wochenenden)

Karten
Fränkische Schweiz, UK L 29, 1:50 000 (www.lvg.bayern.de)
Fränkische Schweiz Nord, Nr. 65, 1:50 000 (www.fritsch-landkartenverlag.de)

Touristinformation
Bahnhofstraße 1, 96231 Bad Staffelstein, Tel. 09573/331 20, www.bad-staffelstein.de

Offenbar waren schon die Kelten von der Landschaft begeistert, zumal die Position auf dem Staffelberg strategisch günstig war. Das gesamte Plateau war einst eine keltische Stadtfestung. Heute genießen wir die großartige Aussicht vom Berg der Franken.

Zur Sankt-Marien-Kapelle Vom Ⓐ **Wanderparkplatz Romansthal** starten wir nach Norden wieder in den Ort hinunter und gehen an der Kreuzung auf dem Ellenweg geradeaus am Gasthaus Zur schönen Schnitterin vorbei aus Romansthal hinaus und ins Maintal hinunter. Unter einer Hochspannungsleitung laufen wir rechts über die Felder und 150 Meter vor einem großen Dach mit Solarpaneelen links genau auf Kloster Banz zu, zur gotischen ❶ **Sankt-Marien-Kapelle** in Wolfsdorf.

Zum Naturdenkmal Fünf Linden Auf dem Kapellenweg wandern wir rechts, an der Romansthaler Straße noch mal rechts und nach 20 Metern links auf dem Pilgerweg in Richtung Vierzehnheili-

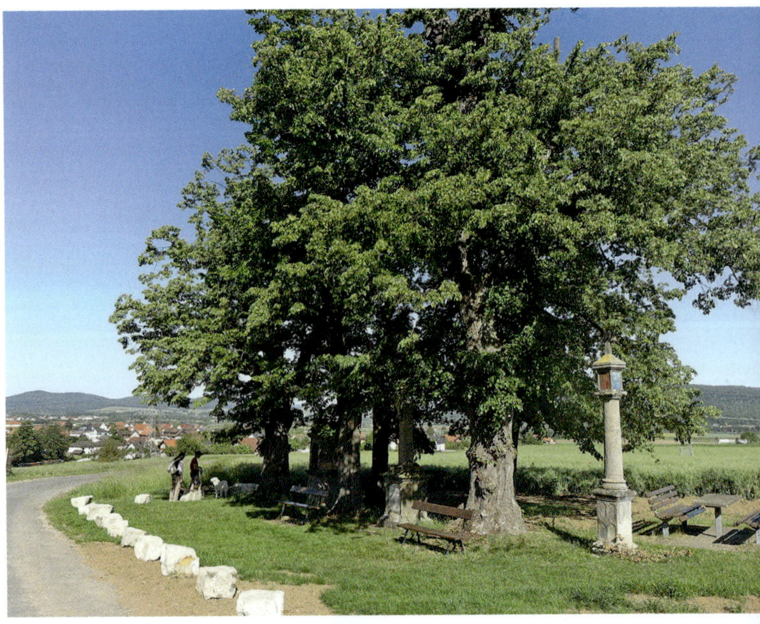

gen weiter. Am Ende der Straße geht es rechts zum Naturdenkmal ❷ **Fünf Linden**, einer Gruppe von fünf Linden, unter denen alte Steinkreuze stehen. Hier haben wir im Osten unser nächstes Ziel, die Basilika Vierzehnheiligen im Blick.

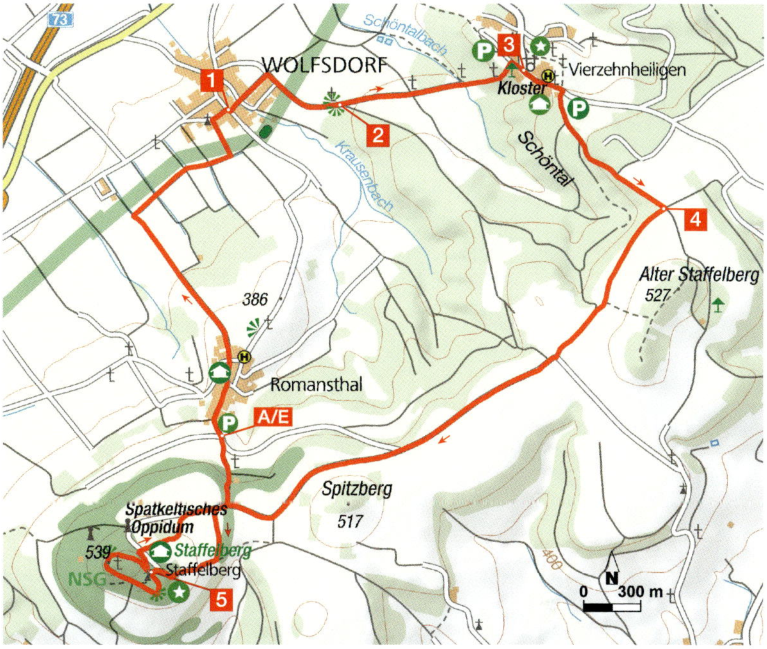

Nach Vierzehnheiligen Wir bleiben jetzt, vorbei an mehreren Steinkreuzen, immer geradeaus und schließlich steigen wir durch einen Wald auf dem Treppenweg den Hang hinauf zur Basilika ❸ **Vierzehnheiligen** aus dem 18. Jahrhundert. Das nach Plänen von Balthasar Neumann gebaute Gotteshaus ist den heiligen 14 Nothelfern geweiht. Es hat etwa eine halbe Million Besucher im Jahr, denn nicht nur Gläubige finden den Weg hier herauf. Kunstfreunde bewundern die repräsentative Fassade, eine der imposantesten des Barockzeitalters und die herrliche Rokokoausstattung im Innenraum. Zwei Gasthäuser und eine Brauerei an der Basilika versorgen die Wallfahrer.

Linke Seite: Die fünf Linden sind ein Naturdenkmal.

Die Basilika Vierzehnheiligen ist eine viel besuchte Wallfahrtskirche.

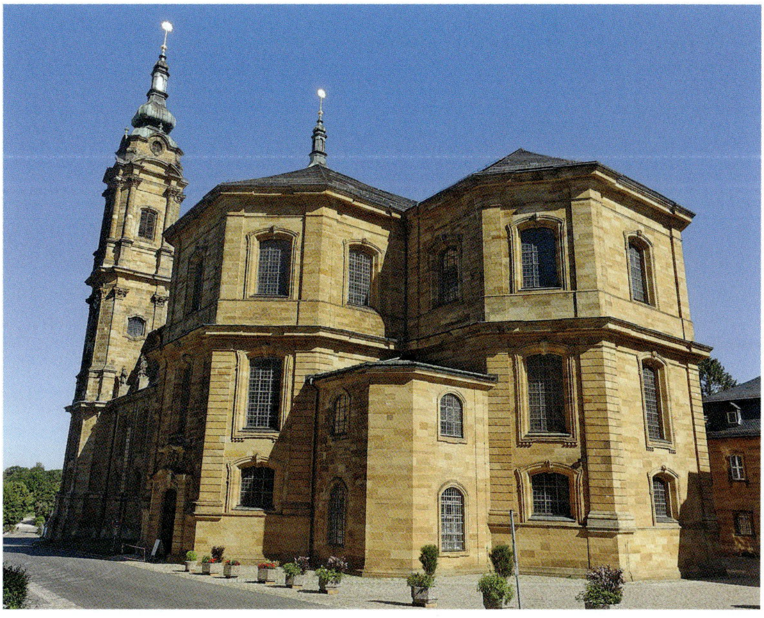

Zum Wegweiser An der Basilika vorbei gehen wir auf dem Nothelferweg in Richtung Südosten weiter und an der Brauerei Trunk vorbei. Nach der Brauerei schwenken wir auf den rechten Weg mit der Markierung des Jakobswegs in Richtung Alter Staffelberg. Dabei bleiben wir an allen Weggabelungen und Kreuzun-

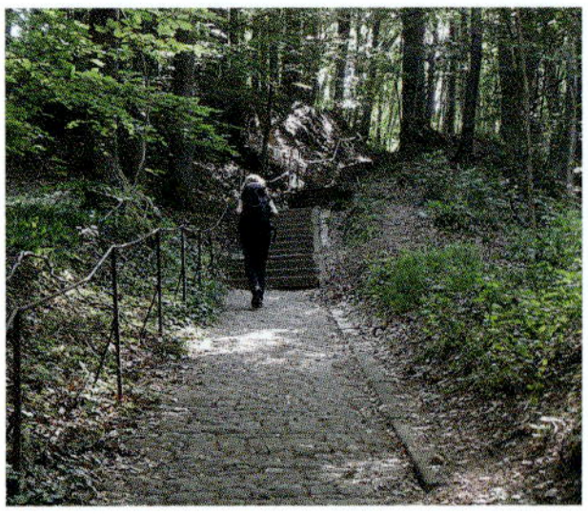

Auf dem Pilgerweg nach Vierzehnheiligen

Rechte Seite Mitte: Auf dem Plateau des Staffelbergs

Rechte Seite unten: An der Adelgundiskapelle auf dem Staffelberg

gen geradeaus. An der T-Kreuzung vor dem Alten Staffelberg mit dem 4 **Wegweiser** müssen wir mit dem Jakobsweg rechts in Richtung Staffelberg.

Zur Adelgundiskapelle auf dem Staffelberg Nun laufen wir drei Kilometer immer geradeaus am Fuß des Alten Staffelbergs und am Fuß des Spitzbergs über weite Wiesen mit himmlischer Ruhe. Auf dem Alten Staffelberg wurde durch Funde eine frühe Befestigung nachgewiesen. Möglicherweise war der Alte Staffelberg ein Vorposten des frühgeschichtlichen Oppidums auf dem Staffelberg. Bald haben wir den Staffelberg mit der Turmspitze der Adelgundiskapelle vor uns im Blickfeld. Der Staffelberg ist wie der Alte Staffelberg ein Dolomitrücken, der Einblick in die Erdgeschichte der Jurazeit gibt. Die weithin sichtbaren Steilstufen des Bergs bestehen aus härteren Sandsteinschichten. Das markante Gipfelplateau setzt sich aus Riffdolomit des Oberjura zusammen. An einer Weggabelung nahe des Staffelbergs gehen wir auf dem Jakobsweg rechts. An einer T-Kreuzung mit einem Feldkreuz bleiben wir geradeaus und wenden uns an der nächsten T-Kreuzung links in Richtung Adelgundiskapelle an einer Baumreihe entlang. Ab einer Wegkreuzung geht es rechts auf dem Keltenweg mit der Markierung »L« aufwärts und durch Wald den Hang hinauf zur 5 **Adelgundiskapelle** auf der Hochfläche des Staffelbergs. Neben der Kirche wohnten vom 17. Jahrhundert bis 1929 Eremiten. Heute steht dort die Staffelbergklause mit dem Biergarten. Ein Rundgang auf dem Plateau des Staffelbergs ist Pflicht, zumal die Runde ein umfassendes Panorama bietet. Die markante Hochfläche war bereits um 5000 v. Chr. erstmals besiedelt. Die Kelten nutzten das Gipfelplateau zur Anlage eines befestigten Siedlungsplatzes, eines sogenannten Oppidums. Das Gelände war mit einer Pfostenschlitzmauer umgeben und durch drei Zangentore zugänglich. An der Westecke des Staffelbergs ist die eingezäunte Querkelhöhle. Hier sollen gemäß der Sage einst die Querkel gehaust haben. Die Wichtel stahlen Klöße aus den Kochtöpfen der Menschen. Als die Frauen die

Aussichten über den Gottesgarten

Die Bezeichnung Gottesgarten geht auf das von Joseph Victor von Scheffel verfasste Frankenlied zurück. In der dritten Strophe heißt es: »Wallfahrer ziehen durch das Tal mit fliegenden Standarten. Hell grüßt ihr doppelter Choral den weiten Gottesgarten.« Die prägenden Landmarken sind die Wallfahrtskirche Vierzehnheiligen, Kloster Banz und der Staffelberg. Von diesen drei Punkten aus ist der Gottesgarten aus jeweils anderer Position zu überblicken. Der schönste Aussichtspunkt ist der Staffelberg mit Blick auf die Adam-Riese-Stadt Bad Staffelstein, die barocke Basilika Vierzehnheiligen und die von Leonhard Dientzenhofer geschaffene ehemalige Benediktinerabtei Kloster Banz. Es besteht auch eine umfassende Panoramasicht bis zur Rhön, zum Thüringer Wald, zum Steigerwald und bis in die Haßberge.

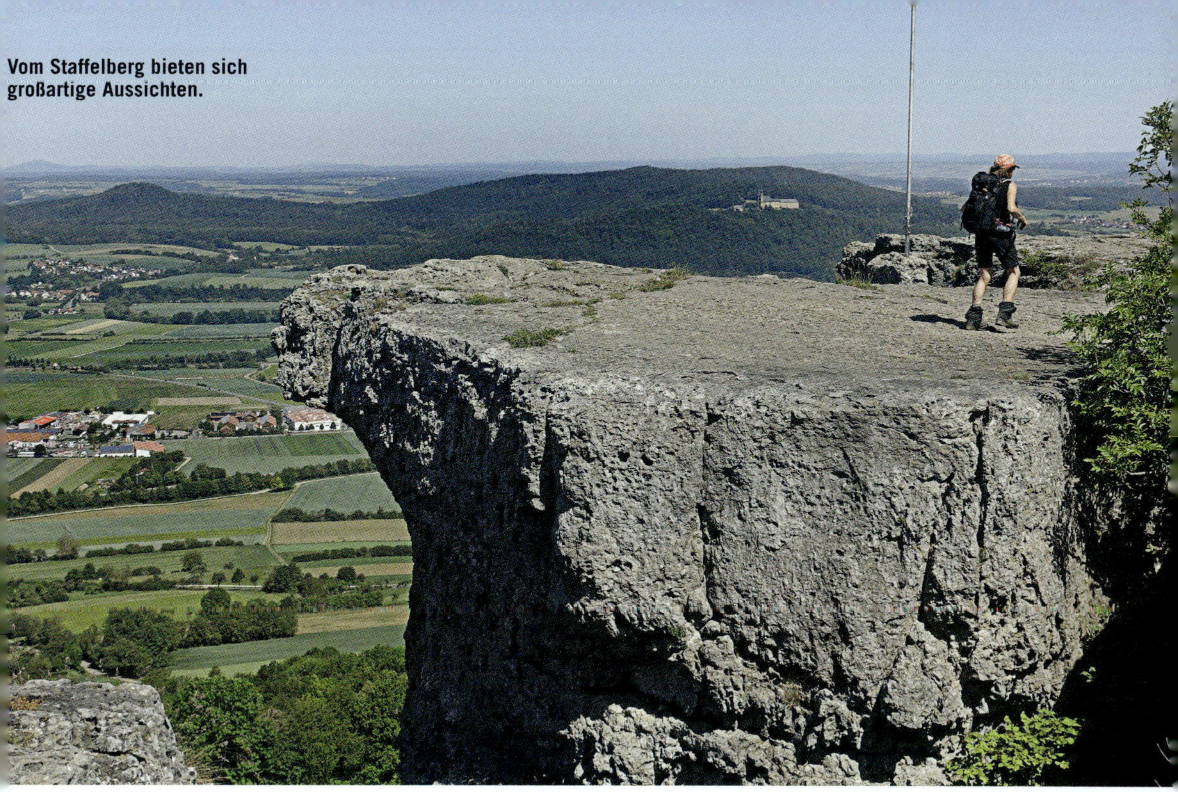

Vom Staffelberg bieten sich großartige Aussichten.

Klöße vor dem Einlegen in die Töpfe abzählten, verließen die Zwerge den Staffelberg. Tatsache ist, dass die Aussicht vom Scheffelfelsen des Staffelbergs einzigartig ist. Unvermittelt fällt einem hier oben die Strophe des Frankenlieds von Joseph Victor von Scheffel ein: »Wohlauf, die Luft geht frisch und rein …« Unterhalb der Scheffelfelsen steht denn auch ein Denkmal für den Dichter der Franken.

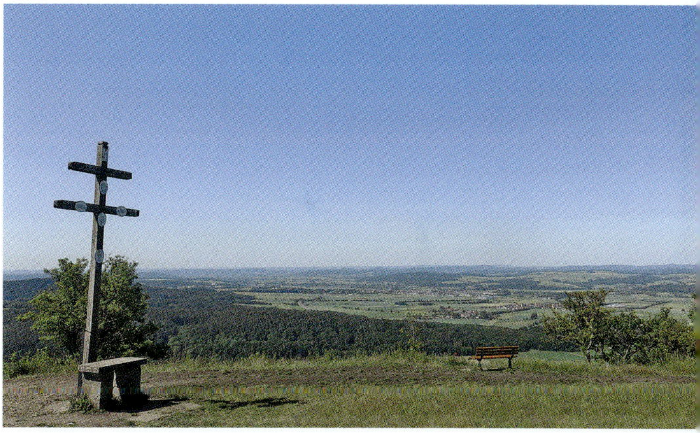

Zum Wanderparkplatz Romansthal

Nach dem Rundgang auf dem Plateau steigen wir noch vor der Adelgundiskapelle in spitzem Winkel links hinunter in Richtung Vierzehnheiligen. An einer Gabelung geht es rechts auf der Treppe hinab und unten auf dem Feldweg rechts. An der T-Kreuzung mit dem Feldkreuz laufen wir links steil in Richtung Romansthal bergab und sind bald am **E** **Wanderparkplatz Romansthal** zurück.

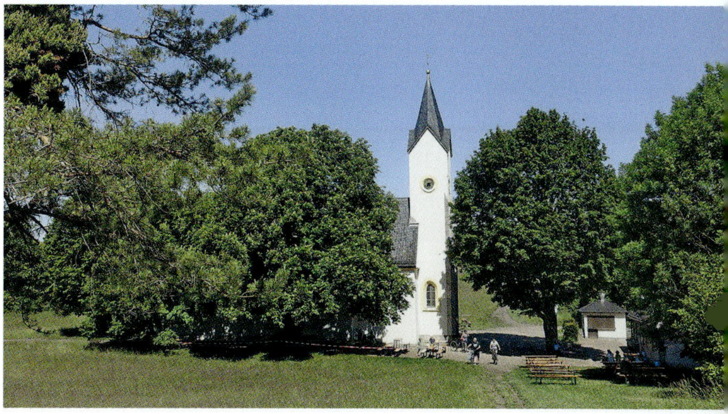

18

Bamberger Sehenswürdigkeiten

UNESCO-Weltkulturerbe in der Bierstadt

Leicht 2:20 Std. 160 Hm 6,7 km

Besonderer Genuss: Einkehr

Tourencharakter
Leichte, meist sonnige Tour auf befestigten Wegen und Straßen durch Wiesen, Wald und Stadt

Ausgangs-/Endpunkt
City-Altstadt Tiefgarage, GPS N49°53'25.9" E10°53'17.2", Höhe 235 m ü. NN

Anfahrt
Auto Auf der A73 zur Ausfahrt Bamberg-Ost und auf der St 2281 nach Bamberg
Bahn Nach Bamberg (www.bahn.de)

Gehzeiten
City-Altstadt Tiefgarage – Altes Rathaus 0:10 Std. – Dom 0:15 Std. – Kloster Sankt Michael 0:20 Std. – Villa Remeis 0:15 Std. – Altenburg 0:30 Std. – Kirche Obere Pfarre 0:35 Std. – City-Altstadt Tiefgarage 0:15 Std.

Einkehr in Bamberg
Café Villa Remeis, Sankt-Getreu-Straße 13, Tel. 0951/579 12, www.cafe-villa-remeis.de
Restaurant Altenburg, Altenburg 1, Tel. 0951/568 28, www.restaurant-altenburg.de
Klosterbräu, Obere Mühlbrücke 1–3, Tel. 0951/522 65, www.klosterbraeu.de

Karten
Coburger Land, Bamberg, UK 50 3, 1:50 000 (www.lvg.bayern.de)
Bamberg Nr. 66, 1:50 000 (www.fritsch-landkartenverlag.de)

Touristinformation
Geyerswörthstraße 5, 96047 Bamberg, Tel. 0951/297 62 00, www.bamberg.info

Eine kulturelle und kulinarische Wanderung, dazu die schönsten Aussichten über die Weltkulturerbestadt. Brauereigaststätten, Bierkeller und Brauereien geben köstliche Einblicke in die über 1000-jährige Brautradition Bambergs.

Zum Alten Rathaus Von der Ⓐ **City-Altstadt Tiefgarage am Rosengarten** in der Geyerswörthstraße, wo auch die Touristinformation ist, starten wir die Wanderung nach Nordwesten Richtung Innenstadt am Residenzschloss Geyerswörth vorbei. Vom Steg vor der Oberen Brücke blicken wir auf das berühmte Rathaus mit dem vorgesetzten Rottmeisterhäuschen. Wir bleiben aber noch auf der Insel Geyerswörth und umrunden das Residenzschloss Geyerswörth. Auf dem Brucknersteg überqueren wir dann nach links den alten Ludwig-Donau-Main-Kanal und laufen auf der Habergasse geradeaus und an der Langen Straße links. Wer möchte, bummelt hier nach rechts in die Fußgänger-

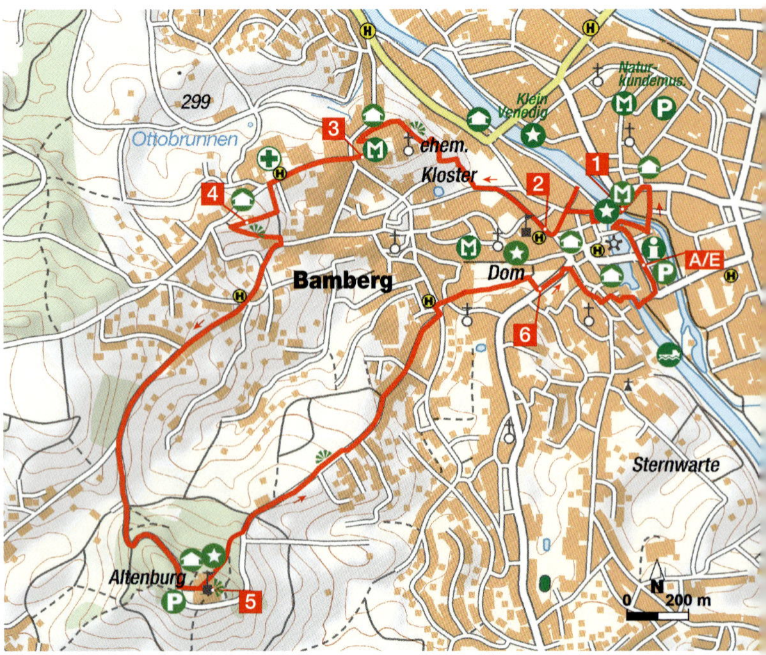

zone am Grünen Markt. Unsere Tour führt aber nach links über den Obstmarkt direkt zum 1 **Alten Rathaus** auf der Oberen Brücke. Das Wahrzeichen Bambergs ist zwischen den zwei Brücken in den Fluss Regnitz gebaut. 1387 wurde das Rathaus erstmals erwähnt, aber im 15. Jahrhundert neu gebaut und im 18. Jahrhundert im Stil des Barocks und Rokokos umgestaltet. Der Sage nach wollte der Bischof von Bamberg den Bürgern keinen Grund für den Bau eines Rathauses gewähren. Deshalb rammten die Bamberger Pfähle in die Regnitz und schufen eine künstliche Insel, auf der sie das Rathaus errichteten.

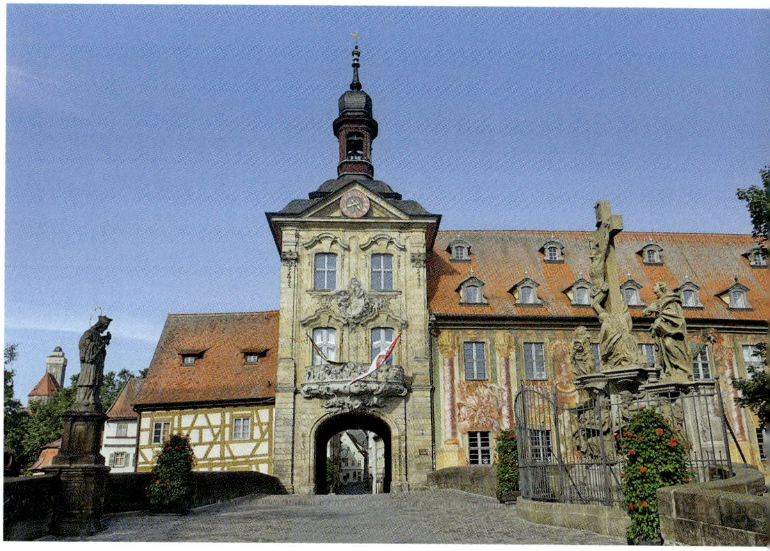

Vor dem berühmten Bamberger Rathaus

Zum Dom Auf der ersten Straße nach dem Rathaus gehen wir nach rechts und auf der Dominikanerstraße nach links an der Dominikanerkirche vorbei. An der folgenden Kreuzung können wir auf der Kasernstraße nach rechts einen Abstecher machen, um auf die fotogene Häuserzeile »Klein-Venedig« schauen zu

Bamberger Biergenuss

In Bamberg wird seit über 1000 Jahren Bier gebraut. In 62 historischen Brauereigaststätten und auf 25 Bierkellern werden 50 ober- und untergärige Bierspezialitäten ausgeschenkt. Die Brauereigaststätten sind meist das Stammhaus der zugehörigen Brauerei. Dort genießt man neben dem hausgebrauten Bier eine deftige regionale Küche. Der wunderschön gelegene Biergarten der Brauereigaststätte Klosterbräu an der Oberen Mühlbrücke beispielsweise, ist die älteste Braustätte Bambergs. Hier gibt es Klosterbräu Schwärzla, Bamberger Gold Pils, Braunbier, Braun's Weisse und Bockbier. Laue Sommerabende verbringt man in Bamberg am liebsten auf einem Bierkeller mit einem frisch gezapften Seidla und einer guten Brotzeit. In Bamberg und im Bamberger Land laden 25 Keller zum Besuch ein. Der Spezial-Keller in der Sternwartstraße beispielsweise, hat aus dem Biergarten auf der Altenburg wohl die schönste Aussicht auf die Stadt. Neben fränkischen Brotzeiten gibt es in dem traditionsreichen Familienbetrieb auch verschiedene warme Gerichte wie Schäuferla.

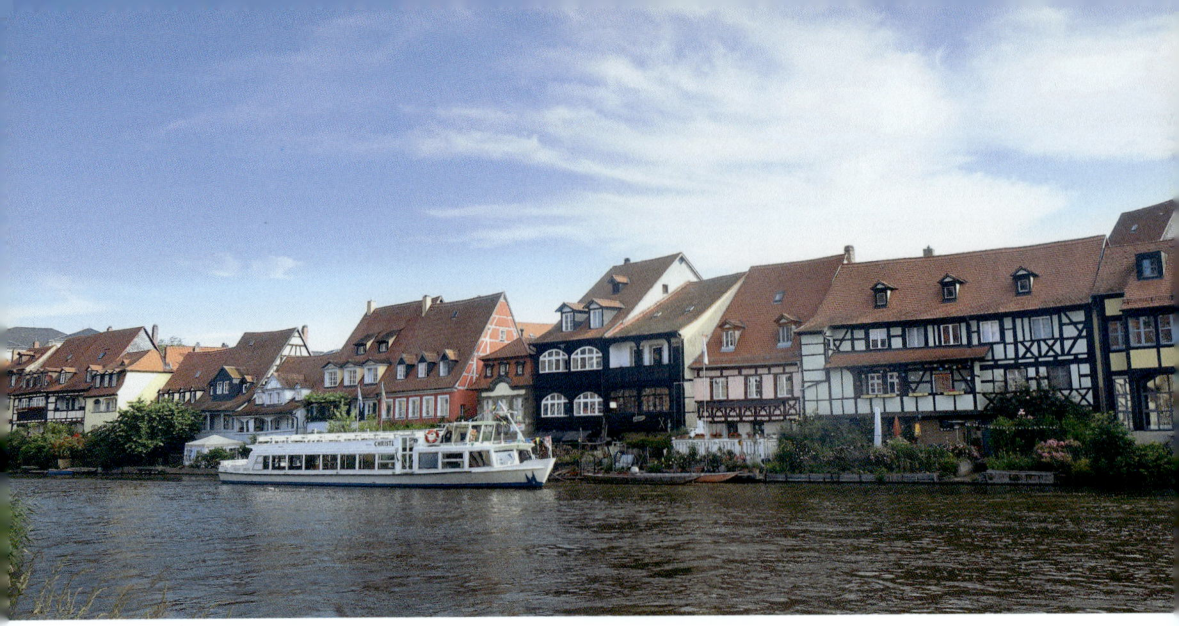

Blick auf Bambergs »Klein-Venedig«

können. Wir kommen wieder zurück und gehen nun geradeaus über die Kreuzung auf der Straße Katzenberg und steigen die Treppe zum ❷ **Dom** hinauf. Der romanische Bamberger Dom Sankt Peter und Sankt Georg gehört zu den deutschen Kaiserdomen und ist mit seinen vier Türmen das beherrschende Bauwerk der Bamberger Altstadt. Im Innern befindet sich die weltbekannte Skulptur des Bamberger Reiters aus dem Jahr 1230. Diese Figur ist die älteste erhaltene mittelalterliche Plastik eines Reiters. Das heutige Erscheinungsbild des Doms entstand im 13. Jahrhundert, erfuhr aber im 17. Jahrhundert eine Barockisierung.

Zum Kloster Sankt Michael Gegenüber dem Dom steht im Norden die Neue Residenz der Fürstbischöfe aus dem 17. Jahrhundert mit dahinterliegendem Rosengarten. Vom Domplatz gehen wir wieder in Richtung Altstadt zurück und laufen auf der Residenzstraße links auf der Nordseite der Residenz entlang. Nach dem eisernen Tor am Ottoplatz wandern wir auf der Aufseßstraße links und nach 50 Metern auf dem Benediktinerweg rechts in Richtung Kloster Sankt Michael. An dem Pavillon können wir links auf der Treppe auf die Aussichtsterrasse des Klosters hinauf. Wir gehen nach rechts und genießen die Aussicht über die Stadt. An der Vorderseite des 1015 gegründeten ❸ **Klosters Sankt Michael** ist der Eingang der Klosterkirche. Die im Grund romanische Kirche wurde im 18. Jahrhundert vom Barockbaumeister Johann Dientzenhofer umgestaltet.

Der Klosterbräu ist die älteste Brauerei Bambergs.

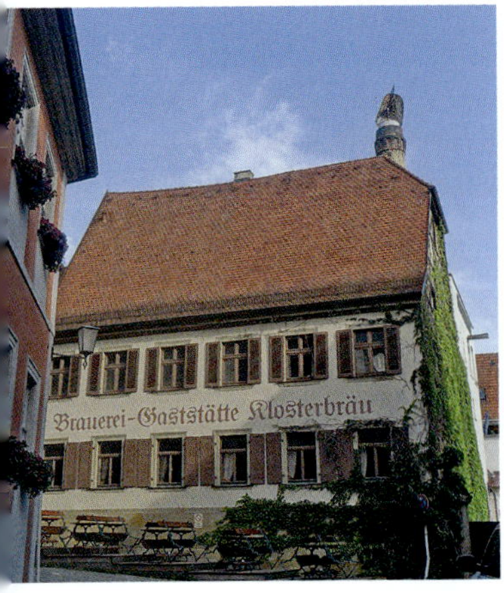

Zur Villa Remeis Durch die Zufahrt des Klosters wandern wir geradeaus auf der Sankt-Getreu-Straße weiter. Vor der Straßengabelung nach dem letzten Parkplatz des Krankenhauses gehen wir links auf den Gehweg und nach 90 Metern rechts zur ❹ **Villa Remeis** auf den Hügel hinauf. Das Café Villa Remeis bietet einen der schönsten Ausblicke über Bamberg, Kaffeespezialitäten, leckere Kuchen und Torten aus eigener Backstube. Karl Remeis war Jurist und Astronom und lebte im 19. Jahrhundert. Er vermachte sein Vermögen und seine Villa der Stadt Bamberg.

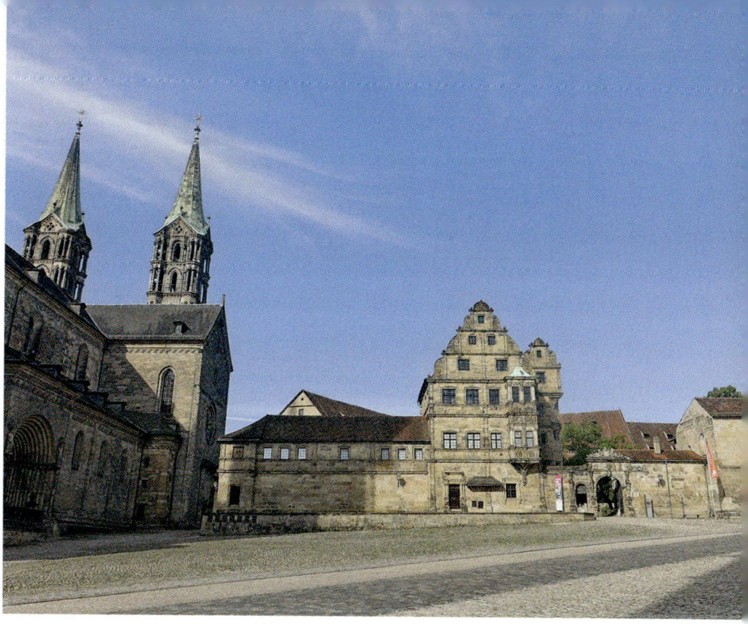

Die Alte Hofhaltung am Domplatz

Zur Altenburg Von der Villa gehen wir auf der Zufahrtstraße nach Westen und nach 80 Metern n spitzem Winkel auf dem Pfad links hinunter. Unten treffen wir auf die Wildensorger Straße, die wir nach rechts für 800 Meer aufwärtsgehen. An einer Straßengabelung folgen wir links der Straße Rinnersteig, die bis zur ❺ **Altenburg** hinaufführt. Die Burg wurde 1109 erstmals in einer Urkunde erwähnt. In ihrem heutigen Erscheinungsbild entstand sie im 15. Jahrhundert. Der Bamberger Literat E.T.A. Hoffmann bewohnte öfters die Klause n der Burg und zeichnete Karikaturen Bamberger Personen an ie Wände.

Im Hof der Altenburg über Bamberg

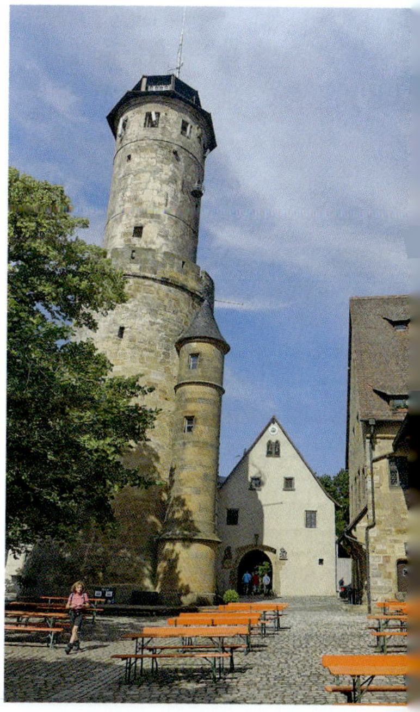

Zur Kirche Obere Pfarre Von der Burg aus gesehen steigen wir 30 Meter vor dem Burgtor rechts vor der Nordseite der Burg hinunter und gehen auf dem Treppenweg durch den Wald weiter abwärts. Der Weg endet an der Altenburger Straße, der wir geradeaus folgen. Am Aussichtspunkt am Wasserbehälter sind elf Bamberger Kirchtürme zu sehen. Nach dem Aussichtspunkt wandern wir auf der Altenburger Straße weiter abwärts. An der Straße Panzerleite geht es links und dann auf dem kleinen Sträßchen Im Domgrund weiter. Am Ende der Straße laufen wir rechts zur ❻ **Kirche Obere Pfarre**.

Zur City-Altstadt Tiefgarage am Rosengarten Auf dem Unteren Kaulberg laufen wir abwärts und an der Judenstraße rechts, uf der Concordiastraße weiter und an der Oberen Mühlbrücke links. Auf der linken Seite vor der Brücke wird im Klosterbräu seit 1333 Bier gebraut. Auf der Oberen Mühlbrücke überqueren wir den linken Regnitzarm und kommen zur Geyerswörthstraße, auf der wir nach links zur Ⓔ **City-Altstadt Tiefgarage am Rosengarten** zurückkehren.

19

Strullendorfer Bierseligkeit

Von Bierkeller zu Bierkeller

Leicht | 3:30 Std. | 120 Hm | 11,7 km

Besonderer Genuss: Einkehr

Tourencharakter
Leichte, meist sonnige Tour auf befestigten Wegen durch Wiesen und Felder. Im Ortsgebiet auf Straßen

Ausgangs-/Endpunkt
Parkplatz Schwanenkeller in Strullendorf,
GPS N49°51'06.2" E10°58'30.8",
Höhe 280 m ü. NN

Anfahrt
Auto Auf der A73 zur Ausfahrt Hirschaid und auf der St 2244 nach Strullendorf
Bahn Nach Strullendorf (www.bahn.de)

Gehzeiten
Parkplatz Schwanenkeller – Almrausch-Hütte 0:35 Std. – Roßdorfer Felsenkeller 0:25 Std. – Griess Keller 0:35 Std. – Waldstübla Leesten 0:25 Std. – Schloss Wernsdorf 0:35 Std. – Sankt Ägidius 0:20 Std. – Parkplatz Schwanenkeller 0:35 Std.

Einkehr
Alle im Text angeführten Keller
Brauerei Sauer, Sutte 5, 96129 Roßdorf, Tel. 09543/1578, www.brauerei-sauer.de
Gasthof Schiller, Amlingstädter Straße 14, 96129 Wernsdorf, Tel. 09543/44020, www.gasthof-schiller.de

Karten
Coburger Land, Bamberg, UK 50 3, 1:50 000 (www.lvg.bayern.de)
Bamberg Nr. 66, 1:50 000 (www.fritsch-landkartenverlag.de)

Touristinformation
Geyerswörthstraße 5, 96047 Bamberg, Tel. 0951/297 62 00, www.bamberg.info

Durch die hübsche Landschaft des Zeegenbachtals und entlang alter Fachwerkhäuser führt diese Wanderung an Brauereien, Bierkellern, Biergärten und Wirtshäusern vorbei. In Bierfranken gibt es im Sommer nichts Schöneres, als auf einem Bierkeller zu sitzen.

Zur Almrausch-Hütte Vom Parkplatz am Ende der Straße Am Kairoth in Strullendorf beginnen wir die Wanderung am **A Schwanenkeller** vorbei in Richtung Amlingstadt in den Wald hinauf und unter der Autobahn durch. Nach dem Wald überqueren wir vor Amlingstadt den Zeegenbach, der mit seinen Nebenbächen das gesamte Tal westlich des Hauptsmoorwalds prägt. Nach der Grenzmühle wandern wir links auf dem Radweg weiter und überqueren nach rechts die Landstraße St 2188. 80 Meter nach der Straße stehen wir am Abzweig zur nahen **1 Almrausch-Hütte**.

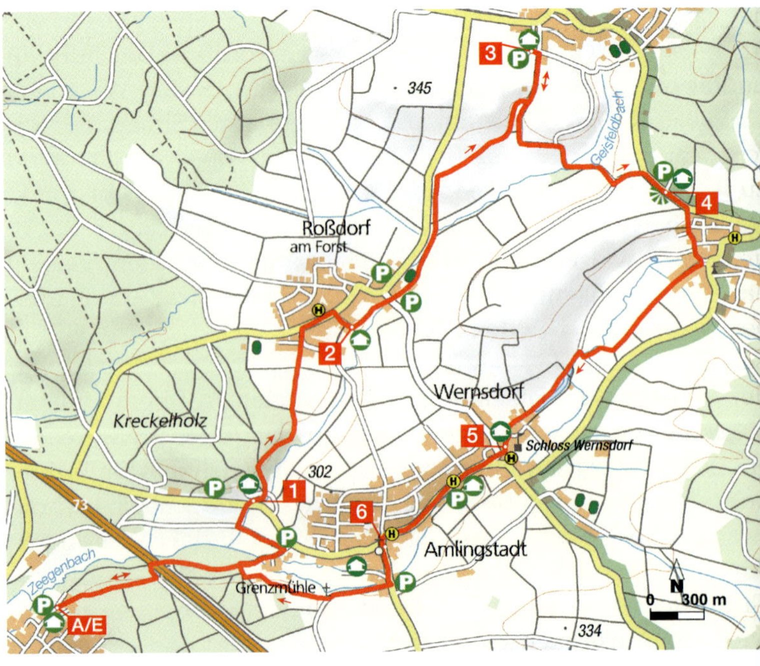

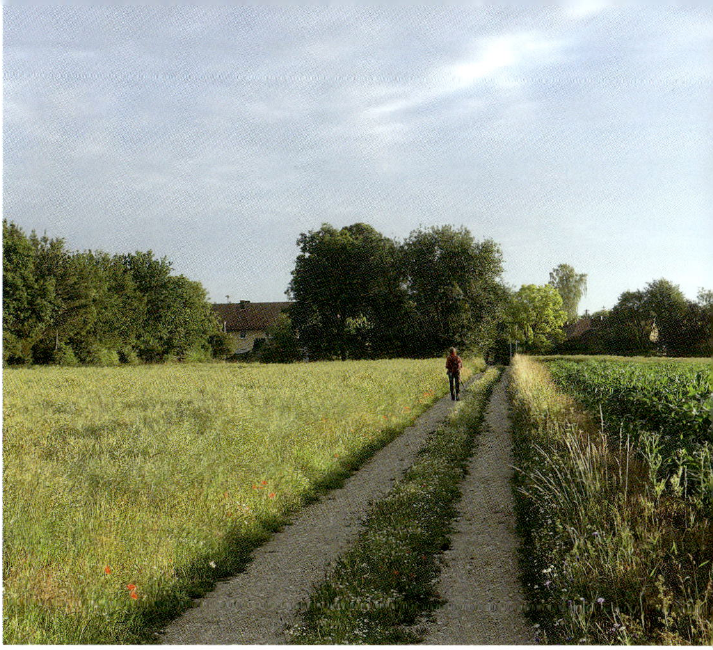

Zum Roßdorfer Felsenkeller Nach ein paar Metern quert das Sträßchen den Geisfelder Bach, doch noch vor dem Bach gehen wir ohne Markierung links auf dem romantischen Weg in den Wald hinauf. Am Ende des Walds kommen wir geradeaus über die Felder und laufen auf dem Kleeanger in Roßdorf ein. Im Dorf fädeln wir nach rechts in die Dorfstraße ein und biegen nach dem Haus mit der Nr. 17 rechts zum **2 Roßdorfer Felsenkeller** ab. Der Roßdorfer Keller ist ein in den Felsen gehauener Gewölbekeller, der noch bis 1960 zur kühlen Lagerung der Biere der traditionsreichen Brauerei Sauer verwendet wurde. Heute dient der Keller als Biergarten mit Ausschank und wir sitzen bei typisch fränkischem naturtrübem und ungefiltertem Bier gemütlich unter Bäumen auf dem alten Keller.

In den Feldern vor Roßdorf

Zum Griess Keller Am Roßdorfer Felsenkeller laufen wir vorbei auf dem Sträßchen nach Nordosten weiter und dann auf der Straße Zum Bühl nach links und nach 30 Metern vor dem Haus Nr. 3 rechts aus Roßdorf hinaus vorbei am Sportplatz in Richtung Geisfeld. Wir kommen der Landstraße BA46 nahe und gehen 120 Meter nach den Glascontainern rechts auf den Feldweg, der bald zu einem Pfad über die artenreichen Wiesen wird. Vor einer Baum- und Gebüschreihe knickt der Pfad nach links an einem Jagdansitz vorbei und trifft auf eine kleine Straße, der wir nach rechts folgen. An der T-Kreuzung geht es links zum nahen **3 Griess Keller** hinauf, der eine weitere urige Einkehrmöglichkeit ist.

Der Griess Keller in Geisfeld ist eine urige Einkehr.

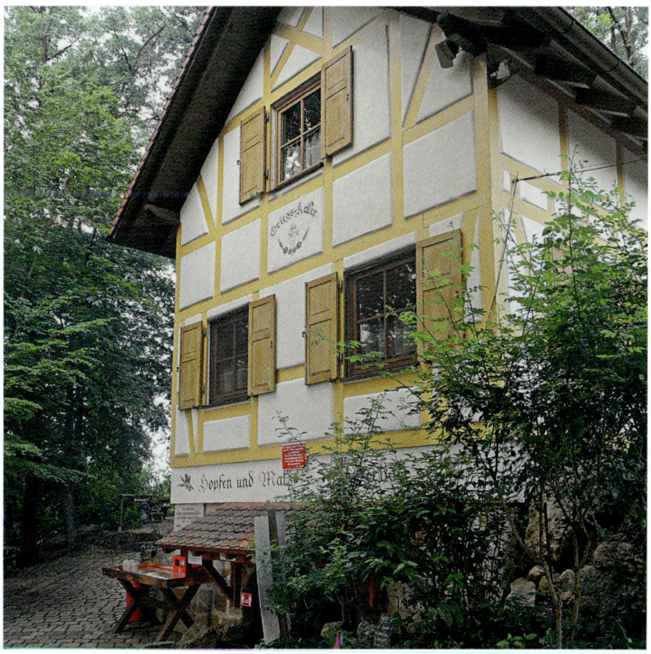

Zum Waldstübla Leesten Vom Griess Keller gehen wir erstmal wieder auf gleichem Weg zurück,

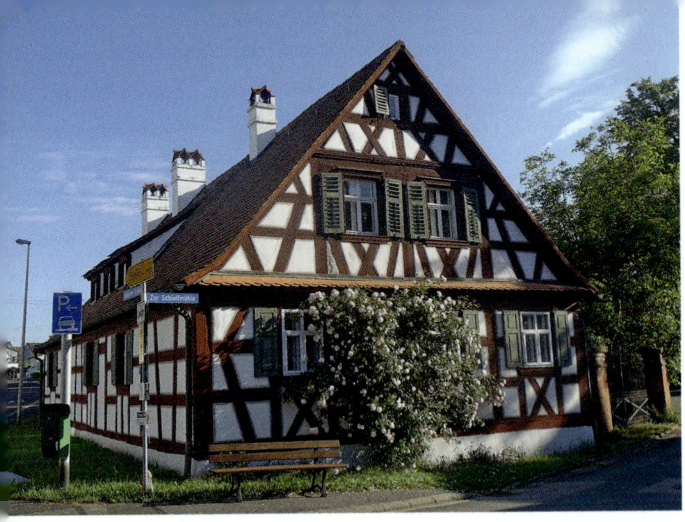

Hübsches Fachwerkhaus an der Wanderstrecke in Wernsdorf

»Auf den Keller gehen«

Noch vor 100 Jahren hatte jedes fränkische Dorf mehrere Brauereien. Zu den Brauereien gehörte der Keller, der oftmals in den Sandstein geschlagen wurde. Durch Lagerung bei kühlen Temperaturen kann die Haltbarkeit der Biere verlängert werden. Im Winter wurde oftmals Eis aus den Weihern hineingebracht, um die Temperatur bis in den Sommer niedrig zu halten. Über den Kellern wurden Kastanien oder Linden gepflanzt, um sie zu beschatten. Schon Ende des 18. Jahrhunderts traf sich bei schönem Wetter die fränkische Gesellschaft sonntags zu Kegelspiel und Tanz »auf dem Keller«. Daraus entstand die Redewendung »Auf den Keller gehen«. In Franken sind auch heute noch viele Bierkeller in Betrieb, auf denen ein Schankbetrieb errichtet wurde. In beschaulicher Kelleratmosphäre können Wanderer ein kühles Bier trinken und dazu auch noch eine Brotzeit verzehren. In großem Ausmaß findet im Forchheimer Kellerwald im August das Annafest statt. Dort gibt es 26 Keller mit insgesamt 30 000 Sitzplätzen.

bleiben aber nun an der T-Kreuzung geradeaus. An der Kreuzung nach dem Geisfelder Bach wenden wir uns nach links zur Landstraße St 2210, von der wir auf dem Radweg nach rechts zum Abzweig 4 **Waldstübla Leesten** wandern.

Zum Schloss Wernsdorf Weiter entlang der Landstraße kommen wir nach Leesten und nehmen die erste Straße mit dem Namen Obere Leite nach rechts in das Dorf hinunter. Die Straße trägt später den Namen Am Zeegenbach und nach der Kurve überqueren wir nach rechts auf einem Steg den Strullendorfer Bach. Auf der Neuwiesenstraße verlassen wir Leesten und wandern auf einem Feldweg über die Äcker. An einer Weggabelung 100 Meter vor der Landstraße St 2188 laufen wir rechts auf der Fahrspur zu einer Baum- und Gebüschreihe und folgen dem Strullendorfer Bach nach links. An einem Feldweg geht es rechts und nach dem Bach links auf der Straße Am Mühlbach nach Wernsdorf hinein. Nach dem Trafohaus in der Linkskurve laufen wir auf der Straße Zur Schleifmühle weiter und erreichen das schöne 5 **Schloss Wernsdorf**. Das Schloss ist im Grunde ein mittelalterlicher Bau, dessen älteste Teile auf das 12. Jahrhundert zurückgehen. Die heutige Ansicht ergab sich aus den Umbauten im 17. Jahrhundert. Das Schloss war Jagdresidenz und hatte einst auch ein Brauhaus. Im Schloss ist heute die Akademie für Alte Musik, Kunst- und Kulturgeschichte Europas untergebracht.

Zur Kirche Sankt Ägidius Weiter auf der Straße Zur Schleifmühle kommen wir über den Schlossplatz mi

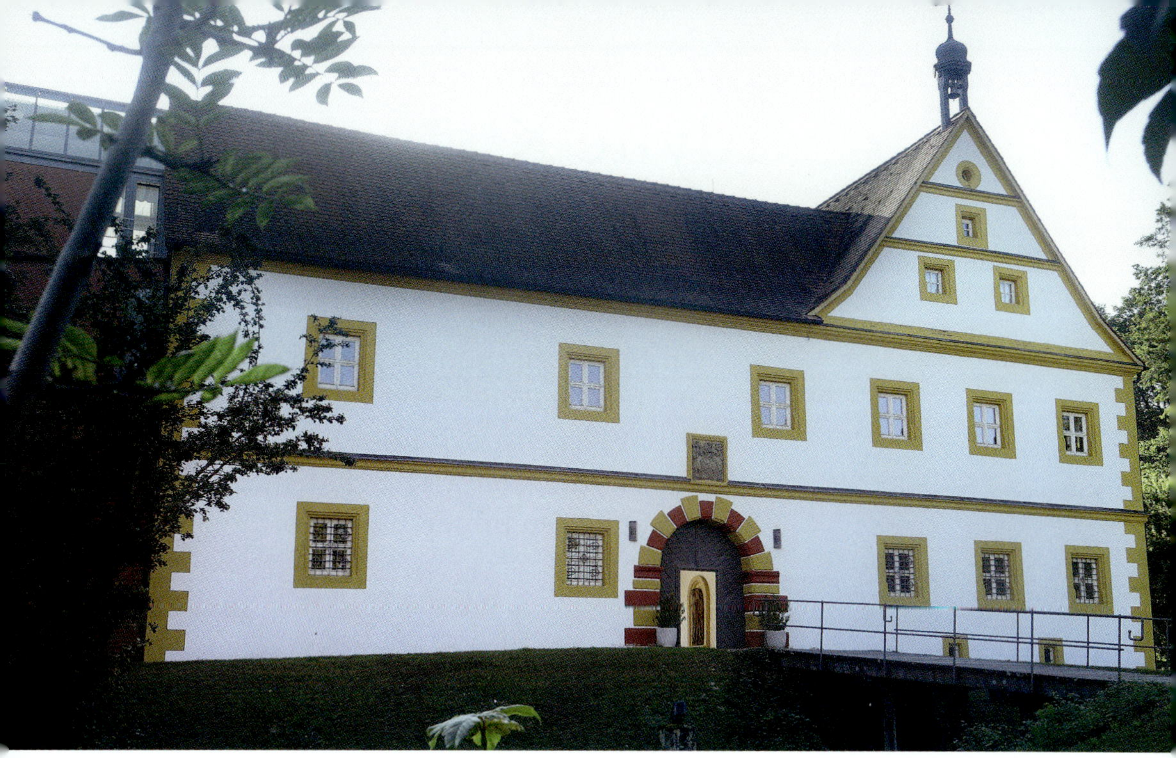

Im Schloss Wernsdorf ist heute die Musik zu Hause.

Die Kirche Sank Ägidius in Amlingstadt überragt den Ort.

lem Gasthaus Sauer zur Amlingstadter Straße, auf der wir ge- adeaus bald am traditionsreichen Gasthof Schiller vorbeilau- en. Der Biergarten unter uralten Kastanien besticht durch ein esonderes Ambiente. Auf der Amlingstadter Straße müssen vir bis zur Kirche 6 **Sankt Ägidius** in Am- ingstadt durchlaufen. Die Kirche mit dem übschen Turm und barocker Ausstattung st eine genaue Betrachtung wert. Ihre lan- ge Geschichte ist auf der Tafel am Brunnen ufgezeichnet.

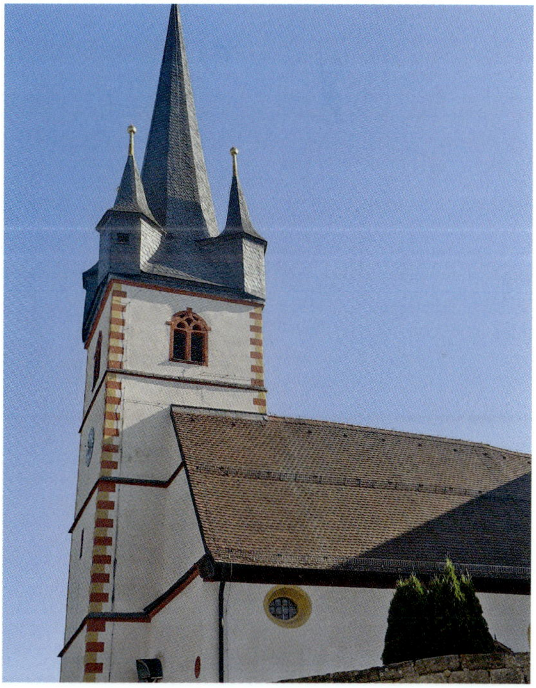

um Schwanenkeller An der Kirche gehen vir auf der Hirschaider Straße nach links ind queren wieder den Zeegenbach. Am Ortsschild müssen wir auf dem gepflaster- en Feldweg nach rechts und vor einem ein- ezäunten Waldstück wieder nach rechts ufwärts entlang einiger Wochenendgrund- tücke. Nach der Rechtskurve bringt uns ein 'fad links am Waldrand über die Wiesen hi- unter zu einer T-Kreuzung, an der wir nach nks wieder auf dem bekannten Weg vom eginn sind. Jetzt müssen wir nur noch die 73 unterqueren und wir sind bald am Park- latz am E **Schwanenkeller** zurück.

20

Idylle Kleinziegen-felder Tal

In der Welt der Felsen des Apollofalters

Leicht 2:00 Std. 110 Hm 6,1 km

Besonderer Genuss: Ruhe und Natur

Tourencharakter
Leichte, meist schattige Tour auf Pfaden und Forststraßen durch Wälder und steile Hänge. Feste Schuhe und Trittsicherheit erforderlich

Ausgangs-/Endpunkt
Wanderparkplatz Kleinziegenfeld, GPS N50°01'23.6" E11°11'54.4", Höhe 410 m ü. NN

Anfahrt
Auto Auf der A70 zur Ausfahrt 20 Stadelhofen und auf der St2191 nach Kleinziegenfeld
Bahn Nach Burgkunstadt und mit dem **Bus** Linie 1234 nach Kleinziegenfeld (www.bahn.de)

Gehzeiten
Wanderparkplatz Kleinziegenfeld – Forststraße 0:10 Std. – Schrepfersmühle 0:30 Std. – Weihersmühle 0:10 Std. – Feldrand 0:45 Std. – Wanderparkplatz Kleinziegenfeld 0:25 Std.

Einkehr
Biergarten Schrepfersmühle, Schrepfersmühle 1, 96260 Weismain, Tel. 09575/921212, www.schrepfersmuehle.de
Gasthof Zöllner, Kleinziegenfeld 41, 96260 Kleinziegenfeld, Tel. 09504/266, www.gasthof-zoellner.de

Karten
Fränkische Schweiz, UK L 29, 1:50 000 (www.lvg.bayern.de)
Fränkische Schweiz Süd, Nr. 53, 1:50 000 (www.fritsch-landkartenverlag.de)

Touristinformation
Kirchplatz 7, 96260 Weismain, Tel. 09575/922011, www.stadt-weismain.de

Im wildromantischen Kleinziegenfelder Tal dominieren felsenreiche Wacholderhänge. Die Landschaft entwickelte sich über Jahrhunderte durch intensive Beweidung mit Schafen und Ziegen. Die Kalkmagerrasen bilden blütenreiche Biotope.

Zur Forststraße Vom **A Wanderparkplatz Kleinziegenfeld** mi Picknickplatz und Informationstafel beginnen wir die Natur erlebniswanderung abwärts über den kleinen Weismain in Richtung Weihersmühle mit der Markierung Nr. 4. Am Fuß des Wacholderhangs geht es auf dem kleinen Pfad nach links. Bald laufen wir unter Schwarzerlen und Weiden entlang des Weismains, der hier noch ein kleiner Bach ist. An einem Mühlweiher schauen wir auf die idyllische Schwarzmühle. Eine **1 Forststraße** überqueren wir um ein paar Meter nach links versetzt. Im Blick zurück sehen wir das nette Ensemble um die Schwarzmühle mit der Maria-Hilf-Kapelle im Hintergrund.

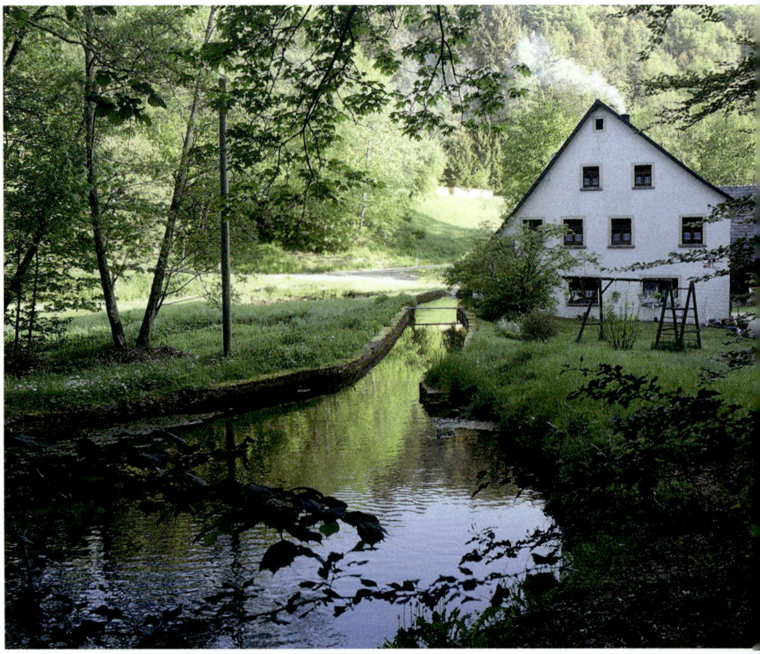

Zur Schrepfersmühle Wieder laufen wir entlang des Weismains auf dem Tal-Mühlenweg in Richtung Weihersmühle. Auf der rechten Seite ragt der hohe Kletterfelsen Rote Wand empor. Auf der anderen Seite des Tals steht der Steinerne Mönch im Steilhang. Um diesen Felsen rankt sich die Sage, dass dort einst ein Einsiedler wohnte, der Christus an seinem Todestag auf dem Weg durch das Kleinziegenfelder Tal von der Türe wies und daraufhin versteinerte.

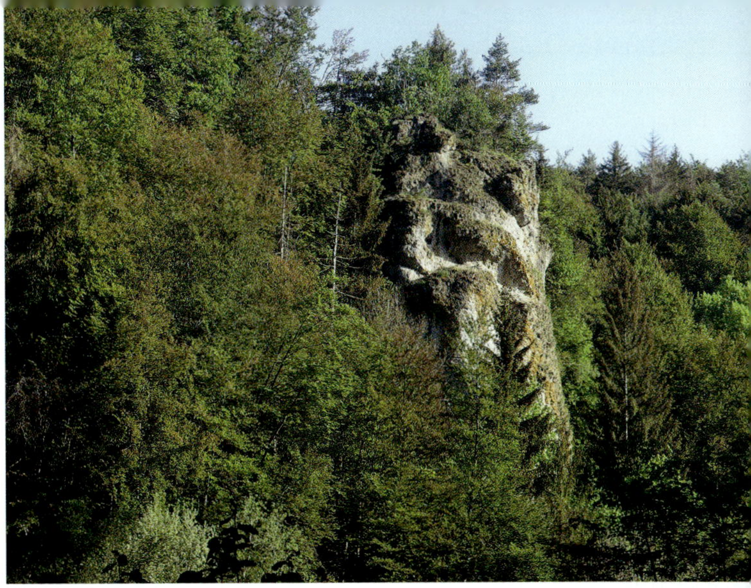

Der sagenhafte Felsen Steinerner Mönch

Linke Seite: An der idyllischen Schwarzmühle im Kleinziegenfelder Tal

Weitere hohe Felsen auf der rechten Seite sind der Rolandfelsen, der Hainfelsen und der Bärenknockfelsen. Einige der Felstürme sind anspruchsvolle Kletterfelsen. Gegenüber sind auf dem Heidenknock ein keltischer Abschnittswall und die Reste einer mittelalterlichen Spornburg. Durch einige kunstvolle Dämme im Weismain haben sich die Biber ihren Lebensraum geschaffen. Der Wanderweg bleibt gerade noch trocken. Unser Weg verläuft bald entlang des kleinen Mühlbachs zur idyllischen Schrepfersmühle. Auf der anderen Seite des Tals ragt der Kirchturm des höher liegenden Dorfs Arnstein über die Bäume. Wenn wir nicht einkehren, gehen wir an der Weggabelung vor der ❷ **Schrepfersmühle** rechts weiter in Richtung Weihersmühle.

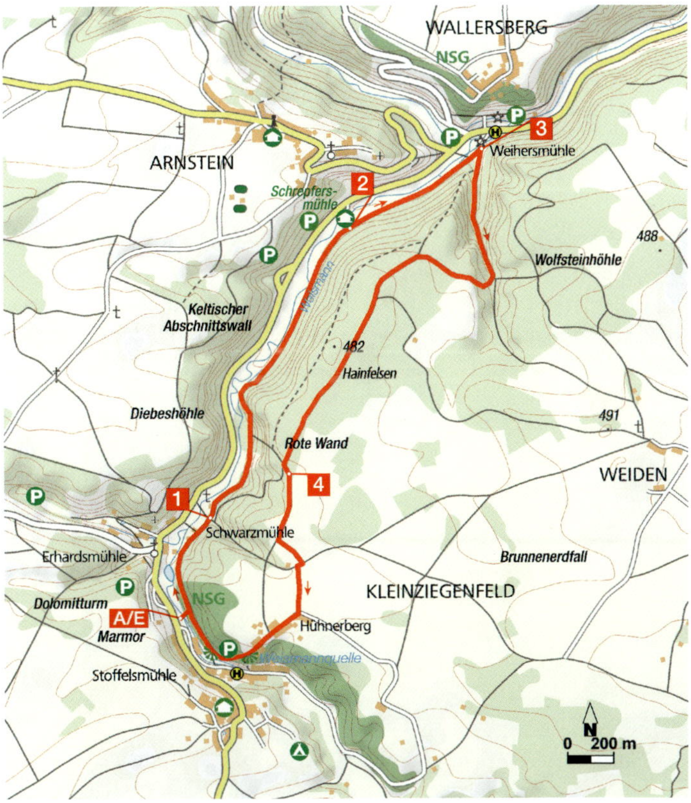

Nach Weihersmühle Die Ansiedlung Weihersmühle besteht aus der alten Mühle, die einst auch ein Gasthaus war, und aus ein paar anderen Häusern. An der Weggabelung kurz vor dem ersten Gebäude von ❸ **Weihersmühle** wandern wir in spitzem Winkel rechts aufwärts mit der Markierung gelbes Kreuz in Richtung Kleinziegenfeld.

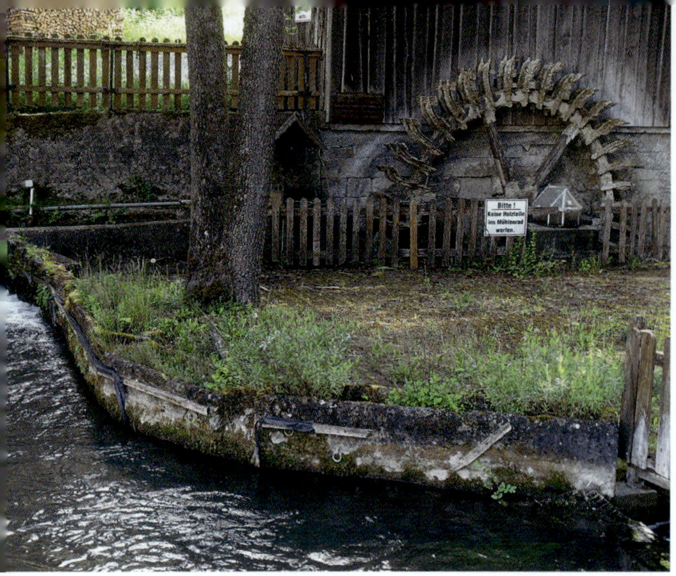

Zum Feldrand In dem steilen Taleinschnitt tangieren wir die Wolfsteinhöhle in hohen Felswänden. An einer Weggabelung müssen wir scheinbar ohne Markierung rechts hinauf, entdecken aber nach 20 Metern wieder das gelbe Kreuz an einem Baum auf der linken Seite. Oben am Waldrand bleiben wir geradeaus und am Ende der Lichtung mit der Markierung gelbes Kreuz ebenfalls geradeaus, jetzt aber abwärts. An zwei Weggabeln wenden wir uns jeweils nach links. Dann laufen wir fast einen Kilometer weit auf der ebenen Forststraße geradeaus. Nachdem sich die Forststraße abwärtsneigt, gehen wir an der Weggabelung mit der Markierung 4 in Richtung Kleinziegenfeld links zum nahen ❹ **Feldrand**.

Die Weihersmühle ist keine Mühle und leider auch kein Gasthaus mehr.

Zum Wanderparkplatz Kleinziegenfeld Am Feldrand geht es rechts entlang und an einer T-Kreuzung auf einer gepflasterten Straße rechts in Richtung der ersten oberen Häuser von Kleinziegenfeld. An der Kreuzung bleiben wir mit der Markierung Nr. 4 geradeaus und steigen am Haus Nr. 21 links vor der Leitplanke auf dem kleinen Pfad in den Wacholderhang hinunter. Das gesamte 12 Kilometer lange Kleinziegenfelder Tal steht unter Naturschutz, wobei die Wacholderhänge eine wichtige Stelle einnehmen. Um diese Kulturlandschaft zu erhalten, werden regelmäßig Schafe eingesetzt. Nach 15 Metern wandern wir an der Gabelung der Pfade rechts abwärts. Am nächsten Abzweig bleiben wir rechts oben zwischen den Felsen. Nach der Bank auf dem Felsvorsprung sehen wir links unten im Kleinziegenfelder Ortsteil Grund eine quadratische Einfassung mit Geländer. Dies ist die Quelle des Weismains, die einst zur Trinkwasserversorgung des Dorfs genutzt wurde. Der Weismain mündet bei Altenkunstadt in den Main (nicht zu verwechseln mit dem langen Fluss Weißer Main). Auf dem nächsten Felsen steht die Figur des Radfahrers Claudius. Die

Der Wanderweg führt an den Wolfsteinhöhlen vorbei.

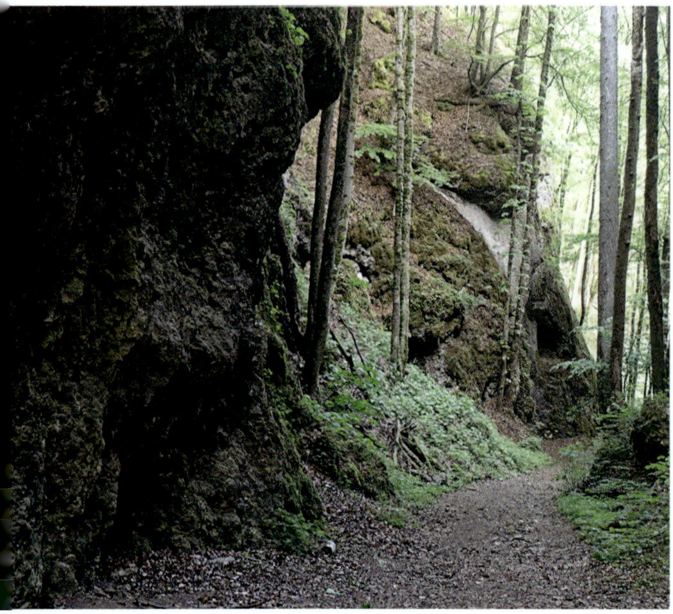

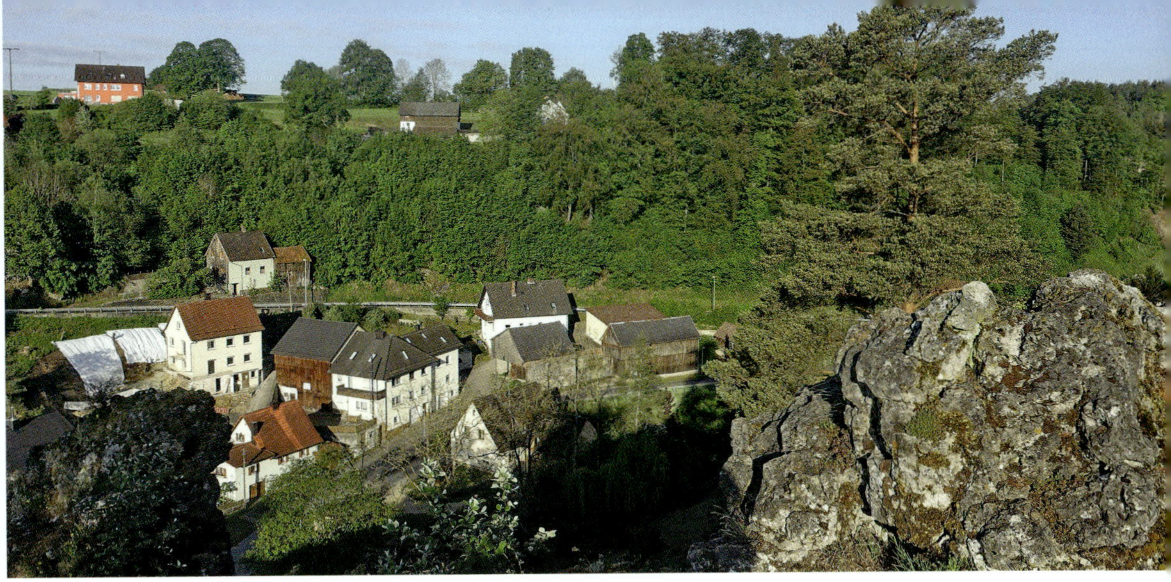

In den Felsköpfen über Kleinziegenfeld

erste Radfahrerstatue soll schon 1905 errichtet worden sein. Heute ist der Radfahrer das Wahrzeichen des Kleinziegenfelder Tals. Links unten das Haus mit dem schwarzen Walmdach ist eine Mühle, an deren Vorderseite sich noch das Mühlrad dreht. Weiter vorne sehen wir bereits den E **Wanderparkplatz Kleinziegenfeld**, an dem wir schnell wieder unten sind. Westlich gegenüber des Wanderparkplatzes liegt versteckt der Kleinziegenfelder Steinbruch, in dem der Kleinziegenfelder Dolomit gewonnen wurde. Zur Verwendung kam der Stein an vielen öffentlichen Gebäuden, wie zum Beispiel am Karlstor und an der Residenz in München oder am Bamberger Dom.

Kulturlandschaft Wacholderhänge

Das Kleinziegenfelder Tal ist geprägt von geschützten Trocken- und Halbtrockenrasenhängen mit Wacholderbeständen. Diese Hänge entstanden über mehrere Jahrhunderte durch die intensive Beweidung mit Schafen, wodurch sich keine üppige Vegetation entwickeln konnte. Es sind Biotope, die sich an trockenen, nährstoffarmen, meist kalkreichen Standorten ausbilden. Auf diesen Kalkmagerrasen wachsen niedrige Kraut- und Halbstrauchpflanzen. Typisch sind Arten der Steppenvegetation, aber auch Orchideen. Auf den Magerstandorten kommen Akelei, Bergaster, einige Enzianarten, Golddistel, Küchenschelle, Ausdauernder Lein, verschiedene Orchideen, Pfingstnelke, Weißes und Rotes Waldvöglein vor. Kalkmagerrasen gehören zu den Lebensräumen mit den meisten Tagfalterarten. Die offenen, unverbuschten Kalkfelsen bilden auch das natürliche Biotop des seltenen Apollofalters, das letzte Vorkommen in Franken. Die Raupen des Apollofalters sind auf die Weiße Fetthenne (*Sedum album*) als Futterpflanze angewiesen, die in den felsigen Bereichen der Hänge wächst.

21

Leicht 2:30 Std. 160 Hm 7,3 km

Besonderer Genuss: Kultur am Wegrand

Tourencharakter
Leichte, vorwiegend schattige Tour, größtenteils auf Pfaden und Forststraßen durch Wälder und Wiesen. Im Ortsgebiet auf Straßen

Ausgangs-/Endpunkt
Wanderparkplatz Gasthaus Schwarzer Ritter,
GPS N49°53'12.8" E1°20'29.8",
Höhe 365 m ü. NN

Anfahrt
Auto Auf der A9 zur Ausfahrt 43 Trockau und auf der St2184, St2185 und St2191 nach Plankenfels
Bahn Nach Bayreuth und mit dem **Bus** Linie 376 nach Plankenfels (www.bahn.de)

Gehzeiten
Gasthof Schwarzer Ritter – Burgstall Plankenstein 0:25 Std. – Plankenstein 0:10 Std. – Talweg 0:20 Std. – Brücke 0:45 Std. – Schloss Plankenfels 0:35 Std. – Gasthof Schwarzer Ritter 0:15 Std.

Einkehr in Plankenfels
Gasthof Schwarzer Ritter, Berggasse 2, Tel. 0173/57 59 516
Landgasthof Goldenes Lamm, Hauptstraße 9, Tel. 09204/257, www.gasthof-goldenes-lamm.de

Karten
Fränkische Schweiz, UK L 29, 1:50 000 (www.lvg.bayern.de)
Fränkische Schweiz Süd, Nr. 53, 1:50 000 (www.fritsch-landkartenverlag.de)

Touristinformation
Marienplatz 18, 96142 Hollfeld, Tel. 09274/980 15, www.hollfeld.de, www.plankenfels.de

Auf den Burgstall Plankenstein

Runde an der Wiesent und auf den Höhen

Die meist einsame Wanderung tangiert eine Mühle und ein Landschloss an der Wiesent in Plankenfels. Der Aussichtspunkt Burgstall Plankenstein zeigt die nördliche Fränkische Schweiz und das Tal der Lochau und der Wiesent.

Zum Burgstall Plankenstein Vom Parkplatz am Ⓐ **Gasthof Schwarzer Ritter** beginnen wir die Wanderung rechts neben der Bushaltestelle nach Norden mit der Markierung gelber Ring in Richtung Lochautal. Gleich wählen wir den rechten Weg unter der Brücke durch und schauen links in das malerische Lochautal. Dann gehen wir rechts an den Garagen vorbei und links mit der Markierung gelber Ring in Richtung Plankenstein im Wald aufwärts. Weiter oben laufen wir an einer Wiese entlang und wandern an der Weggabelung vor den Felsen links zum Aussichtspunkt ❶ **Burgstall Plankenstein**. Hier breitet sich eine fantastische Aussicht in das Wiesenttal aus.

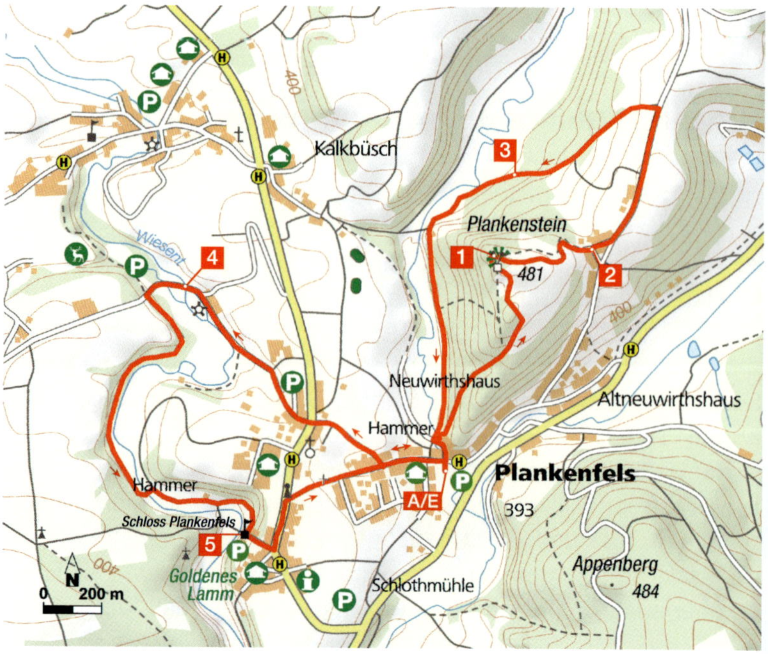

Zum Dorf Plankenstein An dem breiten Liegestuhl führt ein Weg vom Burgstall hinunter zum kleinen Dorf 2 **Plankenstein**, wo wir uns zweimal nach links wenden.

Zum Talweg Wir laufen aus dem Dorf hinaus und an dem niedrigen Trafohäuschen in spitzem Winkel links über die Felder und durch Wald hinab und erreichen im Tal der Lochau den 3 **Talweg**, auf dem wir links in Richtung Plankenfels weiterwandern.

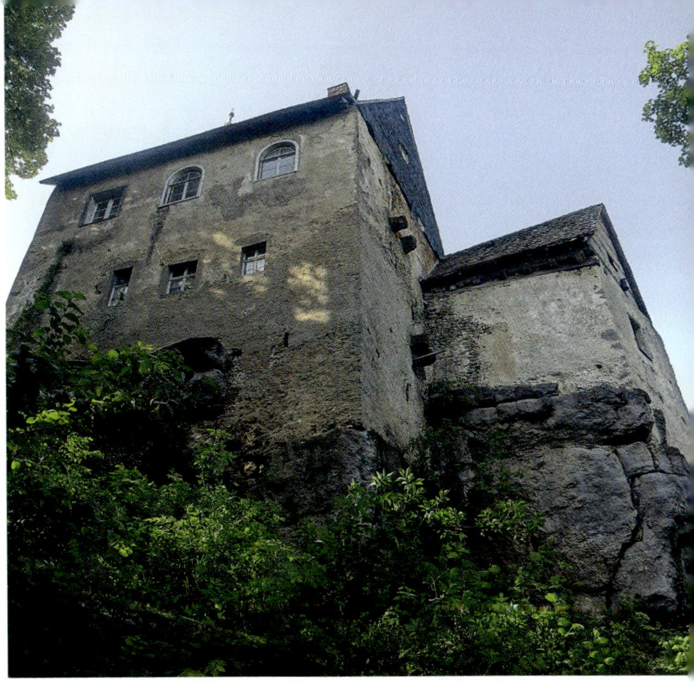

Schloss Plankenfels steht hoch über der Wiesent.

Zur Brücke über die Wiesent Schließlich erreichen wir am Ende des Lochautals wieder die Bushaltestelle und gehen rechts auf der Bayreuther Straße am Gasthaus Schwarzer Ritter vorbei aufwärts. Nach dem Haus Nr. 13a müssen wir auf dem Lindenweg mit der Markierung grüner Punkt rechts hinauf in Richtung Sportheim. Oben überqueren wir die Straße St 2191 in den Neumühlweg. Nach dem Sägewerk Neumühle überschreiten wir auf einer 4 **Brücke** die Wiesent.

Zum Schloss Plankenfels 70 Meter nach einer weiteren Brücke wandern wir links an der Wiesent entlang auf dem Romantischen Mühlenweg RW 2. Rechts stehen die Felsen der Schwammriffe der einstigen Hollfelder Meeresbucht. Schließlich überqueren wir auf einer Brücke in den Wiesen wieder die Wiesent und gehen an der Bank rechts. Vor der nächsten Brücke bleiben wir mit der Markierung RW 2 links und sehen bald das Schloss Plankenfels über der Wiesent. Auf einer Treppe steigen wir zum 5 **Schloss Plankenfels** hinauf.

Zum Gasthof Schwarzer Ritter Vom Schloss gehen wir auf dem Schloßanger geradeaus und am Gasthof Goldenes Lamm auf der Hauptstraße links. Nach 150 Metern schlendern wir am Kriegerdenkmal rechts auf der Bayreuther Straße abwärts zum Parkplatz am E **Gasthof Schwarzer Ritter** zurück.

Schloss Plankenfels

Das Schloss war eine Grenzfestung zwischen dem Bischöflichen Bamberger- und dem Kulmbacher-Bayreuther Gebiet. Da die Herren von Plankenfels urkundlich erstmals mit Konrad von Plankenfels im Jahre 1255 genannt wurden, ist davon auszugehen, dass zu dieser Zeit schon eine Burg an der Stelle des heutigen Schlosses stand. Das Schloss ist heute in Privatbesitz.

22

Kellerwanderung am Kreuzberg

Bierkeller und Aischgründer Karpfen

Leicht | 1:50 Std. | 90 Hm | 5,6 km

Besonderer Genuss: Einkehr

Tourencharakter
Leichte, meist sonnige Tour auf Feldwegen und Straßen

Ausgangs-/Endpunkt
Parkplatz Kreuzberg-Ost, GPS N49°45'28.0" E10°57'41.9", Höhe 310 m ü. NN

Anfahrt
Auto Auf der A73 zur Ausfahrt 26 Buttenheim und auf der St2264 zum Kreuzberg
Bahn Nach Forchheim und mit dem **Bus** Linie 265 nach Stiebarlimbach (www.bahn.de)

Gehzeiten
Parkplatz Kreuzberg-Ost – Bierkeller Roppelt 0:30 Std. – Brauereigasthaus Roppelt 0:10 Std. – Landstraße FO 10 0:40 Std. – Kreuzbergkirche 0:20 Std. – Parkplatz Kreuzberg-Ost 0:10 Std.

Einkehr in Hallerndorf
Lieberth-Keller, Kreuzbergstraße, Tel. 09545/70746, www.franzis-keller.de
Rittmayer-Keller, Kreuzberg 3, www.rittmayerkeller.de
Brauhaus am Kreuzberg, Kreuzberg 1, Tel. 09545/4736, www.brauhaus-am-kreuzberg.de

Karten
Fränkische Schweiz südlicher Teil, UK 50 11, 1:50000 (www.lvg.bayern.de)
Fränkische Schweiz Süd, Nr. 53, 1:50000 (www.fritsch-landkartenverlag.de)

Touristinformation
Von-Seckendorf-Straße 10, 91301 Hallerndorf, Tel. 09545/44390, www.hallerndorf.de

Die Wanderung auf den Kreuzberg mit seinen Bierkellern ist eine echte Genusstour. In Monaten mit einem »R« im Namen gibt es in den Gasthäusern der Umgebung den Aischgründer Karpfen, zum Beispiel aus den Stiebarlimbacher Teichen, an denen wir entlangwandern.

Zum Bierkeller Roppelt Vom Ⓐ **Parkplatz Kreuzberg-Ost** starten wir auf der Straße nach Osten hinunter an der Statue des Kreuzschleppers vorbei und nach 200 Metern rechts durch die Felder. An der T-Kreuzung an der großen Eiche wandern wir rechts nach Westen auf Stiebarlimbach zu. In einer Linkskurve an zwei Eichen bleiben wir auf einer Fahrspur geradeaus und gelangen zu den Stiebarlimbacher Teichen, in denen die berühmten Aischgründer Karpfen schwimmen. Die Karpfenzucht im Aischgrund hat eine lange Tradition. Im 8. Jahrhundert erging durch Karl den Großen der Erlass, die Teichwirtschaft zu fördern. Vor allem die

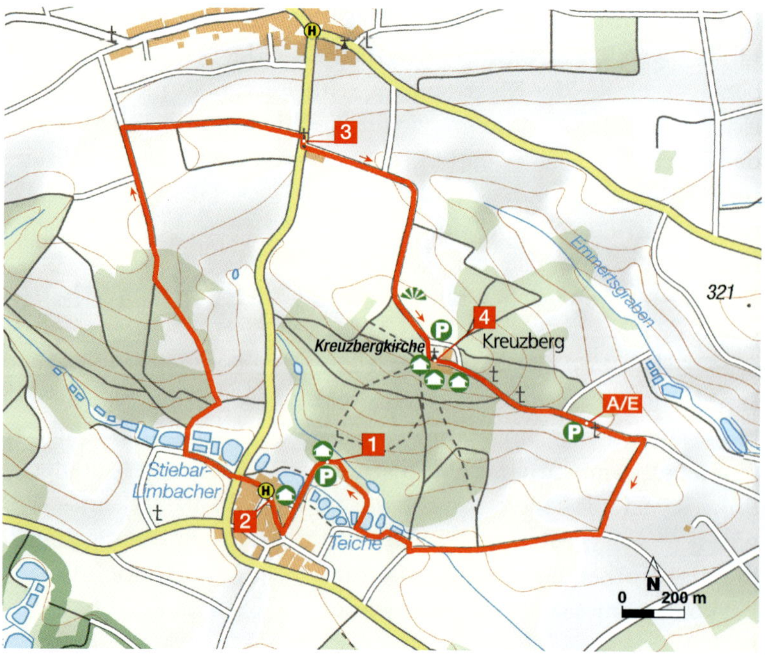

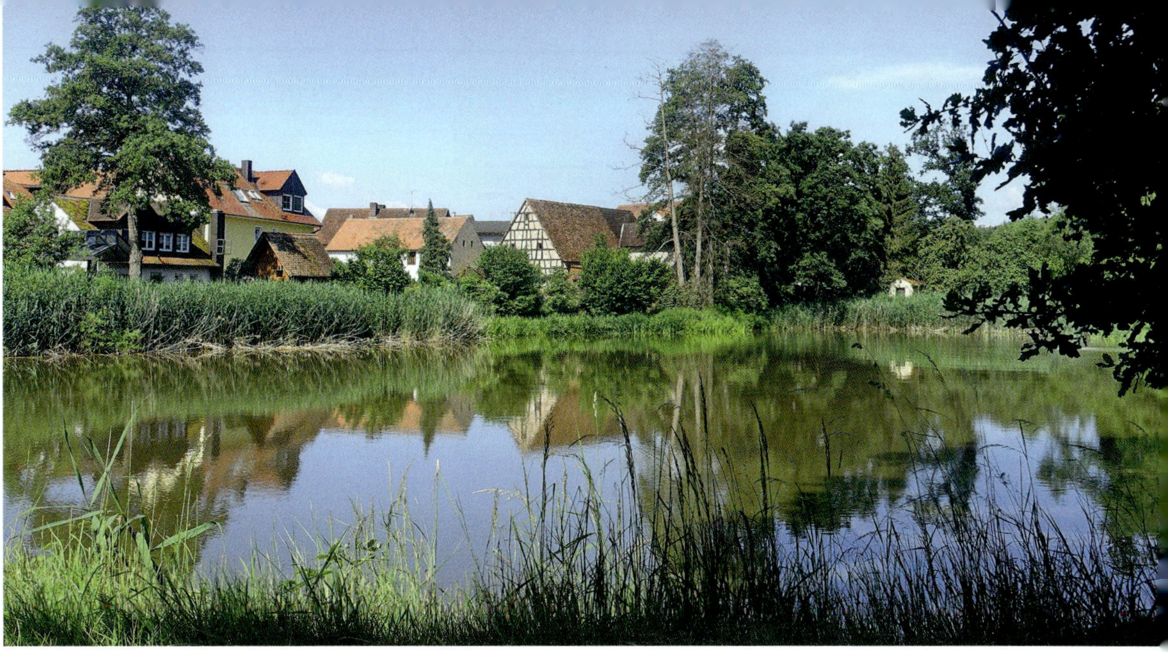

Klöster legten als Landbesitzer neue Teiche an. Besonders gut gelang dies in den lehmigen Böden des Aischgrunds. Die Wasserversorgung geschieht bis heute durch die Aisch und deren Nebenbäche. In drei Jahren erreicht der Karpfen sein Schlachtgewicht von 1000 bis 1500 Gramm. In den meisten Wirtshäusern der Gegend wird der Karpfen knusprig in Butterschmalz gebacken und mit hausgemachtem Kartoffelsalat serviert. Aber auch blau in Wurzelsud zubereitet oder als Filet ist er sehr beliebt. Die Zeit, in der diese typisch fränkische Spezialität angeboten wird, reicht von Anfang September bis Ende April (alle Monate mit einem »R« im Namen). Nach dem zweiten Weiher können wir rechts zwischen den Weihern nach Norden und in einem Linksbogen am Waldrand zum ❶ **Bierkeller Roppelt** gelangen. Hier gibt es Kellerbiere und fränkische Spezialitäten wie *Schäuferla* (Schweineschulter), *Knöchla* (Eisbein), Schweinehaxen, Bratwürste oder Räucherfleisch mit *Bohnakern* mit *Glöß* (dicke Bohnen mit geräuchertem Schweinebauch, Soße und Klößen) oder eine zünftige Hausmacher-Brotzeit mit frischem Bauernbrot.

In den Stiebarlimbacher Teichen schwimmen Aischgründer Karpfen.

Auf dem Bierkeller Roppelt findet man schattige Plätze.

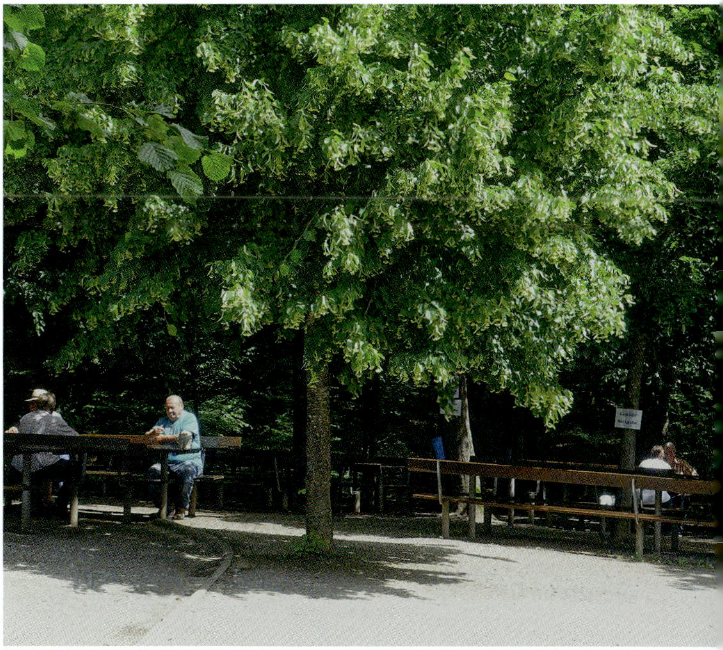

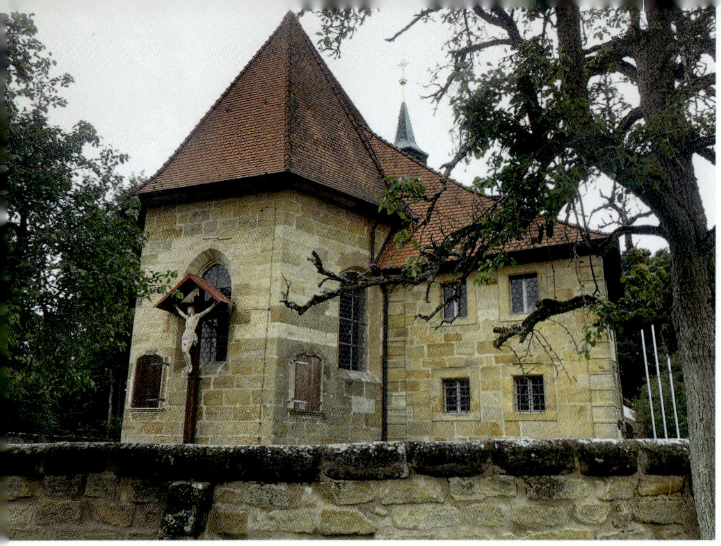

Die Wallfahrtskirche auf dem Kreuzberg hat eine lange Geschichte.

Zum Brauereigasthaus Roppelt Vom Bierkeller laufen wir über den Parkplatz und geradeaus nach Stiebarlimbach hinein. Nach der Brauerei Roppelt gehen wir in spitzem Winkel rechts zum ❷ **Brauereigasthaus Roppelt**. Hier stehen in den angesagten Monaten der Aischgründer Karpfen aus eigenen Weihern und Wildgerichte auf der Speisekarte.

Zur Landstraße FO 10 Vom Gasthaus Roppelt wandern wir an der Bushaltestelle vorbei nach Westen und geradeaus über die Landstraße. Nach einer Scheune und nach einem Weiher gehen wir rechts und am Waldrand aufwärts. Oben geht es in den Wald hinein und an der Weggabel wieder rechts. 350 Meter nach dem Wald müssen wir vor dem Dorf Schnaid rechts und überqueren nach rechts versetzt wieder die ❸ **Landstraße FO 10**.

Zur Kreuzbergkirche Die Straße führt mit der Markierung des Jakobswegs in einem Rechtsbogen hinauf zum Parkplatz vor der ❹ **Kreuzbergkirche**. Die gotische Kreuzbergkirche wurde 1463 an Stelle einer bereits 1430 erwähnten Wallfahrtskapelle erbaut. Aus der Blütezeit der Kreuzbergwallfahrt werden bis zu 23 Wall-

Geschichte der Bierkeller am Kreuzberg

1463 wurde auf dem Kreuzberg die Kapelle zum Heiligen Kreuz erbaut und von Anfang an setzte eine rege Wallfahrt ein. Zum Fest der Kreuzerhöhung fand an der Kapelle ein Jahrmarkt statt. Früher gab es am Kreuzberg vier Bierkeller, von denen heute nur noch drei bewirtschaftet sind. Am Fuß des Bergs ist in Stiebarlimbach der Bierkeller Roppelt. Damals dienten die Keller zur Bewirtung der Pilger und Jahrmarktbesucher. Dem Verlangen nach Rast kam der Schatten durch die Bäume zugute, die man gepflanzt hatte, um die Keller vor direkter Sonneneinstrahlung zu schützen. Die Bierkeller wurden zunehmend als Ausflugsziel interessant. Bis in die 60er-Jahre des 20. Jahrhunderts waren die Keller meist einfach ausgestattet und hatten nur an Sonn- und Feiertagen im Sommer geöffnet. Die Gäste tranken das Bier vom Wirt und brachten ihre eigene Brotzeit mit. Bei einigen Kellern gab es Naturkegelbahnen. Heute sind die Bierkeller auf dem Kreuzberg ein lohnendes Wanderziel, stehen doch fast immer ein kühles Bier, deftige Brotzeiten und fränkische Spezialitäten bereit.

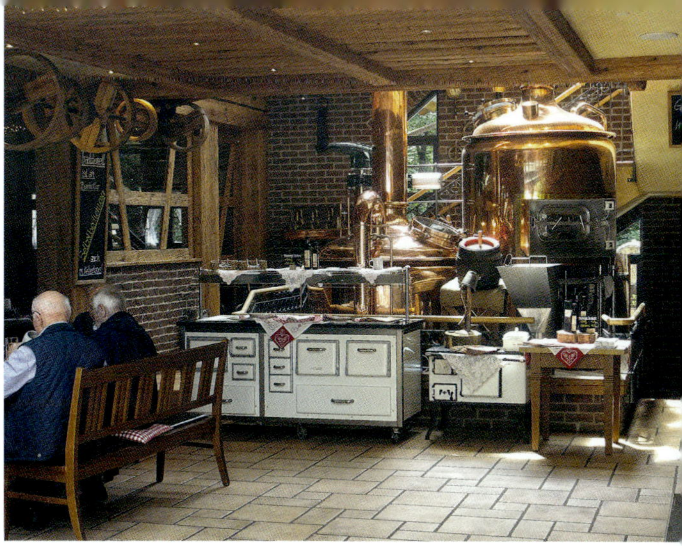

fahrten an einem Tag bezeugt. An den Außenwänden der Wallfahrtskirche befinden sich 15 Nischen für die 14 Kreuzwegstationen und als Besonderheit eine fünfzehnte Station mit der Darstellung der Kreuzauffindung durch Kaiserin Helena. Der Kircheninnenraum wurde im 18. Jahrhundert in feinstem Spätbarock ausgeführt. Eine Tafel mit zehn Bildern erzählt die Legende von der Entstehung des Kreuzbergs, nach der im Dreißigjährigen Krieg die Kirche verschont blieb. Von anderen Wundern und zahlreichen Heilungen aus vergangenen Jahrzehnten zeugen die Votivgaben am Hochaltar. Heute ist die Kirche bei Brautpaaren für die Hochzeitsfeierlichkeiten beliebt. Unterhalb der Kirche sind die drei Bierkeller, zwischen denen die Auswahl schwerfällt. Egal für welchen man sich entscheidet: Süffiges, unfiltriertes Kellerbier, Brotzeit und fränkische Spezialitäten sind gesichert. Im Rittmayer-Keller gibt es außer den fränkischen Leckereien wie Schäuferla an bestimmten Tagen gegrillten Fisch. Auf dem Lieberth-Keller stammt Fleisch und Wurst aus eigener Metzgerei. *Riffala* (gegrillte Rippchen) mit Kraut und Kloß und *Zwetschgenbames* (geräucherter, luftgetrockneter Rinderschinken) stehen auf der Speisekarte. Bei schlechtem Wetter können ein paar Gäste im gemütlichen Kellerhaus mit Kachelofen sitzen. Im Brauhaus am Kreuzberg gibt es neben den üblichen Speisen eines fränkischen Kellers auch Ente und leckeren Sauerbraten vom Reh.

Im gemütlichen Brauhaus am Kreuzberg

Kapelle am Wanderweg auf den Kreuzberg

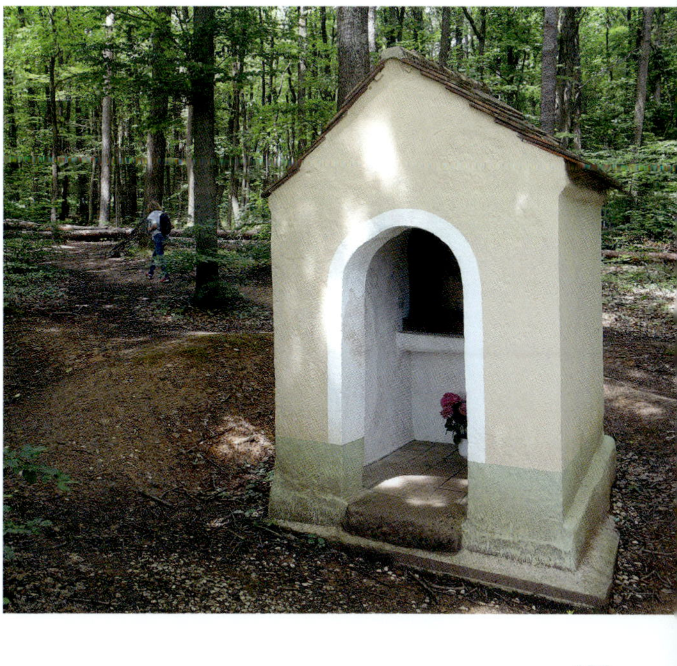

Zum Parkplatz Kreuzberg-Ost Nach dem Bierkeller schreiten wir noch aufrechten Ganges 400 Meter auf dem Sträßchen nach Osten hinunter zum **E Parkplatz Kreuzberg-Ost**. Wer noch nicht genug hat, findet weitere Bierkeller in der Umgebung. Zum Beispiel den Gartenkeller Rittmayer und den Dorfkeller Lieberth in Hallerndorf, die Kellerwaldschänke Lunz in Willersdorf und den Sommerkeller der Brauerei Witzgall in Schlammersdorf.

23

Panoramen über Streitberg

Zwei Burgruinen, eine Höhle und Fernblicke

Leicht 2:30 Std. 220 Hm 7,1 km

Besonderer Genuss: Ruhe und Natur

Tourencharakter
Leichte, vorwiegend sonnige Tour, meist auf befestigten Wegen durch Wälder und Wiesen mit Steigungen. Im Ortsgebiet auf Straßen

Ausgangs-/Endpunkt
Parkplatz Schwimmbad Streitberg, GPS N49°48'28.5" E11°13'27.0", Höhe 300 m ü. NN

Anfahrt
Auto Auf der A73 zur Ausfahrt Buttenheim und auf der St2960, St2260 und B470 nach Streitberg oder auf der A9 Ausfahrt 44 Pegnitz und auf der B2 und B470 nach Streitberg
Bus Mit der Linie 389 von Pegnitz oder Ebermannstadt nach Streitberg (www.bahn.de, www.ovf.de)

Gehzeiten
Parkplatz Schwimmbad – Pavillon 0:25 Std. – Binghöhle 0:10 Std. – Ruine Streitburg 0:25 Std. – Muschelquelle 0:15 Std. – Brücke 0:35 Std. – Ruine Neideck 0:25 Std. – Parkplatz Schwimmbad 0:15 Std.

Einkehr
Badcafé, Am Freibad 7, 91346 Streitberg, Tel. 0160/344 1000, www.badcafe-streitberg.de

Karten
Fränkische Schweiz südlicher Teil, UK L 29, 1:50000 (www.lvg.bayern.de)
Fränkische Schweiz Süd, Nr. 53, 1:50000 (www.fritsch-landkartenverlag.de)

Touristinformation
Forchheimer Straße 8, 91346 Muggendorf, Tel. 09196/929931, www.wiesenttal.de

Der erlebnisreiche Rundweg um Streitberg beschert wunderbare Aussichten über das Wiesenttal in der südlichen Fränkischen Schweiz. Auf Wunsch geht es auch unter die Erde zu Tropfsteinen in der Binghöhle. Die Burgruinen liegen sowieso am Weg.

Zum Pavillon Vom Parkplatz am Ⓐ **Schwimmbad** in Streitberg wandern wir unten über die Wiesen auf der Brücke über die Wiesent in Richtung Ortsmitte. Dann überqueren wir die Schienen der Museumsbahn und die B470. Nach links versetzt laufen wir auf der Straße Am Bürgerhaus nach Streitberg hinein. An der Kreuzung mit dem Kiosk bleiben wir geradeaus Richtung Binghöhle. Nach dem Gasthaus Schwarzer Adler geht es links auf einer Treppe in Richtung Binghöhle aufwärts. An der Kreuzung am Ende des Zauns bleiben wir geradeaus bergan. Kurz vor der Binghöhle können wir nach links auf einem romantischen Weg einen Abstecher zum Aussichtspunkt Pavillon machen (300 Me-

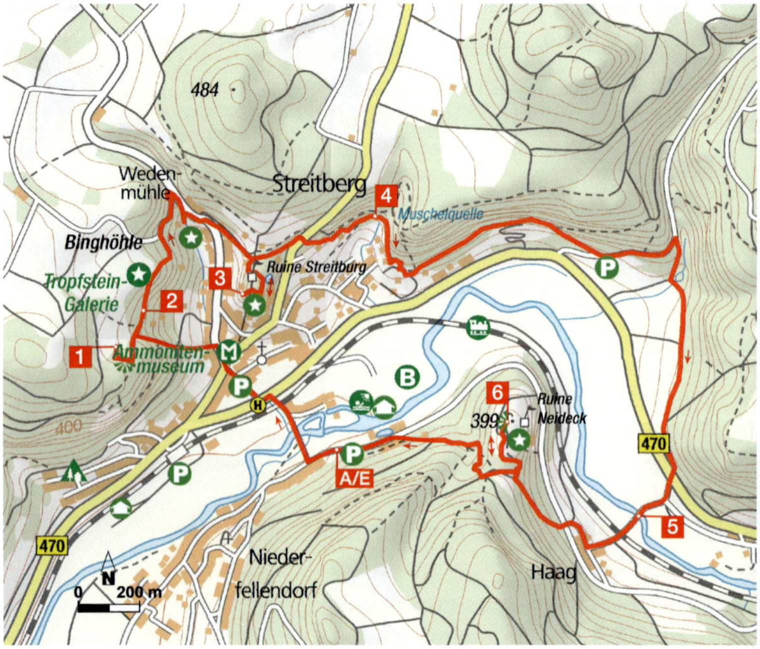

ter einfach bei einem Höhenunterschied von 35 Metern, nicht wie auf dem Wegweiser angeschrieben 900 Meter). Vom ❶ **Pavillon**, der nach Prinz-Rupprecht genannt ist, können wir über Streitberg im Wiesenttal bis Ebermannstadt schauen. Auch unsere nächsten Ziele, die Ruinen der Streitburg und Burg Neideck sind gut zu sehen.

Zur Binghöhle Vom Pavillon gehen wir wieder zurück und bleiben nun auf dem breiten Weg geradeaus aufwärts und kommen zur ❷ **Binghöhle**. Die wunderbare Tropfsteinhöhle kann nur im Rahmen von Führungen besichtigt werden, die aber fortlaufend stattfinden (April bis Oktober täglich von 10–17 Uhr. Die Temperatur beträgt auch im Sommer nur 9 °C, Tel. 09196/340, www.binghoehle.de).

Zur Ruine Streitburg Von der Höhle wandern wir weiter nach Norden über den Parkplatz der Binghöhle zur Schauertalstraße hinunter. Nach 70 Metern machen wir einen 100 Meter weiten Abstecher nach rechts entlang des Wedenbachs zu dem Wasserfall über das Kalktuff-Gestein (siehe Infokasten). Dann laufen wir auf der Schauertalstraße weiter abwärts und nach 100 Metern links auf der Straße aufwärts in Richtung Ruine Streitberg. Vor einem einzelnen Haus geht es rechts zur ❸ **Ruine Streitburg**. Im frühen 11. Jahrhundert auf dem Dolomit-Felsmassiv genau im Knick des Wiesenttals erbaut, war die Streitburg strategisch sehr wichtig. Sie wurde ebenso wie die Burg Neideck 1553 zerstört, später als Schloss im Renaissancestil wieder aufgebaut und während des Dreißigjährigen Kriegs niedergebrannt. Seitdem verfiel sie und die Steine wurden von den Streitbergern zum Hausbau verwendet. Heute sind nur noch das Burgtor und Teile der Mauern zu sehen. Vom Aussichtsplatz haben wir einen wunderschönen Blick auf das Wiesenttal und zur Ruine Neideck hinüber.

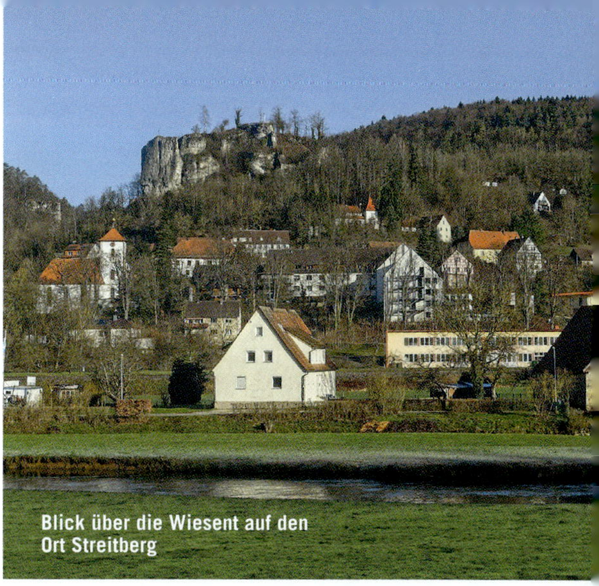

Blick über die Wiesent auf den Ort Streitberg

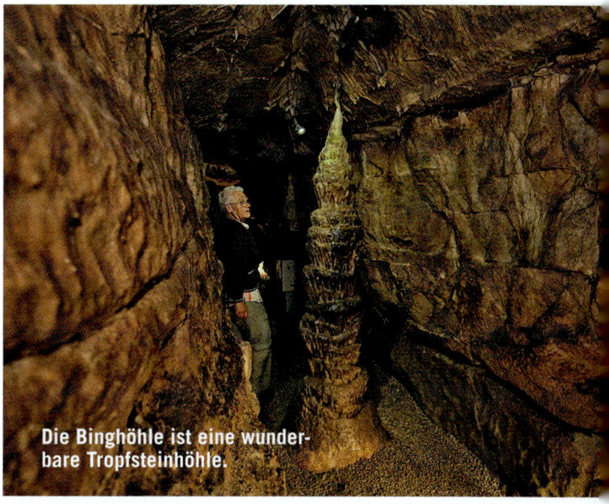

Die Binghöhle ist eine wunderbare Tropfsteinhöhle.

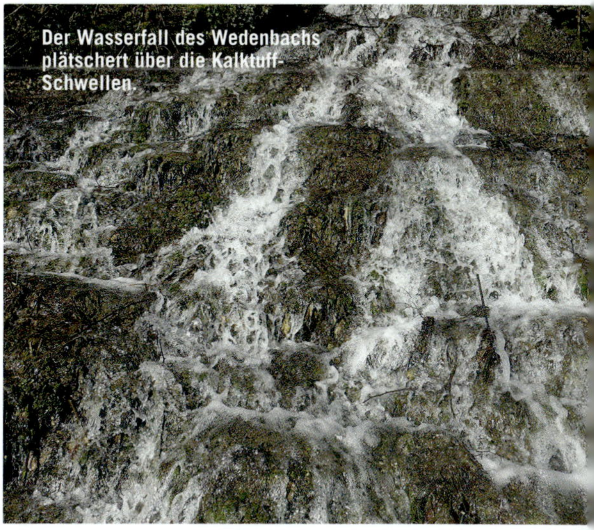

Der Wasserfall des Wedenbachs plätschert über die Kalktuff-Schwellen.

Zur Muschelquelle Von der Ruine Streitburg gehen wir hinunter und an der Kreuzung an dem einzelnen Haus rechts und gleich nochmals rechts in Richtung Muschelquelle. Nach einem Gartenhaus steigen wir rechts die Treppe hinunter und überqueren um 30 Meter nach links versetzt die Straße St 2186. Die ❹ **Muschelquelle** ist eine Karstquelle, an der sich lange Zeit Kalktuff abgelagert hat. Das Gestein wurde sogar abgebaut und für Gebäude verwendet. Auch das Quellhaus der Muschelquelle ist aus Kalktuff erbaut. Das Wasser diente noch bis in die 1960er-Jahre zur Trinkwasserversorgung der umliegenden Ortschaften.

Zur Brücke Von der Quelle wandern wir auf dem ebenen Weg weiter in Richtung Muggendorf und bleiben auch an Abzweigen immer in dieser Richtung. An einem hohen Kletterfelsen steigen wir rechts hinunter in Richtung Talweg Muggendorf. Der Pfad endet an einem Wanderparkplatz an einer Forststraße, der wir nach links aufwärtsfolgen. Von hier haben wir einen schönen Blick zur Burgruine Neideck. Nach 300 Metern geht es rechts auf einer Treppe in Richtung Ruine Neideck hinab. Weiter unten laufen wir links auf einem Steg über den Güßgraben. Nach 500 Metern können wir an

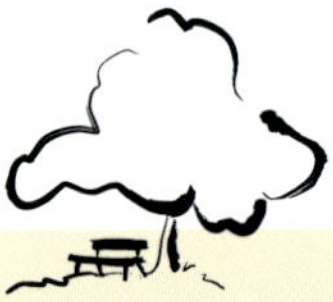

Lust an der Geologie

Kalktuff ist ein sekundäres Gestein, weil primäre Kalksedimente nach chemischer Kohlensäure-Lösung in einer Ausfällung erneut sedimentiert werden. Kalktuffe haben keine deutliche Schichtung, zeigen teilweise blumenkohlartige Oberflächen und weisen Hohlräume auf. Das Gestein enthält versteinerte Pflanzen und Kleintiere, wie Schnecken. Wenn kalkhaltiges Wasser aufgewirbelt wird, entweicht Kohlendioxid. Dies geschieht auch, wenn Wasser über Moosteppiche fließt und die Pflanzen für ihre Fotosynthese dem Wasser Kohlendioxid entziehen. In diesen Fällen steigt der pH-Wert des Wassers, die Löslichkeit von Kalk sinkt und der Kalk fällt aus. Der Kalk legt sich als feinkristalline Kruste um alles Kleinmaterial wie Sand oder Moose. Kalksinter ist im Gegensatz zu Kalktuff in der Struktur geschichtet. Kohlensäurehaltiges Wasser nimmt im spröden Kalkgestein eines Karstsystems die Karbonate bis zur Sättigung auf. Gerät der gelöste Kalk an einer Karstquelle unter andere Umgebungsbedingungen, kann er durch chemische Ausfällung erneut in Schichten abgelagert werden.

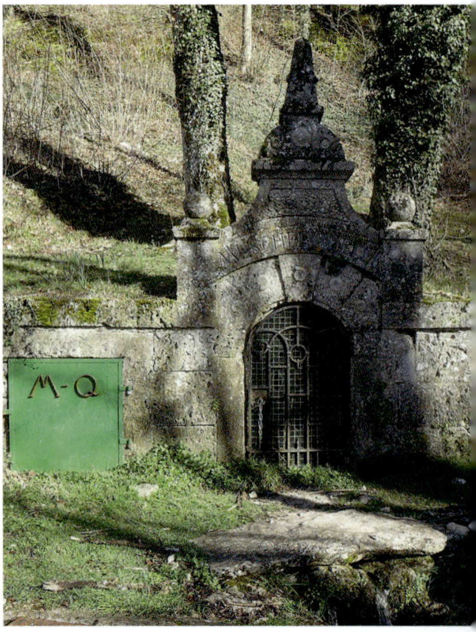

Unten: Das Quellhaus der Muschelquelle ist aus Kalktuff erbaut.

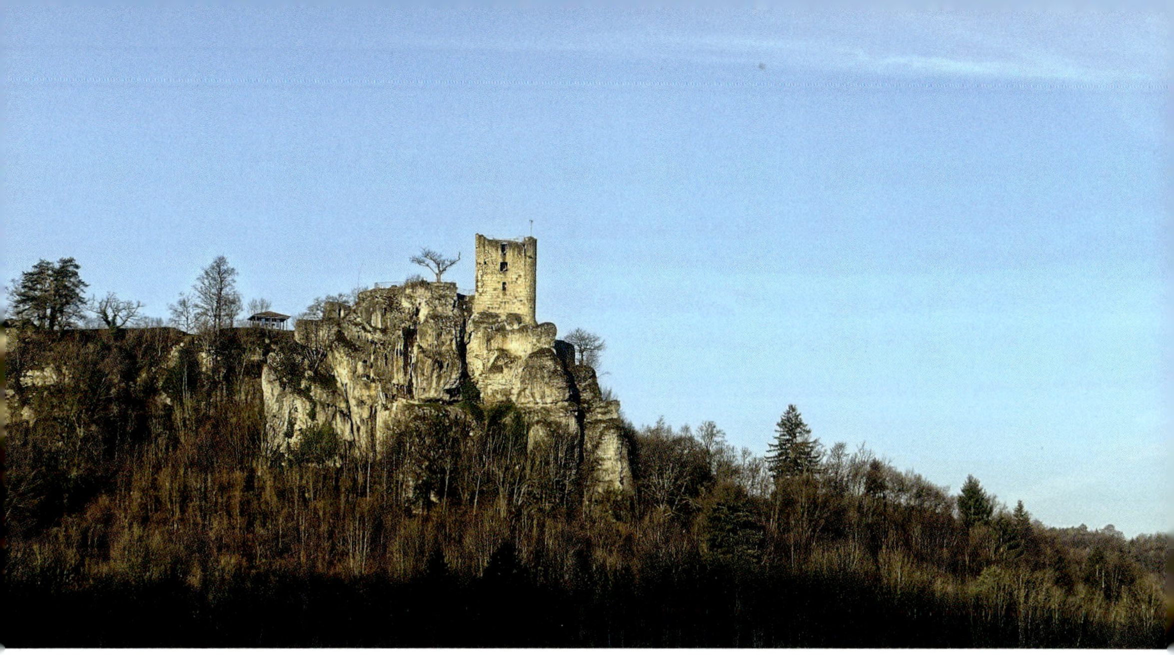

einem Abzweig rechts zur B470 hinunter, überqueren sie und gehen Richtung Ruine Neideck auf den Weiler Haag auf der anderen Seite des Tals zu. Auf einer 5 **Brücke** überqueren wir die Wiesent.

Vom Talweg nach Muggendorf besteht ein wunderbarer Blick zur Burgruine Neideck.

Zur Ruine Neideck Im Weiler Haag halten wir uns rechts und steigen nach dem letzten Haus links hinauf zum Wahrzeichen der Fränkischen Schweiz, der 6 **Ruine Neideck**. Die Burganlage ist viel größer, als man von unten ahnt. Sie wurde erstmals 1219 urkundlich erwähnt. Dieser strategische Felsen war allerdings schon mindestens ab dem 12. Jh. v. Chr. besiedelt. Hier wurde auch Marmor aus einem Bruch auf der Neideck abgebaut, der zum Bau der Würzburger Residenz und der Gößweinsteiner Basilika genutzt wurde. Wir haben wieder gute Aussicht, diesmal hinüber zur Streitburg und zum ehemaligen Kurort Streitberg.

Aussicht von der Streitburg über Streitberg in das untere Wiesenttal

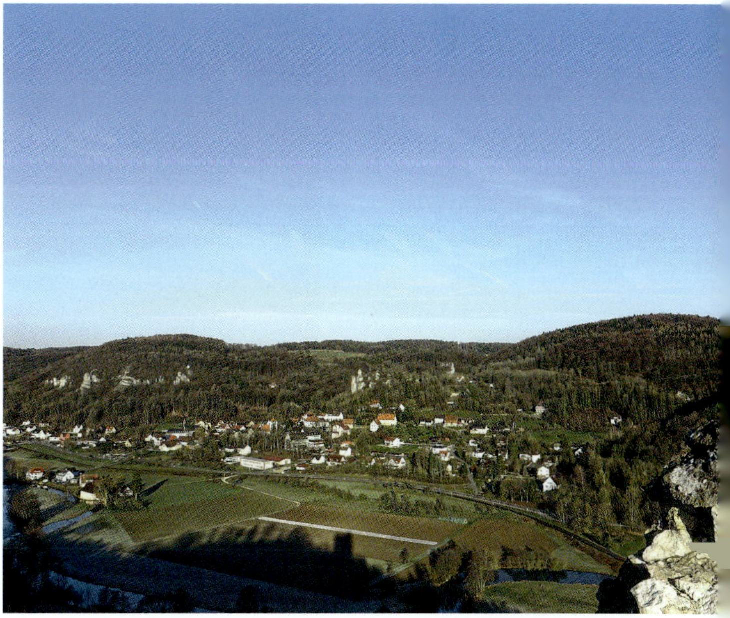

Zum Parkplatz am Schwimmbad Wir steigen von der Ruine Neideck wieder hinunter und wenden uns am ehemaligen unteren Tor rechts aufwärts in Richtung Streitberg. An einer T-Kreuzung steigen wir rechts hinunter zum E **Schwimmbad** in Streitberg.

24

Im »Muggendorfer Gebürg«

Wanderung zwischen Wiesent und Aufseß

Mittel | 3:30 Std. | 370 Hm | 10,7 km

Besonderer Genuss: Kultur am Wegrand

Tourencharakter
Mittelschwere, meist sonnige Tour mit Steigungen auf Pfaden und Wegen durch Wälder und Wiesen. Im Ortsgebiet auf Straßen. Trittsicherheit und feste Schuhe erforderlich

Ausgangs-/Endpunkt
Parkplatz Doos, GPS N49°48'38.2" E11°17'42.4", Höhe 343 m ü. NN

Anfahrt
Auto Auf der A73 zur Ausfahrt 27 Forchheim-Nord und auf der B470 und St2191 nach Doos
Bahn Nach Ebermannstadt und mit dem **Bus** Linie 233 nach Doos (www.bahn.de)

Gehzeiten
Parkplatz Doos – Riesenburg 0:25 Std. – Dorflinde Engelhardsberg 0:25 Std. – Quackenschloss 0:25 Std. – Hohes Kreuz 0:50 Std. – Pavillon 0:30 Std. – Parkplatz Doos 0:55 Std.

Einkehr
Biohof Beyer, Engelhardsberg 42, 91346 Wiesenttal
Gasthof Zur Wolfsschlucht, Wiesentweg 2, 91346 Muggendorf, Tel. 09196 324, www.gasthof-zur-wolfsschlucht.de

Karten
Fränkische Schweiz südlicher Teil, UK L 29, 1:50 000 (www.lvg.bayern.de)
Fränkische Schweiz Süd, Nr. 53, 1:50 000 (www.fritsch-landkartenverlag.de)

Touristinformation
Forchheimer Straße 8, 91346 Wiesenttal, Tel. 09196/929931, www.wiesenttal.de

Die Fränkische Schweiz wurde bis zum Beginn des 19. Jahrhunderts »Muggendorfer Gebürg« nach dem ältesten Fremdenverkehrsort der Region genannt. Am Weg dieser Wanderung gibt es Höhlen, markante Felsformationen und Aussichtspunkte.

Zur Riesenburg Vom **A Wanderparkplatz Doos** starten wir nach Norden auf dem Steg über die Aufseß und vor dem ehemaligen Café rechts über die Straße St2191. Links des grünen Umkleidehäuschens des einstigen Bads können wir auf einem Steg über die Wiesent und folgen dem Weg rechts in Richtung Schottersmühle nach Süden flussabwärts. Rechts unten mündet nach dem Turbinenhaus der natürliche Kalksteinbach Aufseß in die Wiesent. Hier rauscht die Aufseß über eine Kalktuff-Stufe über die einst der Doos, ein drei Meter hoher Wasserfall flutete. Der Tuffstein an der Mündung der Aufseß wurde jedoch im

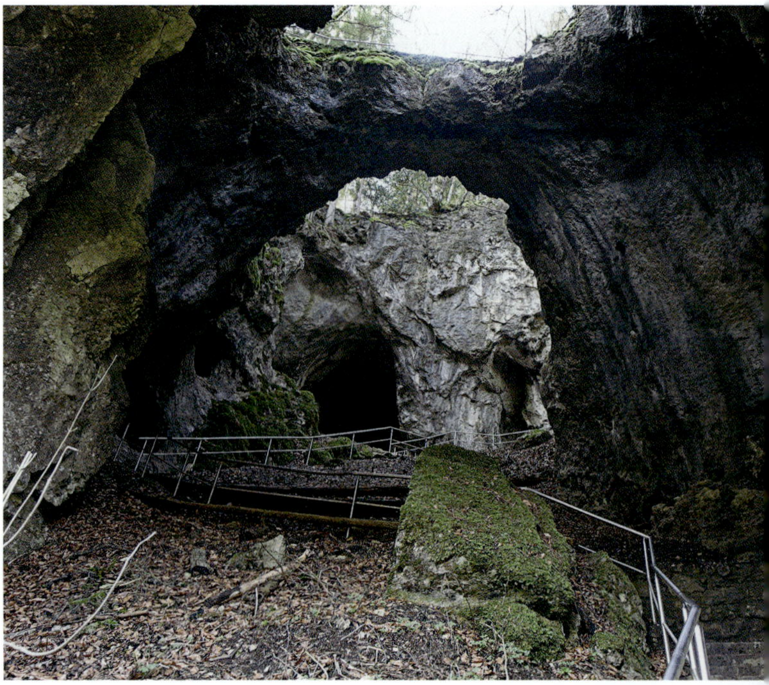

19. Jahrhundert als Baumaterial abgebaut und so ist der Wasserfall verschwunden. An einer Weggabelung gehen wir rechts abwärts und an der Gabelung mit drei Wegen bleiben wir auf dem Pfad mit der Markierung gelber Ring in der Mitte. 600 Meter nach der Mündung können wir auf einem Steg die Wiesent zur Straße hinüber überqueren. Informationstafeln erzählen die interessante Geschichte des alten Turbinenhauses und der 60 Meter flussabwärts sprudelnden Quelle, die mit der Trinkwasserversorgung von Engelhardsberg zusammenhängen. 100 Meter nach der Quelle stehen wir an der Treppe, die zur Einsturzhöhle ❶ **Riesenburg** hinaufführt. Die Riesenburg ist eine Ruine einer natürlichen Karsthöhle. Nach dem Rückgang des Jurameeres konnte die Wiesent in die Höhle fließen und diese weiter aushöhlen. Irgendwann stürzte die Höhle ein. Die Riesenburg gehört zu den 100 bedeutendsten geologischen Naturwundern Bayerns.

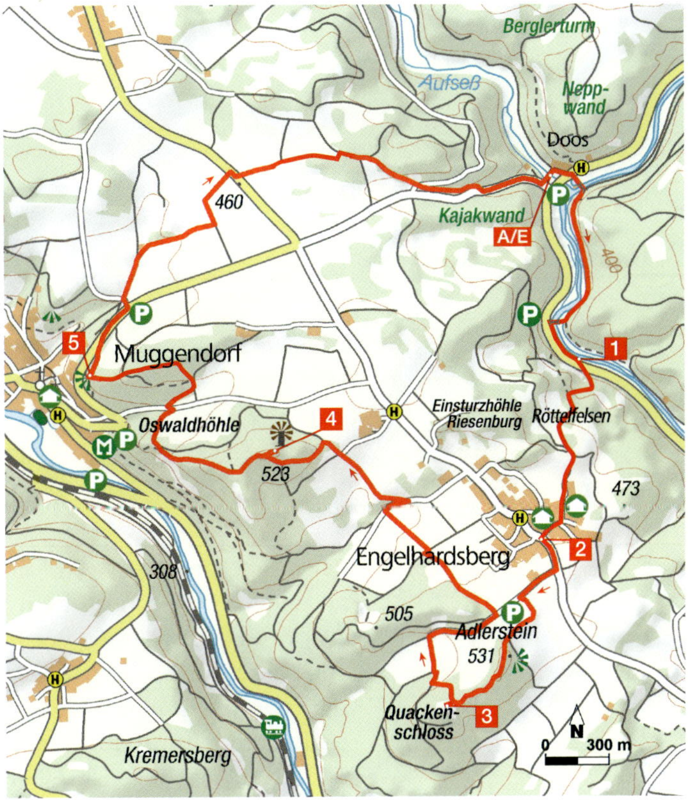

Zur Dorflinde in Engelhardsberg Der Wanderweg führt durch die Einsturzhöhle weiter nach oben in Richtung Engelhardsberg. Ein Abstecher über eine natürliche Felsbrücke leitet uns zum Aussichtpunkt König-Ludwig-Felsen mit Blick hinunter auf die Wiesent. Durch ein Felsentor entlässt uns die Riesenburg und wir steigen weiter nach oben. An einer Weggabelung müssen wir nach links weiter aufwärts in Richtung Engelhardsberg. Jetzt sind wir auf dem Brunnenweg, auf dem die Bewohner von Engelhardsberg vom Mittelalter und noch bis zum Ersten Weltkrieg ihr Trinkwasser aus der Quelle an der Wiesent holten. Der Aufstieg über einen Höhenunterschied von 120 Metern ist schon ohne Wasserfass auf dem Rücken anstrengend. Weiter oben an der Treppe bleiben wir lieber geradeaus und kommen über weite Wiesen in Engelhardsberg an eine Kreuzung, an der wir rechts am Feuerwehrhaus vorbei zur ❷ **Dorflinde** in Engelhardsberg schlendern.

Linke Seite: Die Höhle Riesenburg ist schon vor langer Zeit eingestürzt.

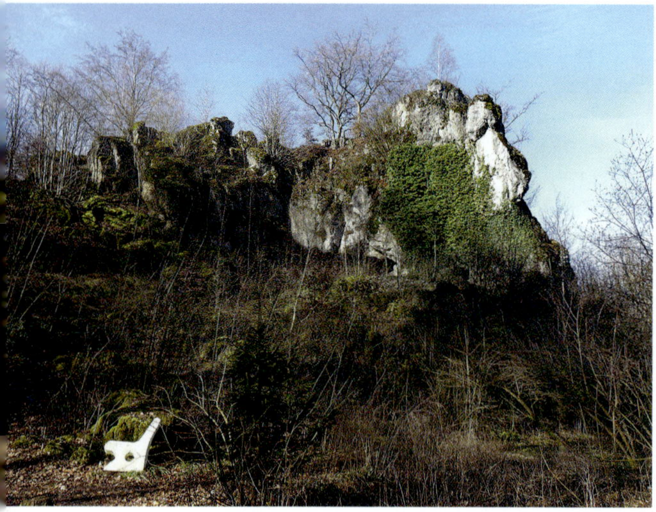 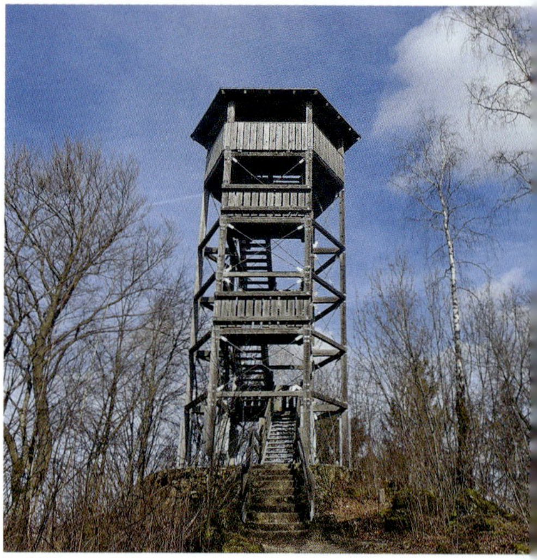

Oben links: Um das geheimnisvolle Quackenschloss ranken sich viele Sagen.

Oben rechts: Der Aussichtsturm auf dem Hohen Kreuz bietet weite Rundumsicht.

Zum Quackenschloss Wir folgen der Straße nach links und gehen an der Kreuzung nach dem Dorf rechts in Richtung Adlerstein. Auf der Schotterstraße vor der Stromleitung links, kommen wir am Parkplatz Pranken vorbei. An der folgenden Gabelung nehmen wir den rechten Weg und steigen zum Adlerstein hinauf. Eine steile Treppe führt auf den Felsenturm, der sich als vortrefflicher Aussichtsplatz erweist. Über das Dorf Engelhardsberg schauen wir über die Hochflächen der Fränkischen Schweiz. Der Pfad leitet uns vom Adlerstein weiter nach Süden durch den Wald direkt zum 3 Quackenschloss. Der Name des Felsgebildes mit Höhle beruht möglicherweise auf dem löcherigen, porösen Gestein mit dem Namen Rauchwacke oder auf der Sage. Die Erzählung vom Quackenschloss besagt, dass es sich um ein echtes Schloss handelte, in dem sich eine tragische Liebesgeschichte abspielte.

Zum Hohen Kreuz Am Fuß des Quackenschlosses gehen wir mit der Markierung oranger Ring nach Norden abwärts in Richtung Oswaldhöhle weiter. Unten an dem Jagdansitz laufen wir geradeaus über die große Wiese und am Waldrand rechts nach Osten hinauf. Am Ende des Walds müssen wir mit Blick auf Engelhardsberg links am Waldrand entlang. Einen querenden Weg an einer langen Obstbaumplantage überschreiten wir um 30 Meter nach links versetzt. Über die Felder abwärts steuern wir auf die große Birke zu und gehen rechts hinauf. Nach 100 Metern schwenken wir in spitzem Winkel nach links in Richtung Hohes Kreuz. Der Weg führt durch eine Geländemulde und hinauf zu einem Waldrand. An fast der höchsten Stelle des Waldrands gehen wir mit der Markierung braunes Kreuz links in den Wald hinein und dann auf der Forststraße geradeaus weiter. Nach

Rechte Seite: Blick vom Aussichtsturm in das Wiesenttal und bis zur Burgruine Neideck

100 Metern geht es rechts auf steiler, gepflasterter Straße aufwärts zum Aussichtsturm auf dem **4 Hohen Kreuz**. Vom Turm können wir in das Wiesenttal schauen.

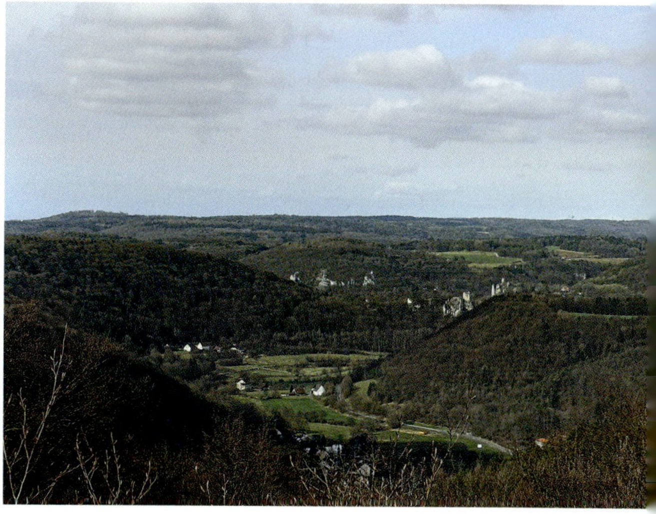

Zum Pavillon Babylon Am Hochbehälter wandern wir mit der Markierung braunes Kreuz auf dem Pfad nach Westen in Richtung Oswaldhöhle. An einer T-Kreuzung geht es rechts auf dem Bergrücken hoch über dem Wiesenttal weiter. An einem Aussichtsplatz über Muggendorf leitet eine Treppe abwärts zur beeindruckenden Oswaldhöhle. Dann müssen wir auf der Treppe wieder hinauf und oben links, an einigen Aussichtsplätzen vorbei, in Richtung Pavillon. Der **5 Pavillon Babylon** »schwebt« geradezu über Muggendorf an der Wiesent.

Zum Wanderparkplatz Doos Vom Pavillon laufen wir auf dem Pfad nach Norden und dann neben der Straße 200 Meter aufwärts. An einem Wanderparkplatz wandern wir links hinunter und unten an der Kreuzung ohne Markierung rechts hinauf. An einer Weggabelung nehmen wir die rechte Spur abwärts an einer Scheune vorbei. An einer T-Kreuzung gehen wir links und überqueren die Landstraße nach Engelhardsberg. In einer Linkskurve nehmen wir geradeaus den Wiesenweg, der dann am Waldrand bleibt. Auf der querenden Forststraße wandern wir rechts in den Wald hinein. An zwei Weggabeln bleiben wir jeweils rechts abwärts nahe am Waldrand. Weiter unten steuern wir auf einen Jagdansitz zu und gehen unterhalb auf der Forststraße links und nach 40 Metern rechts hinunter. Bevor der Graben tiefer wird, können wir rechts auf die Straße wechseln und müssen auf ihr noch 350 Meter bis zum **E Wanderparkplatz Doos** hinablaufen.

Denkmalschutz unter Dampf

Die Dampfbahn Fränkische Schweiz ist ein Kulturgut, denn sie fährt als Museumsbahn seit mehr als 40 Jahren durch die idyllische Landschaft des Wiesenttals. Die Dampflokomotiven stammen aus den Jahren 1923 und 1930, Dieselloks aus den Jahren 1939 bis 1956. In den Waggons der einstigen Königlich Bayerischen Staatsbahn und der Reichsbahn werden jährlich 25 000 Gäste zu ihrem nostalgischen Vergnügen befördert. Die Strecke zwischen Ebermannstadt und Behringersmühle war 1927 eröffnet worden. Wegen mangelnder Rentabilität wurde die Bahn 1976 eingestellt. Seit 1990 ist sie als Museumsbahn im Einsatz. Die Strecke mit ihren Bauten steht heute unter Denkmalschutz. Am Bahnhof Muggendorf befindet sich das Naturparkinfozentrum. Von dort fährt man nach Ebermannstadt oder Behringersmühle (www.dampfbahn.net).

25

Ailsbachtal und Weiße Marter

Wanderung im Tal und auf dem Plateau

Leicht 2:00 Std. 170 Hm 6,2 km

Besonderer Genuss: Kultur am Wegrand

Tourencharakter
Leichte, meist schattige Tour auf befestigten Wegen durch Wälder und Felder. Im Ortsgebiet auf Straßen

Ausgangs-/Endpunkt
Parkplatz in Oberailsfeld, GPS N49°48'47.3" E11°21'12.3", Höhe 360 m ü. NN

Anfahrt
Auto Auf der A9 zur Ausfahrt 43 Trockau und auf der St2184, St2163 und St2185 nach Oberailsfeld
Bahn Nach Pegnitz und mit dem **Bus** Linie 391 nach Oberailsfeld (www.bahn.de)

Gehzeiten
Parkplatz Oberailsfeld – Köttweinsdorfer Straße 0:30 Std. – Weiße Marter 0:20 Std. – Parkplatz St2185 0:15 Std. – Unterailsfeld 0:30 Std. – Parkplatz Oberailsfeld 0:25 Std.

Einkehr
Held-Bräu, Oberailsfeld 19, 95491 Ahorntal, Tel. 09242/295, www.held-braeu.de
Forsthaus Schweigelberg, Behringersmühle 1, 91327 Gößweinstein, Tel. 0172/8120871, www.forsthaus-schweigelberg.de (nur Sa–So)

Karten
Fränkische Schweiz südlicher Teil, UK L 29, 1:50 000 (www.lvg.bayern.de)
Fränkische Schweiz Süd, Nr. 53, 1:50 000 (www.fritsch-landkartenverlag.de)

Touristinformation
Burgstraße 6, 91327 Gößweinstein, Tel. 09242/456, www.ferienzentrum-goessweinstein.de

Der Wanderweg durchstreift den schönsten Teil des Ailsbachtals bei Oberailsfeld. Das Tal ist durch grüne Wälder und markante Felsen begrenzt. Kulturhistorischer Höhepunkt ist die Weiße Marter, die größte und schönste Bildsäule der Fränkischen Schweiz.

Zur Köttweinsdorfer Straße Vom Parkplatz nördlich der Kirche in Ⓐ **Oberailsfeld** beginnen wir die Wanderung auf der Straße vorbei an der Kirche nach Süden. Die Kirche Sankt Burkard ist ein barocker Bau des 18. Jahrhunderts und besitzt einen prächtigen Hochaltar. Die Sage erzählt von Martin Luther, der hier gepredigt haben soll. Für hungrige Wanderer mag der gute Brauereigasthof Held gegenüber der Kirche wichtiger sein.
Noch vor der Straße St2185 gehen wir an der Bushaltestelle rechts auf der kleinen Straße nach Westen in Richtung Köttweinsdorf. An der ersten Straßengabelung bleiben wir links und an der zweiten Gabelung geht es rechts hinauf in Richtung Wei-

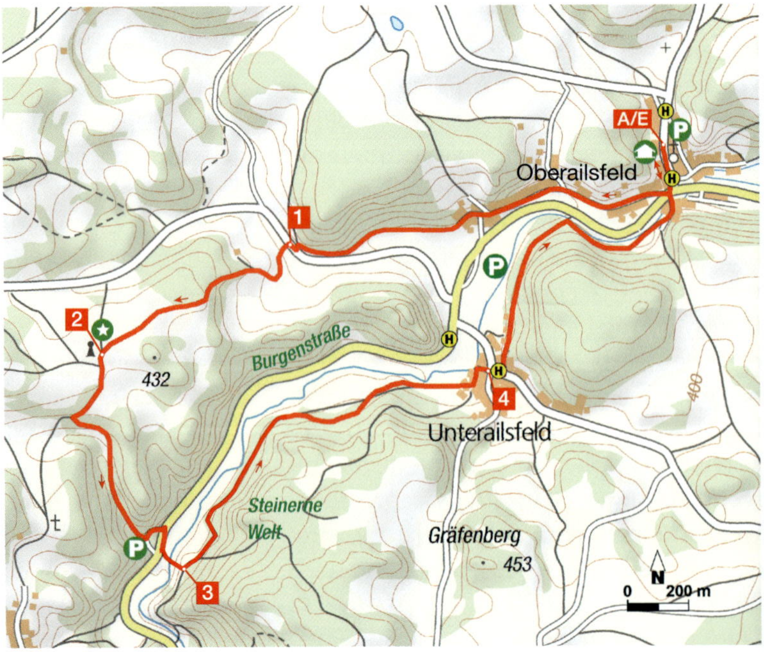

ße Marter. In der Folge bleiben wir am Waldrand und queren an einer Bank die ❶ **Köttweinsdorfer Straße** um 60 Meter nach rechts versetzt.

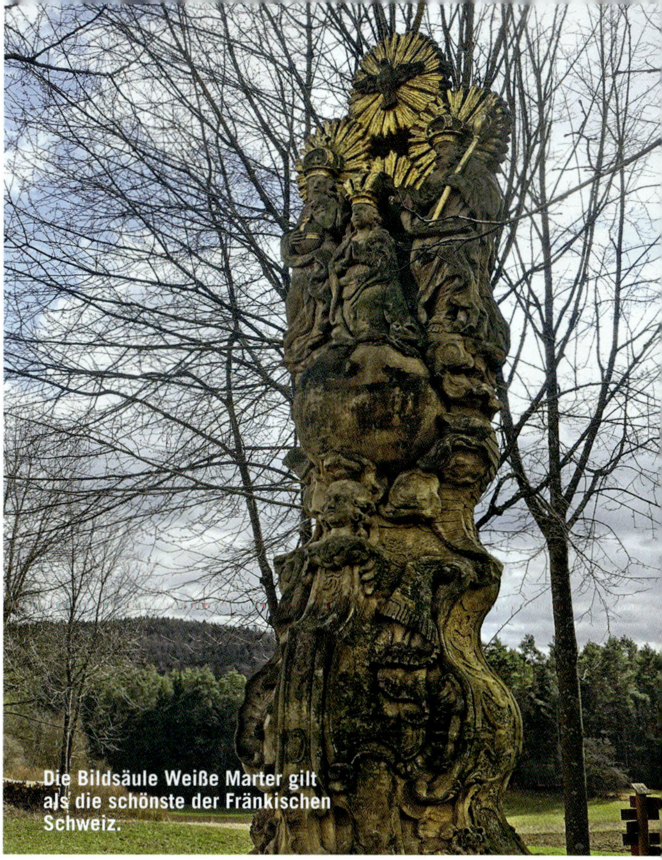

Die Bildsäule Weiße Marter gilt als die schönste der Fränkischen Schweiz.

Zur Weißen Marter Nun geht es aufwärts in Richtung Weiße Marter und an der Kreuzung geradeaus in den Wald hinauf. An einer Weggabel steigen wir links bergan. Weiter oben laufen wir über die Felder zur ❷ **Weißen Marter**. Sie ist ein prächtiges Werk der Bildhauerkunst.

Zum Parkplatz an der St 2185 Von der Weißen Marter wandern wir nach links in Richtung Moschendorf. Nach 230 Metern steigen wir am Beginn des Walds in spitzem Winkel auf einer schmalen Fahrspur nach links hinunter. Der abwärtsleitende Weg endet an einem ❸ **Parkplatz an der St 2185**.

Nach Unterailsfeld 20 Meter links der Einfahrt zum Parkplatz überqueren wir die Straße St 2185 und kommen auf einer Fahrspur zum Ailsbach hinunter. An der Furt mit Wanderschuh-Wat-Tiefe, oder erfrischend barfuß, kommen wir durch den Bach und gehen oben im Wald mit der Markierung blaues Kreuz nach links weiter. Der Wanderweg bleibt immer in Sichtweite des Ailsbachs und am Waldrand und führt direkt zur Kreuzung in ❹ **Unterailsfeld**.

Nach Oberailsfeld An der Kreuzung müssen wir links und vor dem großen Feldkreuz gleich wieder rechts. Nach dem Haus nehmen wir das Sträßchen nach links, das zu einem Wanderweg in Richtung Burg Rabenstein wird. Bald sehen wir das Wahrzeichen von Oberailsfeld, die Figur eines Radfahrers auf dem Felsen. Vor der Brauerei können wir auf einem Steg den Ailsbach überqueren und finden an der Kirche vorbei zurück zum Parkplatz in Ⓔ **Oberailsfeld**.

Die Weiße Marter

Die Bildsäule Weiße Marter gilt als die größte und schönste der Fränkischen Schweiz. Den Namen erhielt sie durch die Kalk-Schutzanstriche in früheren Zeiten. Die Marter ist eine Stiftung aus dem 18. Jahrhundert und der Heiligen Dreifaltigkeit gewidmet. Das Rokokowerk wird dem Bildhauer Martin Mutschele zugeschrieben, der auch viele andere Steinmetzarbeiten in der Region ausführte. Die bildliche Darstellung ist eine Nachbildung des Gnadenbilds in der Basilika Gößweinstein.

26 Burg Rabenstein im Ahorntal

Zwischen Felstürmen und Höhlen

Mittel | 2:10 Std. | 90 Hm | 5,0 km

Besonderer Genuss: Kultur am Wegrand

Tourencharakter
Mittelschwere, meist schattige Tour auf Pfaden und Wegen durch Wälder und Felslabyrinthe. Feste Schuhe mit griffigen Sohlen und Trittsicherheit erforderlich

Ausgangs-/Endpunkt
Parkplatz Burg Rabenstein, GPS N49°49'25.3" E11°22'10.2", Höhe 435 m ü. NN

Anfahrt
Auto Auf der A9 zur Ausfahrt 43 Trockau und auf der St 2184 und St 2185 zur Burg Rabenstein
Bahn Nach Bayreuth und mit dem **Anrufbus** Linie 396 nach Kirchahorn (www.bahn.de)

Gehzeiten
Parkplatz Burg Rabenstein – Rennerfelsen 0:25 Std. – Schneiderloch 0:25 Std. – Ludwigshöhle 0:25 Std. – Sophienhöhle 0:15 Std. – Parasol 0:10 Std. – Parkplatz Burg Rabenstein 0:30 Std.

Einkehr in Ahorntal
Gutsschenke Burg Rabenstein, Rabenstein 33, Tel. 09202/9700440, www.burg-rabenstein.de
Held-Bräu, Oberailsfeld 19, Tel. 09242/295, www.held-braeu.de

Karten
Fränkische Schweiz südlicher Teil, UK L 29, 1:50000 (www.lvg.bayern.de)
Fränkische Schweiz Süd, Nr. 53, 1:50000 (www.fritsch-landkartenverlag.de)

Touristinformation
Burgstraße 6, 91327 Gößweinstein, Tel. 09242/456, www.ferienzentrum-goessweinstein.de

Der Wanderweg führt an bizarren Felsen vorbei durch das enge Ahorntal. Wir erleben fantastische Blicke ins Ailsbachtal und zur prächtigen Burg Rabenstein. Die Sophienhöhle ist eine der schönsten Tropfsteinhöhlen Deutschlands.

Zum Rennerfelsen Vom Parkplatz an der Ⓐ **Burg Rabenstein** starten wir an der Burgschenke vorbei zur Burg Rabenstein hinab. Vom Vorplatz der Burg führt der Wanderweg rechts nach Westen. Der Promenadenweg ist markiert mit der Schachfigur Dame. An einer Weggabelung bleiben wir geradeaus oben. An der Straße St2185 gehen wir rechts zum Parkplatz, an dem der ❶ **Rennerfelsen** anzuschauen ist. Die Höhlen in dieser Felswand sind als prähistorischer Siedlungsort der Altsteinzeit dokumentiert.

Zum Schneiderloch Wir gehen zurück und fädeln am nördlichen Ende des Parkplatzes rechts in den Promenadenweg in Richtung

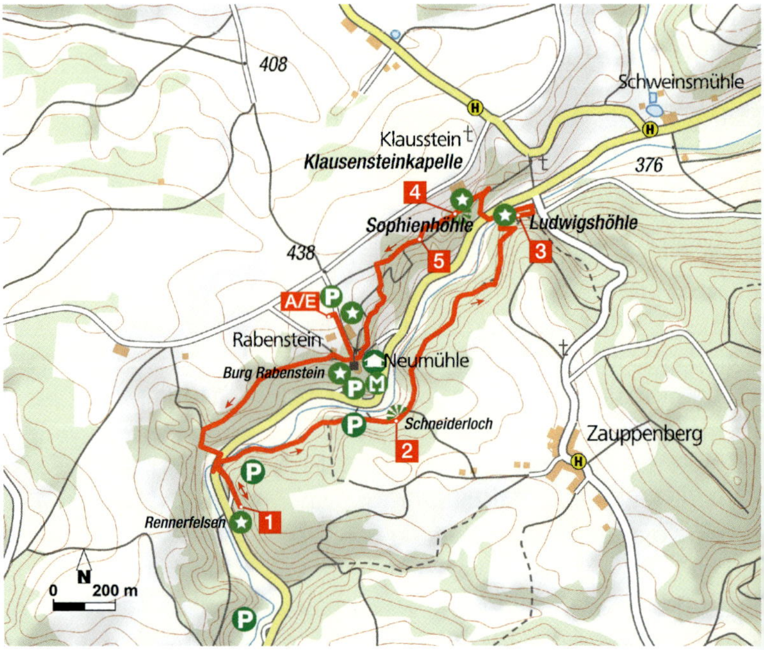

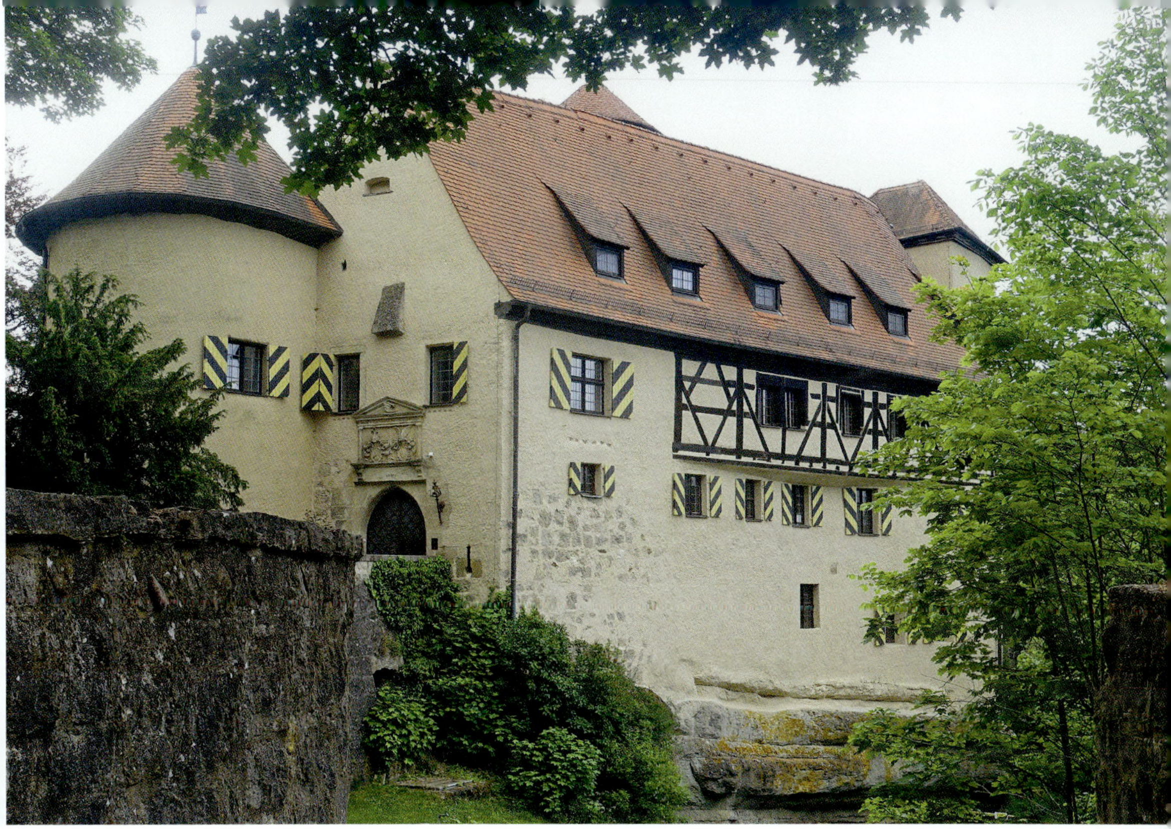

Schneiderloch ein. An einer Weggabelung bleiben wir unten am Ailsbach. An einer Weggabel vor einer Bank nehmen wir den rechten oberen Weg und steigen auf einer Treppe hinauf zum

Die Burg Rabenstein steht oberhalb des Ahorntals.

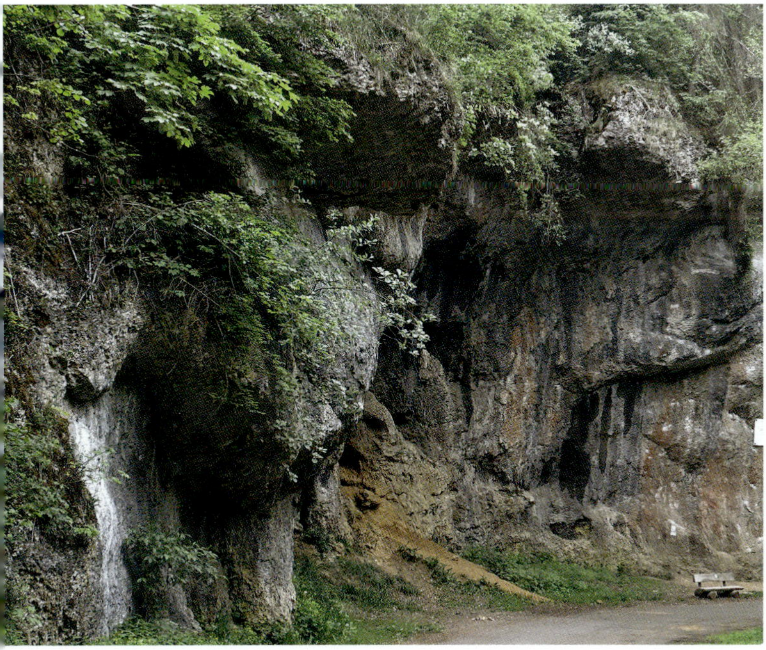

Der Rennerfelsen im Ahorntal ist der Ausgangspunkt der Wanderung.

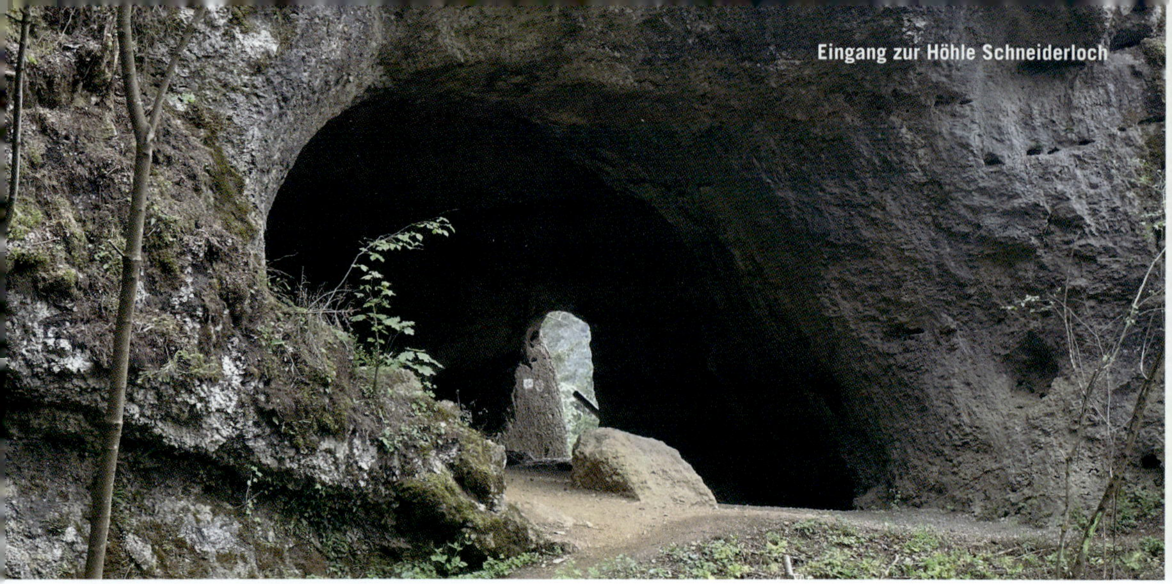

Eingang zur Höhle Schneiderloch

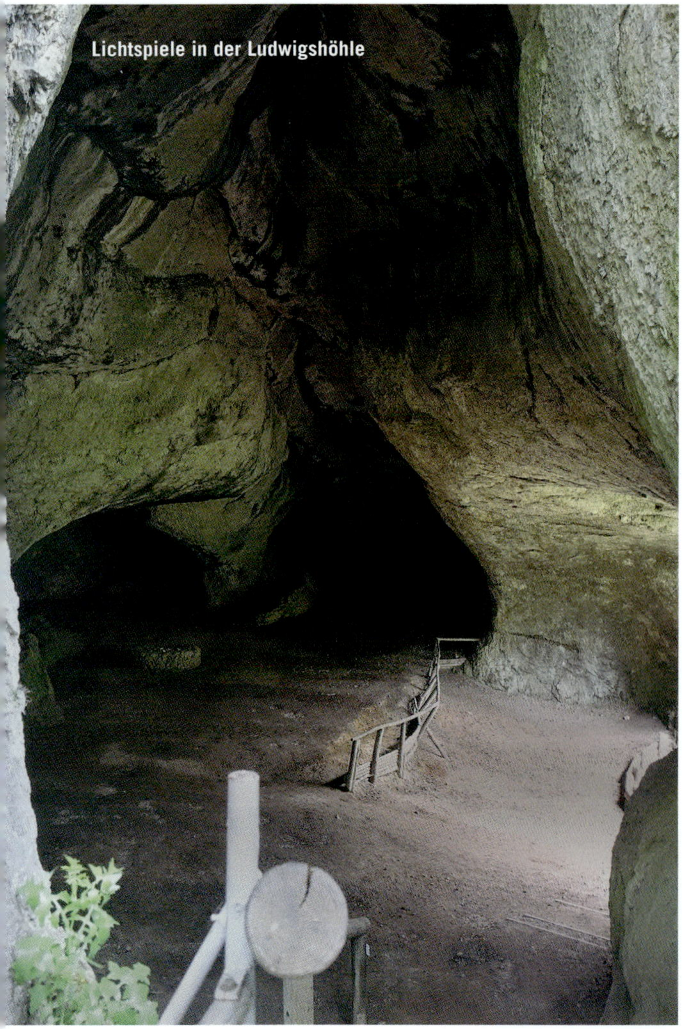

Lichtspiele in der Ludwigshöhle

❷ **Schneiderloch**, durch das der Weg hindurchführt.

Zur Ludwigshöhle An einer Gabelung geht es links leicht abwärts. Immer wieder haben wir gute Aussichten zur Burg Rabenstein. An zwei Gabelungen nehmen wir jeweils den rechten Weg in Richtung Ludwigshöhle. Auf einer Treppe links hinauf erreichen wir die ❸ **Ludwigshöhle**, die 45 Metern lang und 20 Meter hoch ist.

Zur Sophienhöhle Auf der anderen Seite der Höhle steigen wir hinab,

Eulen und Raubvögel

Die Falknerei Burg Rabenstein präsentiert in ihrem Eulen- und Greifvogelpark über 80 Greifvogelarten. Bei den Flugvorführungen können die Zuschauer bis zu zwölf verschiedene Raubvögel beim Fliegen und Jagen erleben (www.falknerei-rabenstein.de).

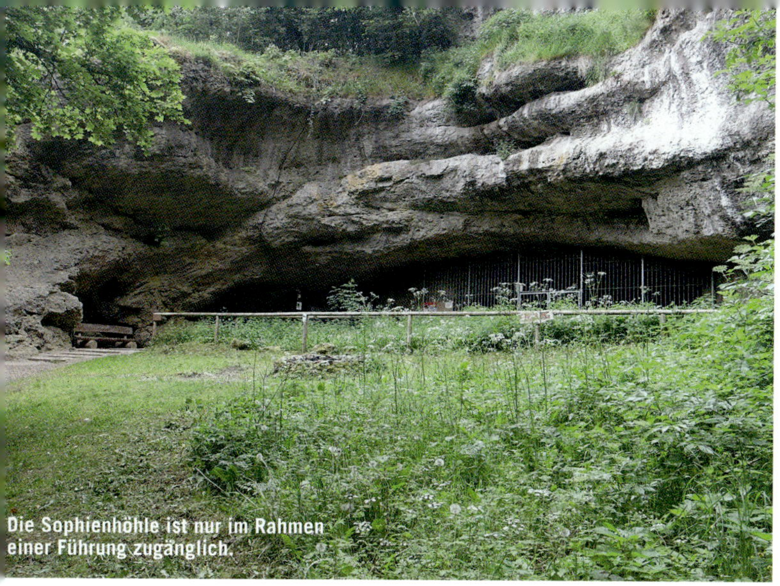

Die Sophienhöhle ist nur im Rahmen einer Führung zugänglich.

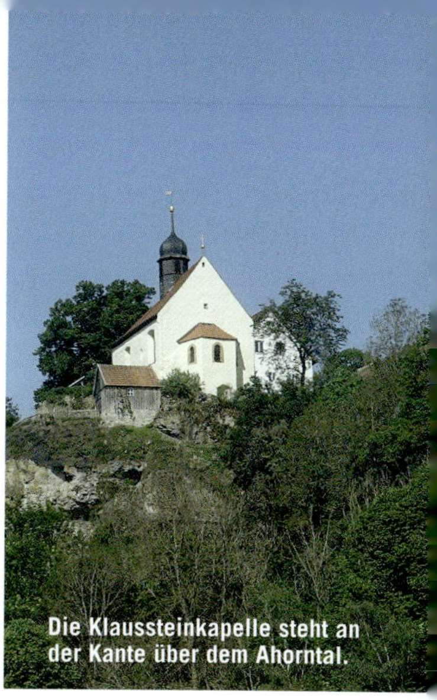

Die Klaussteinkapelle steht an der Kante über dem Ahorntal.

überqueren den Ailsbach und die Straße und steigen im Gegenhang auf einer langen Treppe zur 4 Sophienhöhle hinauf, die sich direkt unterhalb der Klaussteinkapelle öffnet. Die herrliche Tropfsteinhöhle ist fast einen Kilometer lang und gilt als eine der schönsten Höhlen Deutschlands. Sie kann nur im Rahmen von Führungen besucht werden.

Zur Aussicht Parasol Durch einen Felsdurchbruch folgen wir der Markierung Schachfigur Dame in Richtung Burg Rabenstein. Unterwegs gibt es einen Abzweig, der als bequemer Weg schnell zum Parkplatz führen würde. Wir genießen lieber weiterhin den Pfad des Promenadenwegs vorbei am herrlichen Aussichtspunkt 5 Parasol. Nach links schweift der Blick aus dem Ahorntal zum Dorf Kirchahorn und rechts zur Burg Rabenstein.

Zum Parkplatz an der Burg Rabenstein Der weitere Weg wird zu einer Forststraße, die wir aber bald wieder nach links auf einem Pfad verlassen. An einer Weggabel nach einer mächtigen Linde müssen wir rechts. Der restliche Weg bis zur E Burg Rabenstein führt durch ein herrliches Felsenlabyrinth.

Die Burg Rabenstein

Zweifellos ist so eine romantische mittelalterliche Burg in dem engen Ahorntal mit seinen Höhlen und steil aufragenden Felsen ein touristischer Brennpunkt. Die Burg Rabenstein entstand wohl Anfang des 12. Jahrhunderts unter der Herrschaft Waischenfeld. Im Ersten Markgrafenkrieg wurde die hochmittelalterliche Adelsburg 1450 weitgehend zerstört. Totale Vernichtung erfuhr die Festung im 17. Jahrhundert während des Dreißigjährigen Kriegs durch kaiserliche Truppen, weil der damalige Burgherr auf der Seite der Schweden stand. Doch die Burg Rabenstein wurde wiederaufgebaut und anlässlich eines Besuchs von König Ludwig I. von Bayern neu gestaltet. In Verbindung damit wurden ein Landschaftsgarten und der Promenadenweg angelegt, der die Ludwigshöhle, das Schneiderloch und die Sophienhöhle miteinbezieht. Heute ist die Burg ein Hotel. Besichtigt werden können Prunk-, Waffen- und Rittersäle der Burg (www.burg-rabenstein.de).

27

Tüchersfeld im Püttlachtal

Ein Felsendorf als Wahrzeichen

Mittel 2:30 Std. 280 Hm 7,1 km

Besonderer Genuss: Kultur am Wegrand

Tourencharakter
Mittelschwere, meist schattige Tour durch Wälder und Wiesen. Im Ortsgebiet auf Straßen. Trittsicherheit und feste Schuhe erforderlich

Ausgangs-/Endpunkt
Wanderparkplatz Tüchersfeld, GPS N49°47‘18.9“ E11°21‘35.3“, Höhe 355 m ü. NN

Anfahrt
Auto Auf der A9 zur Ausfahrt 44 Pegnitz und auf der B2 und B470 nach Tüchersfeld
Bahn Nach Ebermannstadt und mit dem **Bus** Linie 389 nach Tüchersfeld (www.bahn.de)

Gehzeiten
Wanderparkplatz Tüchersfeld – Fahnenstein 0:15 Std. – Wanderparkplatz Tüchersfeld 0:15 Std. – Fränkische Schweiz-Museum 0:10 Std. – Straßenbrücke B 470 0:20 Std. – Bauminsel 0:40 Std. – Kühlochhöhle 0:35 Std. – Wanderparkplatz Tüchersfeld 0:15 Std.

Einkehr
Wirtshaus Zur fröhlichen Runde, Kohlstein 12, 91327 Gößweinstein, Tel. 09242/803
Brotzeitstüberl, Am Museum 4, 91278 Pottenstein, Tel. 09242/1453

Karten
Fränkische Schweiz, UK L 29, 1:50 000 (www.lvg.bayern.de)
Fränkische Schweiz Süd, Nr. 53, 1:50 000 (www.fritsch-landkartenverlag.de)

Touristinformation
Forchheimer Straße 1 91278 Pottenstein, Tel. 09243/70841, www.pottenstein.de

Das verträumte Tüchersfeld ist der »Vorzeigeort« der Fränkischen Schweiz. Die Fachwerkhäuser an den markanten Felsen der Jurariffe geben ein nostalgisches Bild ab, das schon oft fotografiert wurde. Ein Ort, den man gesehen haben muss.

Auf den Fahnenstein Vom Ⓐ **Wanderparkplatz** am nördlichen Ortsende von Tüchersfeld beginnt an der Informationstafel neben dem Feuerwehrhaus der Aufstieg in Richtung Burg Obertüchersfeld zum beliebten Aussichtspunkt Fahnenstein. Ein Schild weist auf den anspruchsvollen Aufstieg hin. Tatsächlich sind für die Besteigung neben Bergschuhen mit griffiger Sohle Trittsicherheit und etwas Schwindelfreiheit erforderlich. Aber die Wanderung kann ja auch ohne den Aussichtspunkt Fahnenstein durchgeführt werden. Wir steigen auf dem Treppenweg hinauf und laufen oben auf schmalem Pfad über den Bergrücken mit bizarren Felsen nach Süden. Die aufragenden Felsformationen aus porösem Ge-

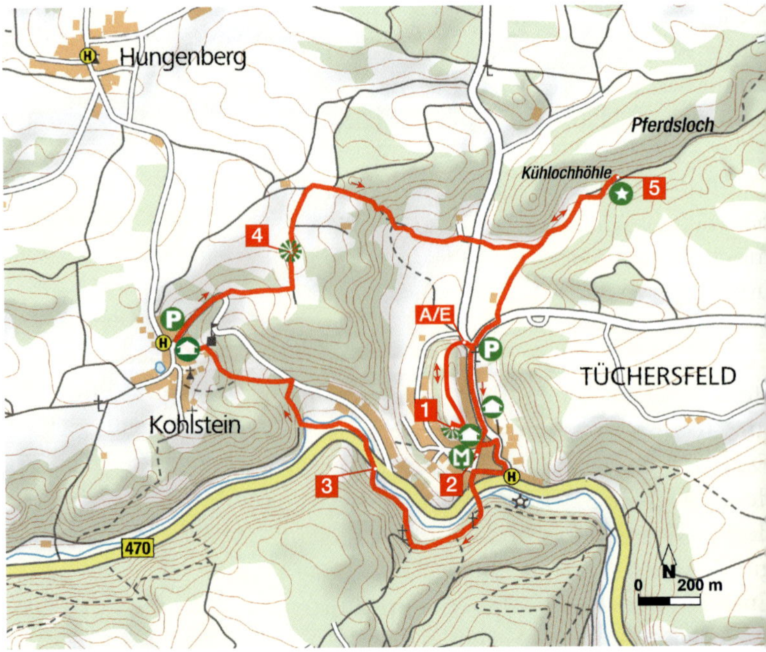

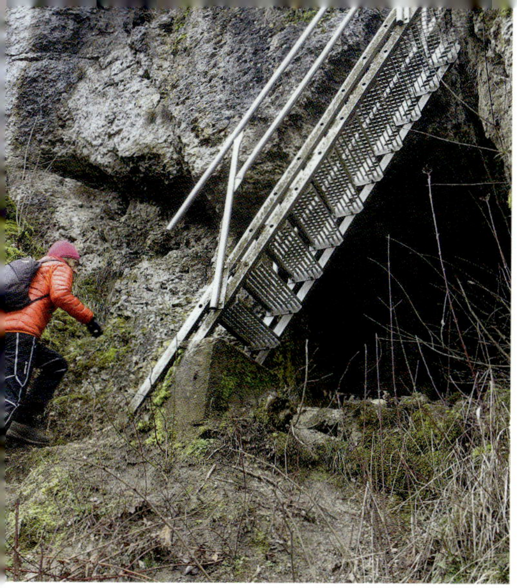

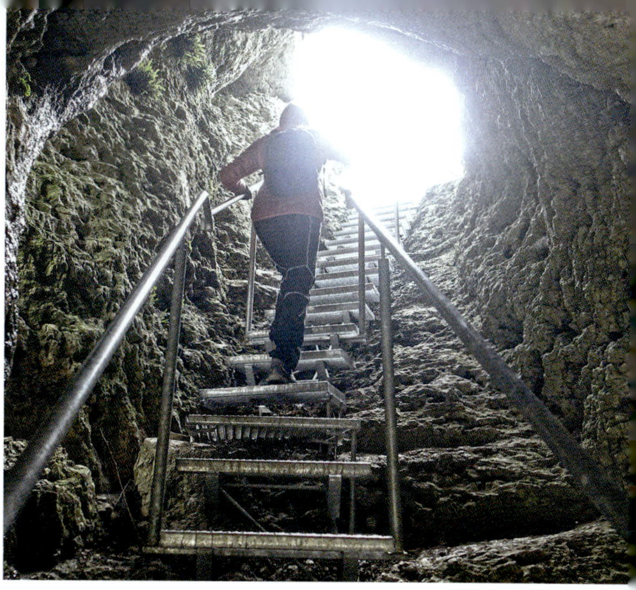

stein sind die Überreste der Schwammriffe, die sich zur Jurazeit in einem tropischen Meer herausbildeten. Nach einem Zwischenabstieg geht es an einem Wasserbehälter aufwärts und über eine steile, aber stabile Gittertreppe mit freier Durchsicht nach unten weiter nach oben. Dann ist noch ein langer Durchschlupf durch ein Felsentor zu machen, und wir können von der Aussichtsplattform auf dem 1 **Fahnenstein** die herrliche Aussicht über das Dorf und über das Püttlachtal genießen. Im Verlauf Tausender von Jahren hat sich die Püttlach in den Jurakalk eingeschnitten und die Felstürme herausmodelliert. Einst gab es hier ab dem 13. Jahrhundert zwei Burgen. Auf dem Fahnenstein waren die Felsenburgen Obertüchersfeld. Die Burg Niedertüchersfeld wurde mit dem Judenhof überbaut, in dem heute das Fränkische Schweiz-Museum untergebracht ist. Die Burgen fanden ihr endgültiges Ende durch den Dreißigjährigen Krieg.

Oben links: Auf einer steilen Gittertreppe geht es zum Fahnenstein hinauf.

Oben rechts: Das enge Felsentor vor dem Aussichtspunkt Fahnenstein

Zum Wanderparkplatz Tüchersfeld Der Abstieg vom Wasserbehälter direkt nach Tüchersfeld hinunter ist leider nicht mehr möglich. So müssen wir wieder über den Bergrücken zurück und zum A E **Wanderparkplatz** hinunter.

Zum Fränkische Schweiz-Museum Auf der Straße Zum Zeckenstein gehen wir am Feuerwehrhaus vorbei nach Süden in Richtung Fränkische Schweiz-Museum. Nach dem Gasthaus Zum Fahnenstein laufen wir auf der Straße Am Museum rechts zu dem Torbogen auf der linken Seite, hinter dem sich der Innenhof des Judenhofs ausbreitet. Die Treppe rechts hinauf ist der Eingang zum sehenswerten 2 **Fränkische Schweiz-Museums**. Das Ensemble der Fachwerkhäuser aus dem 18. Jahrhundert ist ein Wahrzeichen der Fränkischen Schweiz.

In dem sogenannten Judenhof ist heute das Fränkische Schweiz-Museum untergebracht.

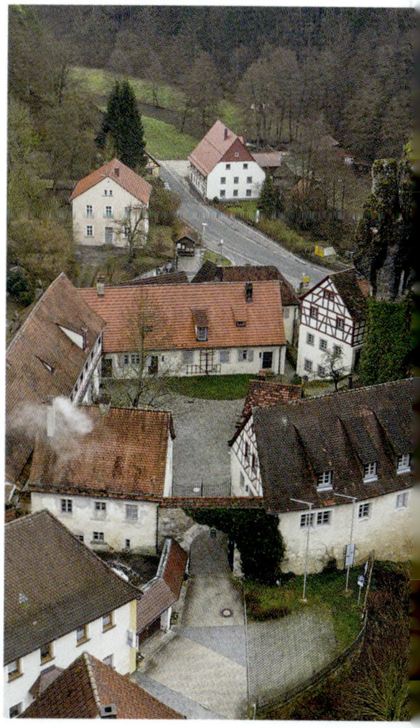

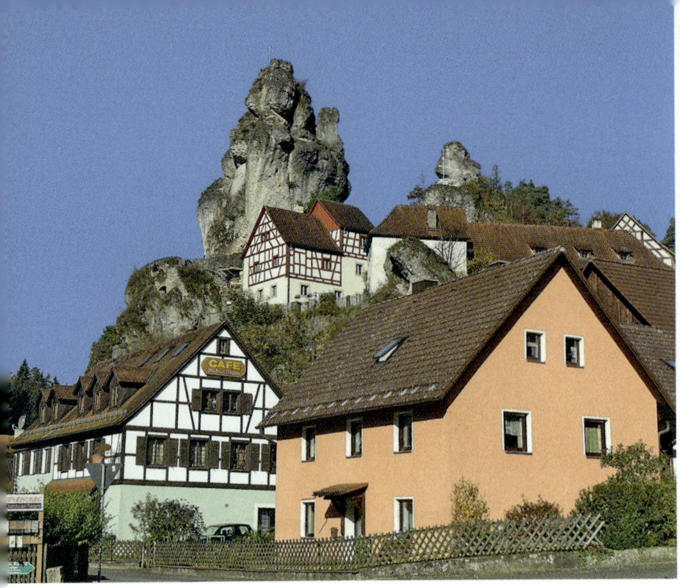

Die schönste Ansicht des Felsendorfs Tüchersfeld

Zur Straßenbrücke der B 470 Vom Museum wandern wir rechts zurück und 20 Meter nach dem Haus Nummer drei rechts auf dem schmalen Sträßchen hinunter. Auf der Straße Zum Zeckenstein laufen wir rechts hinab zur Kreuzung an der B 470. Von der Bushaltestelle aus zeigt sich die schönste Ansicht des Felsendorfs Tüchersfeld mit dem Judenhof und dem Fahnenstein. Das Gebiet mit dem pittoresken Ort wurde mit dem Prädikat »Bayerns schönste Geotope« ausgezeichnet. Der Anfang des selbstverliebten Tüchersfelder Lieds lautet: »Im Schatzkästlein deutscher Lande; liegt ein Fleck von besonderem Reiz; unser schönes Felsendörfchen; Tüchersfeld in der Fränkischen Schweiz.« Dem können wir bei diesem Anblick nur zustimmen. Weil an der B 470 kein durchgehender Gehweg vorhanden ist, gehen wir auf der Straße Zum Zeckenstein wieder 20 Meter zurück und links auf der Straße im Tal durch das Dorf. An der Kreuzung vor der Kirche müssen wir links und überqueren die B 470 und die Püttlach. An der kleinen Kapelle wandern wir rechts auf dem Main-Donau-Weg in Richtung Behringersmühle im Wald aufwärts. 180 Meter nach der Kapelle verlassen wir den Forstweg nach rechts auf einem Pfad abwärts. An der Wegkreuzung vor der Straßenbrücke schlendern wir rechts in Richtung Behringersmühle in Begleitung der Püttlach unter der ❸ **Straßenbrücke der B 470** hindurch.

An der Kapelle bei Tüchersfeld

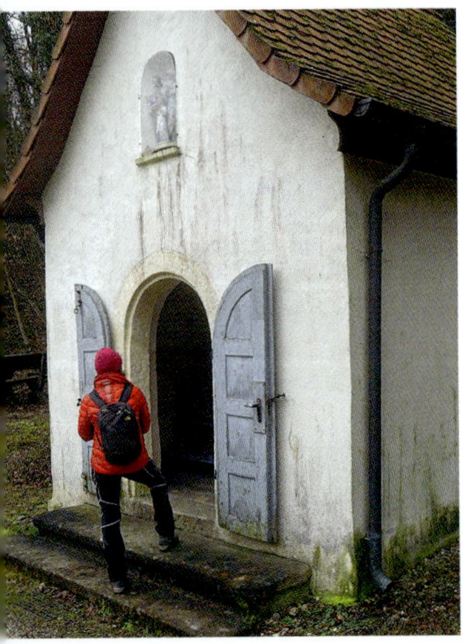

Zur Bauminsel Über feuchte Wiesen führt der Wanderweg entlang der Püttlach und schließlich auf einem Steg über das Flüsschen. Nach dem Übergang geht es rechts und an dem blauen Reklameschild für das Gasthaus Zur fröhlichen Runde auf einem Treppenweg durch den Wald aufwärts in Richtung Kohlstein. Vor der Straße nach Kohlstein wandern wir links auf einem Hohlweg hinauf. An einer Weggabelung nach einer Wiese steigen wir rechts in Richtung Kohlstein mit der Markierung grüner Punkt bergauf und an der privaten Burg Kohlstein aus dem 15. Jahrhundert vorbei zur Einfahrt der Burg. Von dort geht es nach Westen und an der Kreuzung nach den drei Backhäuschen rechts. Am Gasthaus Zur fröhlichen Runde laufen wir auf der Straße rechts hinab. In der engen Rechtskurve nach dem Dorf gehen wir geradeaus auf der Fahrspur an einer Hecke entlang aufwärts. Weiter oben bleiben wir auf undeutlicher Spur immer am Rand der Wiese und am Waldrand. Nach dem Waldende gehen wir geradeaus 50 Meter über die Wiese zu einer Jagdkanzel hinauf und auf der Fahrspur links zu einer deutlichen 4 **Bauminsel** mit Jagdansitz auf der höchsten Stelle der Erhebung, die in der Wanderkarte mit 443 Metern angegeben ist.

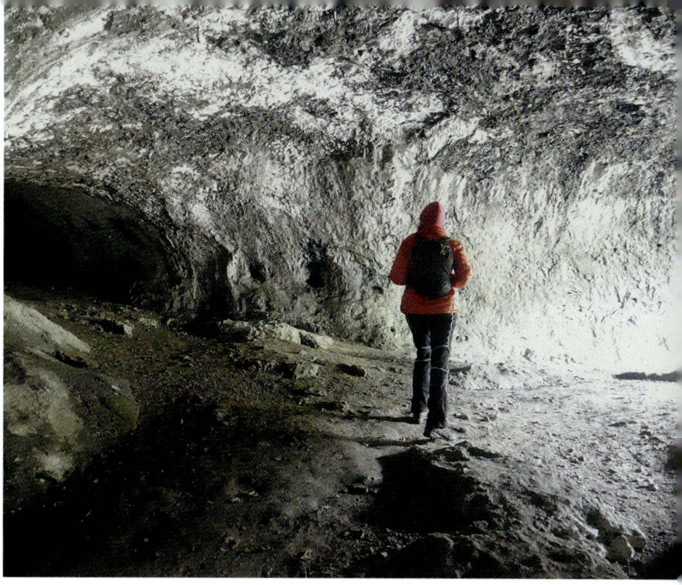

In der Kühlochhöhle steht sogar eine Bank mit Aussicht.

Zur Kühlochhöhle Geradeaus weiter über die einsame Hochebene kommen wir auf einen Wirtschaftsweg und gehen an einer T-Kreuzung rechts der Scheune rechts hinunter. Am Waldrand geht es rechts steil an einem Zaun entlang abwärts in Richtung Tüchersfeld. Im Wald bleiben wir immer geradeaus und halten uns unten an der Wiese auf der Fahrspur rechts. Auf der rechten Seite ist im Süden in 300 Metern Entfernung der Wanderparkplatz Tüchersfeld zu sehen. Wir streben aber nach Osten der Landstraße zu und überqueren sie um 20 Meter nach links versetzt in Richtung Kühloch. Nun bleiben wir am Waldrand des Ammetsbühls und nehmen an der Weggabel die rechte Spur an der Wiese entlang. An der Kreuzung nach der Wiese können wir links in kurzem Anstieg zur 5 **Kühlochhöhle** hinaufsteigen. Die Höhle hat zwei Eingänge und in der großen Halle steht eine Bank.

Zum Wanderparkplatz Tüchersfeld Wir gehen wieder zurück an der Wiese entlang, aber jetzt an der Weggabel 70 Meter vor dem Ende der Wiese auf dem linken Feldweg weiter. Am Spielplatz vorbei erreichen wir wieder den E **Wanderparkplatz** Tüchersfeld.

Das Fränkische Schweiz-Museum

Der Judenhof in Tüchersfeld, ein Häuserkomplex aus dem 18. Jahrhundert, beherbergt das Fränkische Schweiz-Museum. Bis ins 19. Jahrhundert lebten in den Gebäuden jüdische Familien, die als wandernde Händler ihren Lebensunterhalt verdienten. Das Museumsensemble ist durch seine wunderbare Lage zugleich das Wahrzeichen der Fränkischen Schweiz. Die Gebäude umgeben einen Museumshof, der auch für Veranstaltungen genutzt wird. Ausgestellt sind Exponate aus der Erdgeschichte (im Besonderen mit der Entstehung der Riffe des Jurameers), Archäologie, Geschichte, Landwirtschaft, Trachten und Handwerk der Region. Eine Besonderheit des Museums ist die Synagoge aus dem 18. Jahrhundert. In ihr finden sich Hinweise über den jüdischen Jahreskreislauf und die jüdische Religion (www.fraenkische-schweiz-museum.de).

28

Im Püttlachtal bei Pottenstein

Idyllisches Tal und Aussichtsturm

Leicht | 2:30 Std. | 140 Hm | 7,9 km

Besonderer Genuss: Ruhe und Natur

Tourencharakter
Leichte, meist sonnige Tour auf Feldwegen und Pfaden durch Wälder und Wiesen. Im Ortsgebiet auf Straßen

Ausgangs-/Endpunkt
Parkplatz Elbersberger Kapelle, GPS N49°45‘39.4“E11°26‘31.7“, Höhe 497 m ü. NN

Anfahrt
Auto Auf der A9 zur Ausfahrt 44 Pegnitz und auf der B2 und B470 nach Elbersberg
Bahn Nach Pegnitz und mit dem **Bus** Linie 389 nach Pottenstein (www.bahn.de)

Gehzeiten
Parkplatz Elbersberger Kapelle – Himmelsleiter 0:35 Std. – Hohe Warte 0:20 Std. – Kirche 0:20 Std. – Kneippbad 0:25 Std. – Steg 0:30 Std. – Parkplatz Elbersberger Kapelle 0:20 Std.

Einkehr in Pottenstein
Landgasthof Kapellenhof, Kapellenweg 13, Tel. 09243/449, www.kapellenhof-elbersberg.blogspot.de
Waldcafé Pottenstein, Oberes Püttlachtal 40, Tel. 09243/903040

Karten
Fränkische Schweiz, UK L 29, 1:50000 (www.lvg.bayern.de)
Fränkische Schweiz Süd, Nr. 53, 1:50000 (www.fritsch-landkartenverlag.de)

Touristinformation
Forchheimer Straße 1, 91278 Pottenstein, Tel. 09243/70841, www.pottenstein.de

Nahe Pottenstein sind Wanderer nur in der Nebensaison allein unterwegs. Aber die Wege an der Püttlach und über aussichtsreiche Höhen sind doch sehr schön und abwechslungsreich. Der neue Aussichtsturm Himmelsleiter ist ein lohnender Anlaufpunkt.

Zum Aussichtsturm Himmelsleiter Vom Wanderparkplatz an der Ⓐ **Elbersberger Kapelle** starten wir mit der Markierung einer senkrechten blauen Linie nach Westen in Richtung Pottenstein. Später sind noch das Symbol des Jakobswegs und die Richtung zur Himmelsleiter angegeben. Über die Wiesen und Felder auf der Jurahöhe bleiben wir auf dem Hauptweg immer geradeaus. Nach einem Wald und nach dem Wegkreuz Rote Marter erreichen wir den Aussichtsturm ❶ **Himmelsleiter**. Auf 150 Stufen steigen wir auf den 37 Meter hohen Aussichtsturm mit der Plattform auf 25 Meter Höhe hinauf. Der Lohn ist ein atemberauben-

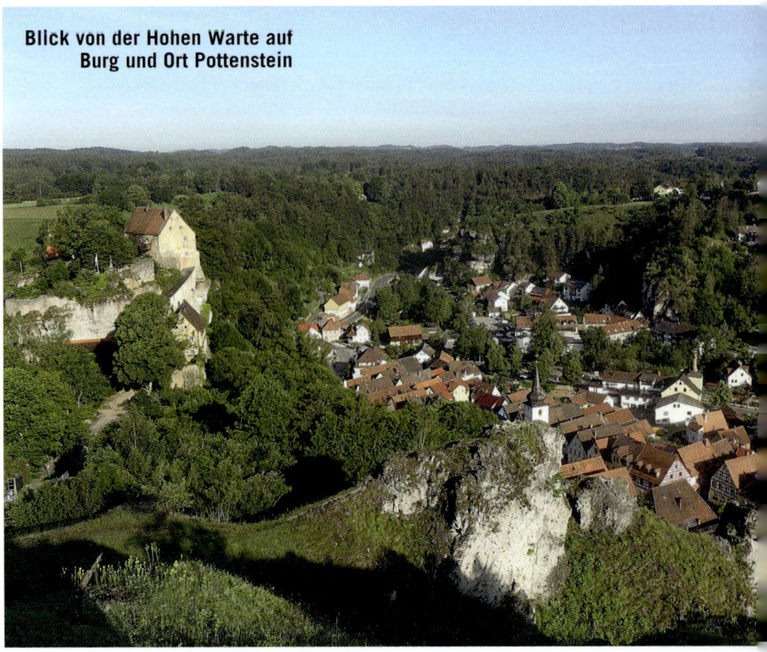

Blick von der Hohen Warte auf Burg und Ort Pottenstein

der Rundblick in die Fränkische Schweiz und bei guter Sicht ein Fernblick bis ins Fichtelgebirge. Im Norden ist auch die höchste Erhebung der inneren Fränkischen Schweiz, der Aussichtsturm auf der Hohenmirsberger Platte (614 m), zu erkennen.

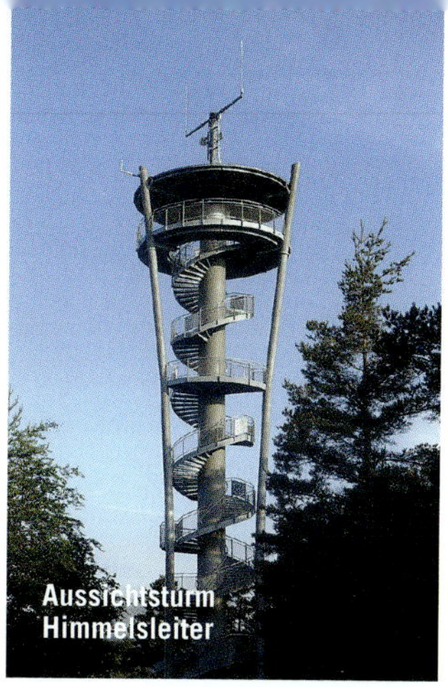

Aussichtsturm Himmelsleiter

Zum Aussichtspunkt Hohe Warte Wir sind weiterhin auf dem Panoramahöhenweg in Richtung Pottenstein. Die Hofmannskapelle aus Kalktuffstein steht als Oase der Ruhe an einer Wegkreuzung. Ein Labyrinth ermuntert zur Besinnung. Nach der Hofmannskapelle breiten sich auf der linken Seite die blütenreichen Halbmagerwiesen des Naturschutzgebiets Trockenhänge Pottenstein aus. Solche Kalkmagerrasen zählen zu den artenreichsten Biotopen Mitteleuropas, auf denen zwischen den Wacholdern Silberdisteln, Küchenschellen und Kartäusernelken zu finden sind. Die Flächen werden durch Beweidung mit Schafen vor Verbuschung offengehalten. 120 Meter nach der Hofmannskapelle laufen wir nicht mehr auf dem Hauptweg weiter, sondern rechts auf der Fahrspur durch die Wacholderwiesen. Bald liegt links weiter unten der Parkplatz vor dem Schullandheim und unser Weg steigt in Richtung Hohe Warte etwas an. Geradeaus kommen wir auf dem Elisabethweg zum Aussichtspunkt **2 Hohe Warte**. Von hier aus bietet sich das umfassendste Panorama über Burg und Ort Pottenstein. Die Burg Pottenstein wurde um 1060 von Graf Boto von Pottenstein erbaut. Im

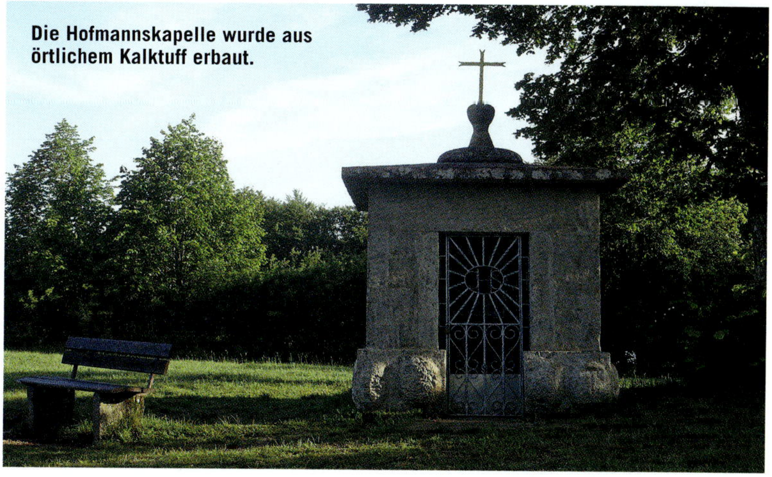

Die Hofmannskapelle wurde aus örtlichem Kalktuff erbaut.

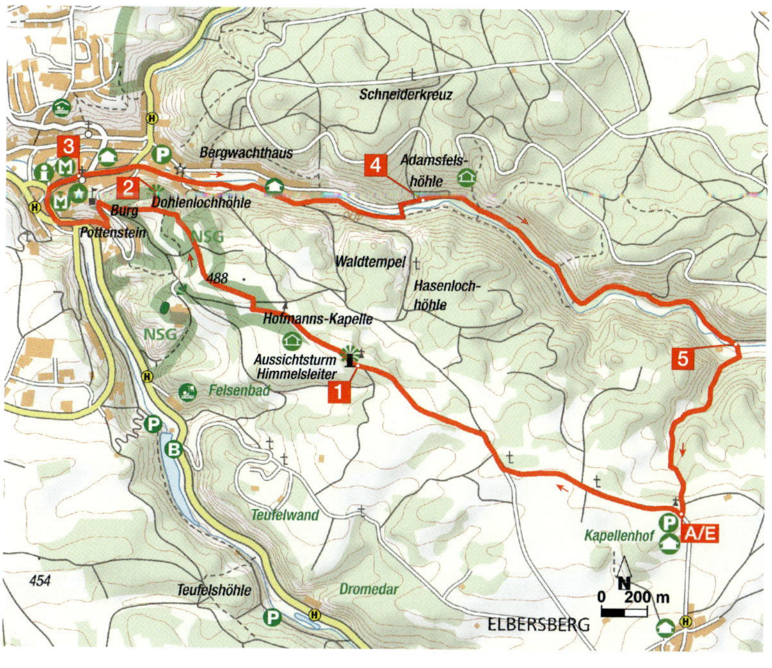

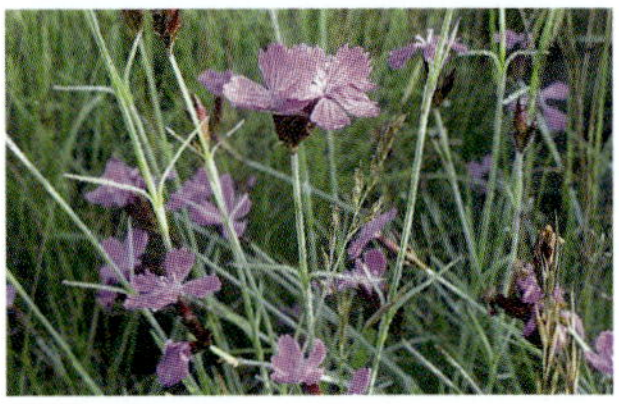

In den Kalkmagerrasen stehen Kartäusernelken.

13. Jahrhundert soll die Heilige Elisabeth von Thüringen auf der Burg separiert worden sein. Der Ort ist 150 Jahre älter und erhielt 1323 die Stadtrechte.

Zur Kirche Sankt Bartholomäus Vom Aussichtspunkt steigen wir zur Burg hinab. Die 1000-jährige Burg ist in Privatbesitz, kann aber außer Montag und Dienstag teilweise besichtigt werden. Im Palas sind drei Schauräume mit Objekten des Dreißigjährigen Kriegs und Militaria ausgestellt. Das Brunnenhaus und die Zehntscheune enthalten Hausrat und eine Ausstellung zur Burggeschichte. Eine Galerie erinnert an Elisabeth von Thüringen (www.burgpottenstein.de). Vom Garten der Burg besteht ein herrlicher Blick über den Ort Pottenstein. Von der Burg aus gesehen gehen wir mit der Markierung der senkrechten blauen Linie rechts auf dem Treppenweg nach Südosten hinunter. Unten geht es in spitzem Winkel nach rechts auf der Burgstraße weiter abwärts zur B 470, der wir nach rechts folgen. Nach 50 Metern biegen wir rechts in die Pegnitzer Straße ein und an der Kreuzung rechts in die Hauptstraße. Nach dem roten Scharfrichtermuseum steht die ❸ **Kirche Sankt Bartholomäus**. Der ursprünglich gotische Bau stammt aus dem 15. Jahrhundert, wurde aber 1755 als barocke Kirche neu überbaut.

Zum Kneippbad Gleich nach der Kirche steht links am Marktplatz der Marktbrunnen mit der Figur der Heiligen Elisabeth. Rechts vom Marktplatz stellen wir uns in die Fischergasse und sehen im Rückblick die schönste Ansicht Pottensteins mit Kirche und Burg. Aber es geht auf der Hauptstraße weiter in Richtung Osten. An der Straßengabelung vor der Brücke über die Püttlach laufen wir rechts im kleinen Löhrgäßchen weiter. Nach dem letzten Haus wird das Sträßchen zu einem romantischen Pfad entlang der Püttlach und wir bleiben für lange Zeit auf dieser Seite des Flüsschens. Ein Steg bietet die Möglichkeit zur Einkehr in

Spannende Erdgeschichte

Die Umgebung von Pottenstein ist besonders geeignet, um in die Erdgeschichte Einblick zu nehmen. Die imposanten Felskulissen um Pottenstein sind Reste tafelbankiger Dolomite aus dem Erdzeitalter des Juras. Die Erosion hat die Felstürme in den Tälern herauspräpariert und bildet so das reizvolle Landschaftsbild der Fränkischen Schweiz. Die Burg Pottenstein steht auf so einem mächtigen Dolomitfelsen, dessen Strukturen eines Schwammriffs deutlich erkennbar sind. Die ausgewaschenen Höhlen sind Archive vergangener Zeiten, denn dort wurden Reste ausgestorbener Tiere und Spuren früher Menschen gefunden. Das schönste Beispiel ist die Teufelshöhle bei Pottenstein, die größte Schauhöhle Bayerns. Besucher kommen aus der ganzen Welt, um dieses einzigartige Karstwunder zu bestaunen. Bei Exklusivführungen wird besonders auf die Geologie eingegangen. Auf dem Geopfad auf den Hohenmirsberg können sich Besucher ein Bild der Erdgeschichte der Fränkischen Schweiz machen. Dort oben ist sogar ein Fossilienklopfplatz, auf dem man mit etwas Glück ein Souvenir aus einer vergangenen Welt finden kann.

Waldcafé auf der anderen Seite des Bachs. Auf einem weiteren Steg überqueren wir die Püttlach und erreichen nach rechts das erfrischende ❹ **Kneippbad** und ein Wasserwerk, dessen Pumpe mit Wasserkraft betrieben wird.

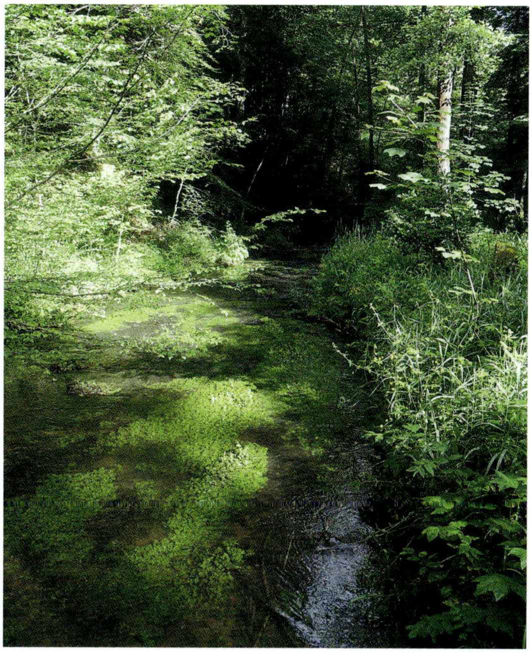

An der romantischen Püttlach führt der Wanderweg entlang.

Zum Steg Nach dem Kneippbad kommen wir an einem imposanten Kletterfelsen vorbei und überqueren danach auf einem ❺ **Steg** wieder die Püttlach in Richtung Elbersberger Kapelle. Auf der anderen Seite wartet an einer Wiese ein schöner Picknickplatz.

Zum Wanderparkplatz an der Elbersberger Kapelle Wir verlassen das romantische Püttlachtal und steigen in dem engen Geländeeinschnitt auf der Forststraße aufwärts. Weiter oben wird das Gebiet zu einem breiteren Wiesental. In den Flächen stehen neben Margeriten viele Kuckuckslichtnelken mit ihren zerzausten Blüten. Vom Picknickplatz an der Püttlach bis zum Parkplatz an der Ⓔ **Elbersberger Kapelle** sind es nur noch ein Kilometer, aber auch 100 Höhenmeter Aufstieg.

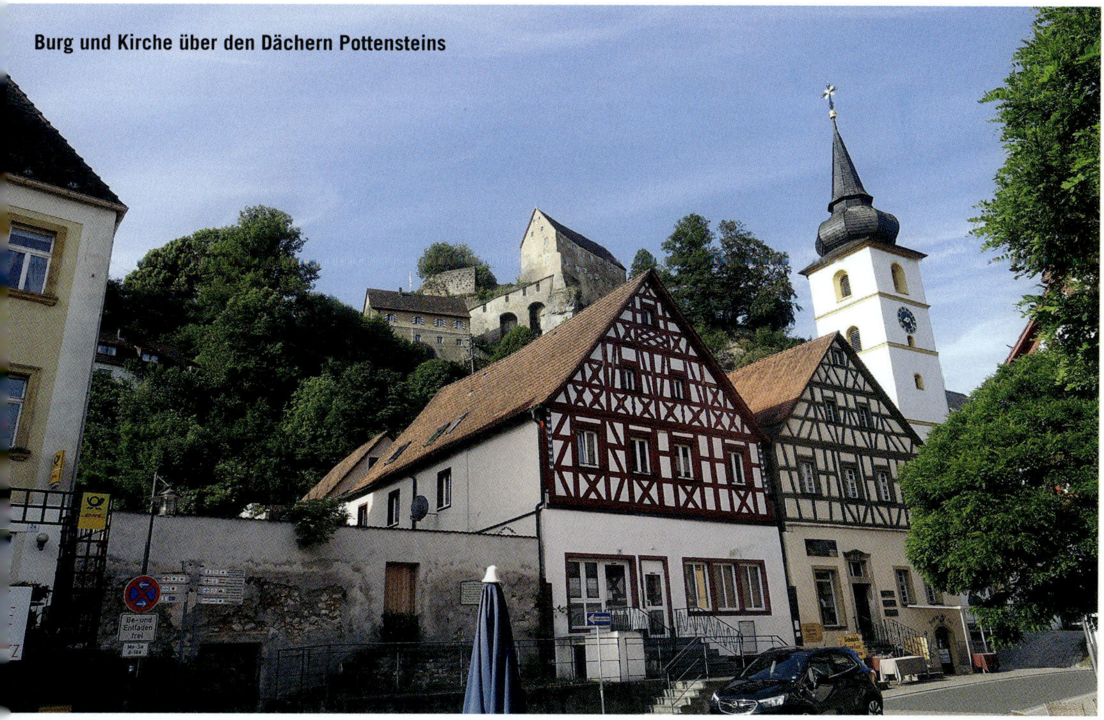

Burg und Kirche über den Dächern Pottensteins

29

Wanderung über Ebermannstadt

Tolle Aussichten und Bierkellerstimmung

Leicht | 2:30 Std. | 180 Hm | 8,0 km

Besonderer Genuss: Aussicht

Tourencharakter
Leichte, meist schattige Tour auf Forststraßen und Pfaden durch Wälder

Ausgangs-/Endpunkt
Parkplatz Pretzfelder Keller, GPS N49°45'38.5" E11°10'52.9", Höhe 345 m ü. NN

Anfahrt
Auto Auf der A73 zur Ausfahrt 26 Buttenheim und auf der St 2960 und St 2260 nach Pretzfeld
Bahn Nach Pretzfeld (www.bahn.de)

Gehzeiten
Parkplatz Pretzfelder Keller – Friedwald Parkplatz 3 0:30 Std. – Schlüsselstein 0:30 Std. – Wallerwarte 0:10 Std. – Judenfriedhof 1:00 Std. – Pretzfelder Keller 0:15 Std. – Parkplatz Pretzfelder Keller 0:05 Std.

Einkehr in Pretzfeld
Pretzfelder Keller, Hauptstraße 110, Tel. 0175/164 58 63, www.pretzfelderkeller.de (bei schönem Wetter Frühjahr bis Herbst, Mo–Sa ab 16 Uhr, So ab 11 Uhr)
Brauerei Nikl, Egloffsteiner Straße 19, Tel. 09194/72 50 25, www.brauerei-nikl.de

Karten
Fränkische Schweiz, UK L 29, 1:50 000 (www.lvg.bayern.de)
Fränkische Schweiz Süd, Nr. 53, 1:50 000 (www.fritsch-landkartenverlag.de)

Touristinformation
Oberes Tor 1, 91320 Ebermannstadt, Tel. 09191/86 10 54, www.fraenkische-schweiz.com

Der schattige Wanderweg durch Wälder zwischen Pretzfeld und Ebermannstadt ist etwas für heiße Tage. Umso mehr als am Ende der aussichtsreichen Tour kühles Bier, Brotzeiten und fränkische Spezialitäten auf dem Pretzfelder Keller auf die Wanderer warten.

Zum Friedwald Vom Ende des unteren Ⓐ **Parkplatzes Pretzfelder Keller** starten wir auf dem gesperrten Feldweg nach Norden durch Streuobstwiesen. Am schönsten ist es hier zur Kirschblüte. Um den Markt Pretzfeld erstreckt sich das größte geschlossene Süßkirschenanbaugebiet Deutschlands und eines der größten in Westeuropa. Bedingt durch die wärmebegünstigte Lage auf durchlässigen, nährstoffreichen Böden stehen auf 1700 Hektar Fläche über 200 000 Süßkirschenbäume.
An der Weggabelung nach der Hochspannungsleitung wandern wir rechts in den Mischwald hinauf. Der Weg endet an einer Forststraße, der wir nach links abwärts in Richtung Friedwald folgen.

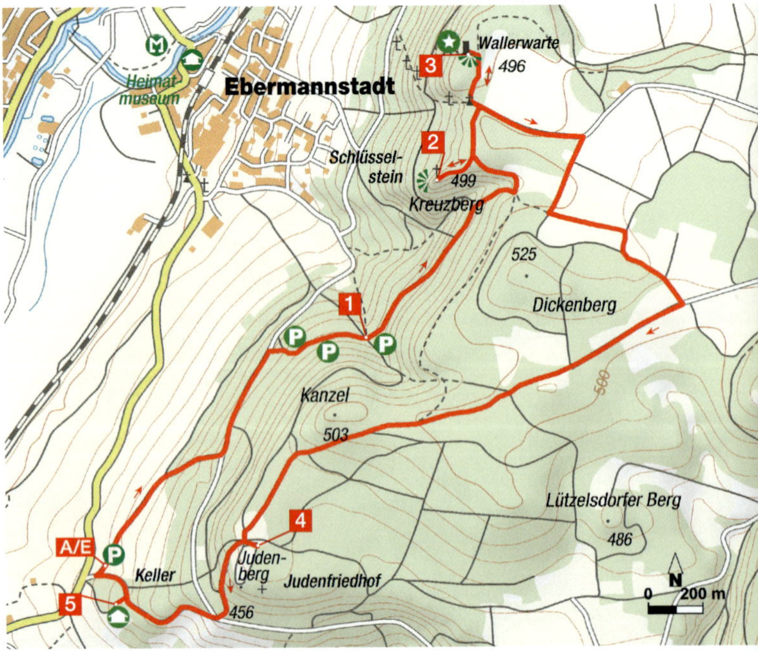

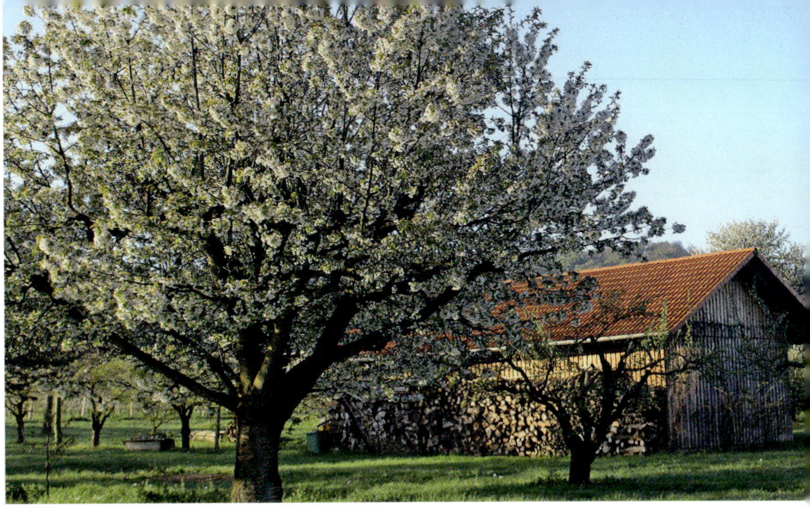

200 Meter vor einem Abzweig mit Wegweiser können wir rechts auf einem Pfad aufwärts die Strecke abkürzen. Auf der gepflasterten Straße kommen wir am Parkplatz 2 vorbei und erreichen den Parkplatz 3 mit Schutzhütte am **1 Friedwald**. Seit 20 Jahren gibt es Bestattungswälder als Alternative zu klassischen Friedhöfen. Immer mehr Menschen rührt es an, sich schon zu Lebzeiten einen Baum auszusuchen, an dem zu gegebener Zeit ihre Asche beigesetzt wird.

Am schönsten ist es bei Pretzfeld zur Zeit der Kirschblüte.

Auf den Schlüsselstein Auf der Forststraße wandern wir mit der Markierung blauer Punkt weiter bergan in nordöstliche Richtung. Bald ist voraus das große Kreuz auf dem Burgstall Schlüsselstein zu sehen. In einer engen Linkskurve müssen wir rechts in einem Graben steil hinauf in Richtung Wohlmuhtshüll. An einem Steinwall vor einer Wiese gehen wir auf dem Pfad mit der Markierung blaue Raute links weiter. An einer Kreuzung laufen wir in einem Abstecher links zum Aussichtspunkt **2 Schlüsselstein**. Auf dem Schlüsselstein stand seit dem 12. Jahrhundert eine

Unten links: Panorama vom Aussichtsturm Wallerwarte über Ebermannstadt

Unten rechts: Der alte Aussichtsturm Wallerwarte

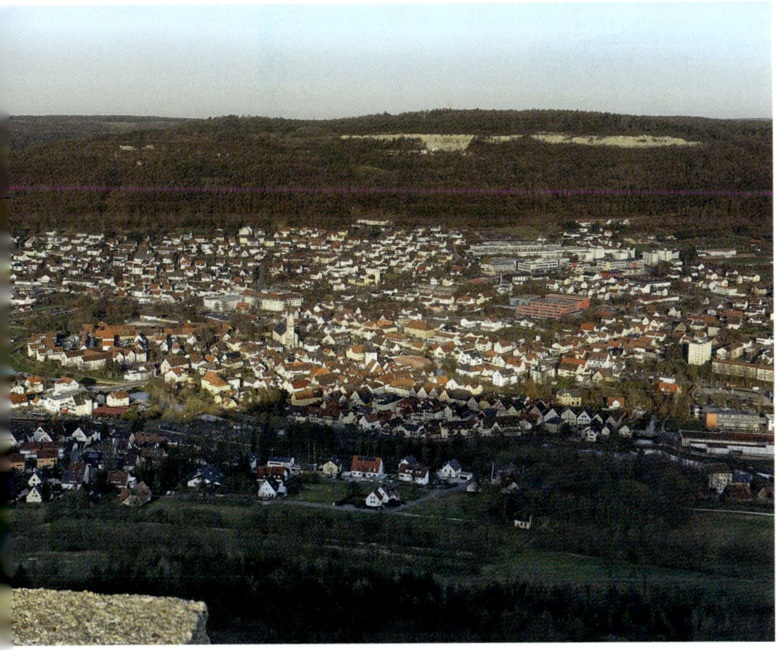

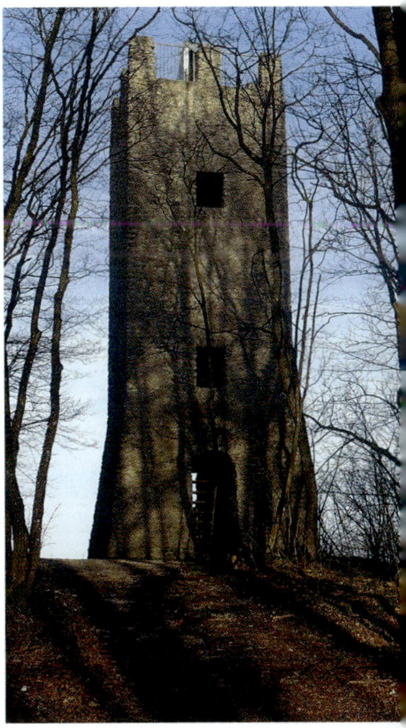

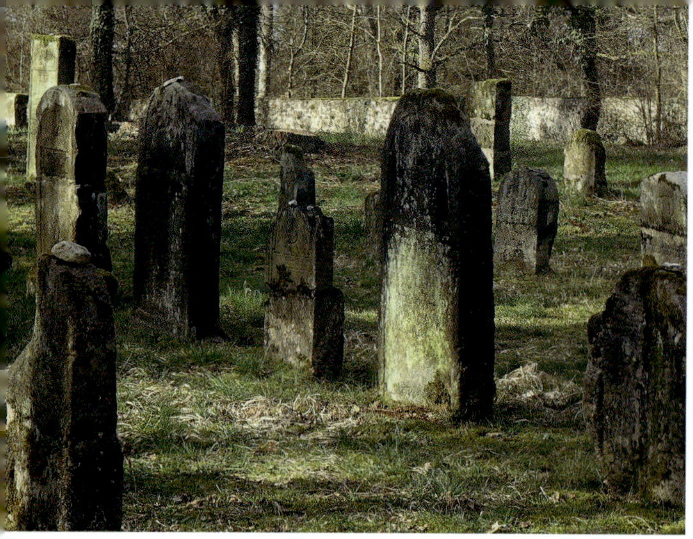

Der Judenfriedhof existiert seit dem 17. Jahrhundert.

mittelalterliche Burg. Erkennbar sind nur noch zwei Gräben. Der Burgstall ist ein wunderbarer Aussichtsplatz mit Blick auf Ebermannstadt und in das untere Tal der Wiesent.

Zum Aussichtsturm Wallerwarte Vom Schlüsselstein wandern wir zurück und nun mit der Markierung blaue Raute über die Kreuzung geradeaus nach Norden in Richtung Wallerwarte. An der Kreuzbergkapelle bleiben wir im Prinzip geradeaus und kommen in einem Abstecher zum Aussichtsturm 3 **Wallerwarte** hinauf. Der denkmalgeschützte Aussichtsturm wurde 1931 erbaut und ist ebenfalls eine hervorragende Aussichtswarte.

Zum Judenfriedhof Von der Wallerwarte laufen wir wieder zurück und jetzt nach der Kapelle mit der Markierung blaue Raute links in Richtung Wohlmuhtshüll am Waldrand entlang. Am Ende des Walds wandern wir in spitzem Winkel ohne Markierung rechts und folgen diesem deutlichen Feldweg bald an einer gelben Bank nach links über die Felder. Wieder am Wald schwenkt der Weg nach links und trifft schließlich auf einen asphaltierten

Beste Aussicht über das Wiesenttal

Sowohl der schroffe Schlüsselstein auf dem Kreuzberg als auch der alte Aussichtsturm Wallerwarte sind hervorragende Aussichtspunkte über dem Tal der Wiesent. Schauen wir nach Südwesten, schweift der Blick das breite Wiesenttal hinab. Bei gutem Wetter kann man bis Forchheim schauen. Davor leuchtet auf der rechten Seite des Tals auf dem Reifenberg die Sankt-Nikolaus-Kapelle, die sogenannte Vexierkapelle. Einst stand an dieser Stelle die mittelalterliche Burg der Edelfreien von Reifenberg. Am augenfälligsten ist die Sicht über Ebermannstadt. Die Stadt nennt sich »Herz der Fränkischen Schweiz«. Sie wird von zwei Armen der Wiesent liebevoll umflossen. Die Altstadt mit altfränkischen Fachwerkhäusern und idyllischen Ansichten liegt also auf einer Flussinsel. Seit dem 16. Jahrhundert sind Wasserschöpfräder in Ebermannstadt belegt. Ein Wasserrad ist denn auch das Wahrzeichen der Stadt und auch auf dem Stadtwappen. Über der Stadt ist der Turm der »Burg« Feuerstein zu sehen, als Forschungslabor 1941 errichtet, heute Jugendbildungsstätte der Erzdiözese Bamberg.

Wirtschaftsweg. Wir gehen rechts auf den letzten Metern mit Asphaltbelag in Richtung Pretzfeld und dann geradeaus in den Wald hinein. Alle Abzweige missachtend bleiben wir geradeaus und werden bald von der Markierung blaue Linie begleitet. Der Forstweg wird zu einem alten Hohlweg, der abwärtsleitet. Nach einem ehemaligen Steinbruch müssen wir an einer T-Kreuzung rechts. Aber hier können wir zuerst links oben durch ein Tor auf den 4 **Judenfriedhof** schauen. Der seit dem 17. Jahrhundert bestehende jüdische Friedhof war Verbandsfriedhof, also zentraler Begräbnisplatz für jüdische Gemeinden des Forchheimer Lands. Die letzte Beerdigung fand 1894 statt.

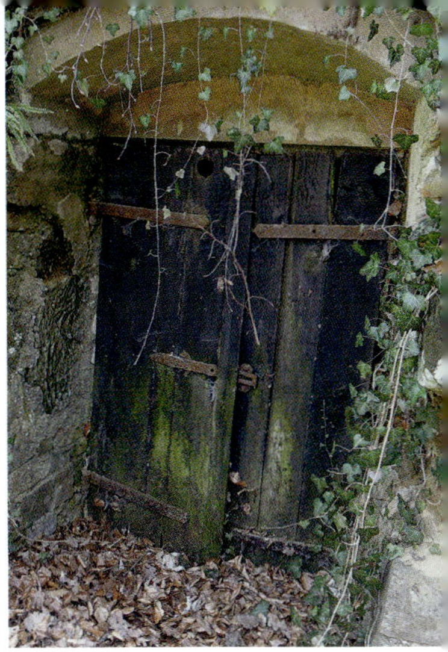

Oberhalb von Pretzfeld gab es einst viele Bierkeller.

Zum Pretzfelder Keller Nun also vom Tor des Friedhofs an der T-Kreuzung geradeaus in Richtung Pretzfeld hinunter. An einer Kreuzung nach der Hochspannungsleitung wandern wir auf dem zweiten Weg rechts hinunter. Das asphaltierte Sträßchen ist der Kirschenweg, der weiter unten an zahlreichen ehemaligen Bierkellern vorbeiführt. Die Einkehr im 5 **Pretzfelder Keller** ist für Wanderer Pflicht. Gut, dass die Epoche des Bierkriegs vorbei ist und wir hier mit Aussicht auf das Walberla Pretzfelder Bier trinken können. Ebermannstadt hatte den Pretzfeldern 1513 schriftlich verboten »zu mälzen und zu bräuen«. Sie sollten das Bier aus Ebermannstadt beziehen. Dies wurde von der Pretzfelder Schlossverwaltung missachtet, indem sie auch die örtlichen Wirtshäuser beliefern ließ. Daraufhin überfielen die Ebermannstädter 1690 das Pretzfelder Schloss und vernichteten die Brauerei. Ein jahrzehntelanger Prozess in dieser Angelegenheit gab dem Standpunkt der Ebermannstädter Recht und die Schlossbrauerei Pretzfeld durfte damals nur noch für den Eigenbedarf brauen.

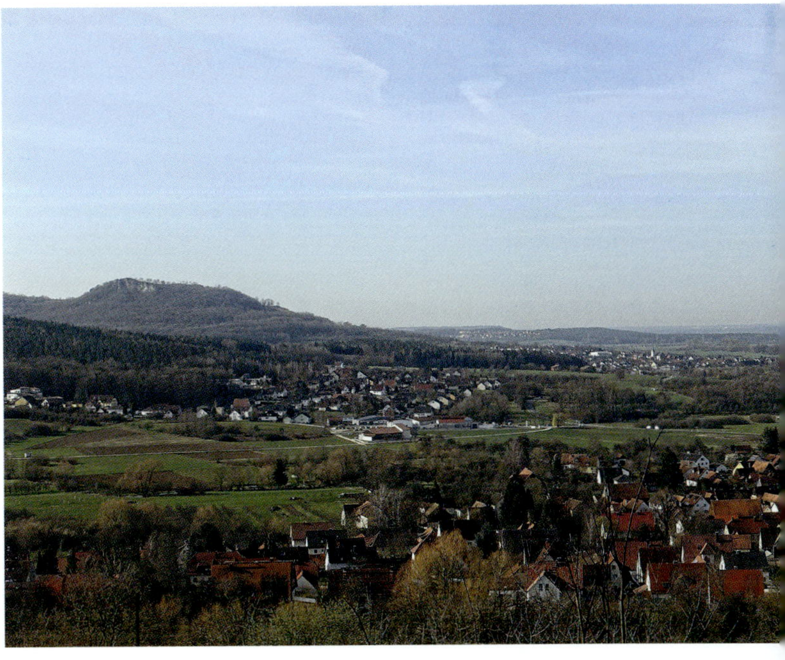

Aussicht vom Pretzfelder Keller zum Walberla (Tour 30)

Zum Parkplatz Pretzfelder Keller Vom Bierkeller brauchen wir jetzt nur noch auf dem asphaltierten Sträßchen ohne Mühe zum nahen E **Parkplatz Pretzfelder Keller** bergab laufen.

30

Viel geliebtes Walberla

Glanzstück der Geologie und Geschichte

Leicht | 2:30 Std. | 240 Hm | 6,4 km

Besonderer Genuss: Kultur am Wegrand

Tourencharakter
Leichte, größtenteils sonnige Tour auf Forststraßen und Pfaden durch Wälder, Wiesen und Streuobstwiesen

Ausgangs-/Endpunkt
Wanderparkplatz Walberla Kirchehrenbach, GPS N49°43‘42.8“ E11°08‘47.4“, Höhe 320 m ü. NN

Anfahrt
Auto Auf der A73 zur Ausfahrt Forchheim-Nord und auf der B470 nach Kirchehrenbach
Bahn Von Forchheim nach Kirchehrenbach (www.bahn.de, www.vgn.de)

Gehzeiten
Wanderparkplatz Walberla – Feldkreuz Klaaruh 0:25 Std. – Walburgiskapelle 0:10 Std. – Walberla westlicher Gipfel 0:05 Std. – Walberla östlicher Gipfel 0:10 Std. – historisches Haupttor 0:10 Std. – Rodenstein 0:15 Std. – Wanderparkplatz Walberla 1:15 Std.

Einkehr
Restaurant Café Zum Walberla, Zur Ehrenbürg 21, 91356 Kirchehrenbach, Tel. 09191/94765, www.zum-walberla.de

Karten
Fränkische Schweiz südlicher Teil, UK L 29, 1:50000 (www.lvg.bayern.de)
Fränkische Schweiz Süd, Nr. 53, 1:50000 (www.fritsch-landkartenverlag.de)

Touristinformation
Seidmar 6, 91359 Leutenbach, Tel. 09197/625090, www.walberla.de

Der Panoramaweg über das Walberla bietet bestimmt einige der besten Aussichtspunkte in der Fränkischen Schweiz. Sagen über die Walpurgisnacht umspannen die Felstürme und noch heute geht es in dieser Nacht auf dem Berg hoch her.

Zum Feldkreuz Vom Ⓐ **Wanderparkplatz** am südlichen Ende von Kirchehrenbach marschieren wir unfehlbar den Wegweisern zum Walberla folgend nach Süden aufwärts am Informationspavillon und an der Kneippanlage vorbei. Am ersten Abzweig biegen wir vor der Bank unter der großen Linde auf das Asphaltsträßchen links ein. Wir peilen als Zwischenziel das große Kreuz an, das bald zu sehen ist. An einer Kreuzung mit Bank werden wir von links zurückkommen. Jetzt geht es aber nach rechts weiter aufwärts durch eine Schranke. Nach einer Linkskehre mit Blick auf die Felsformation »Steinerne Frau« sind wir am Aussichtspunkt mit dem ❶ **Feldkreuz Klaaruh** (kleine Ruhe). Die Aussicht nach Forchheim und über Kirchehrenbach in das Wiesenttal ist ein Genuss. Hier lässt sich gut die Vorstellung der Entstehung der Landschaft nachvollziehen. 60 Millionen Jahre lang setzten sich am Grund des

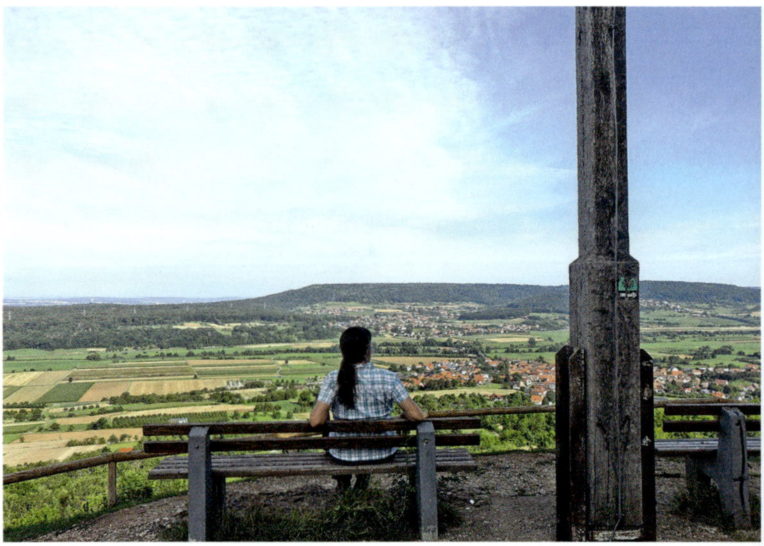

einstigen süddeutschen Flachmeers Sedimente ab, die heute den Frankenjura bilden. Durch Erosion hat sich das Walberla als sogenannter Zeugenberg herausgebildet, weil er die freigelegten unteren Schichten aufzeigt. Die bizarren Felsgebilde sind ehemalige Schwammriffe aus kristallinem Dolomit.

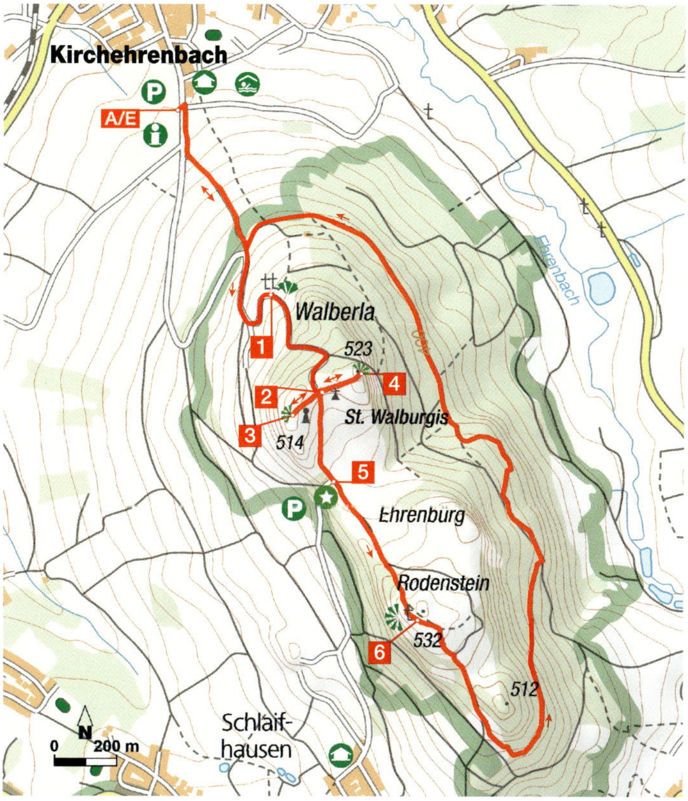

Zur Walburgiskapelle Vom großen Feldkreuz wandern wir auf der Straße nun steiler aufwärts und kommen zur **2 Walburgiskapelle**. Die Kapelle wurde schließlich zum Namensgeber des Walberla, der eigentlich Ehrenbürg heißt. Eine hölzerne Kapelle wurde schon 1350 genannt. Der heutige Bau stammt aus dem 17. Jahrhundert. Wahrscheinlich wurde hier ein heidnischer Kultplatz christianisiert. Dafür sprechen auch die vielen Sagen und Mythen um die Walpurgisnacht, in der sich Hexen mit dem Teufel treffen. Nach christlichem Glauben soll die heilige Walburga vor Hexen schützen. Wie dem auch sei, die moderne Statue der Walburga an der Kapelle ist gut gelungen.

Linke Seite: Blick von der Klaaruh nach Norden zur Vexierkapelle bei Reifenberg

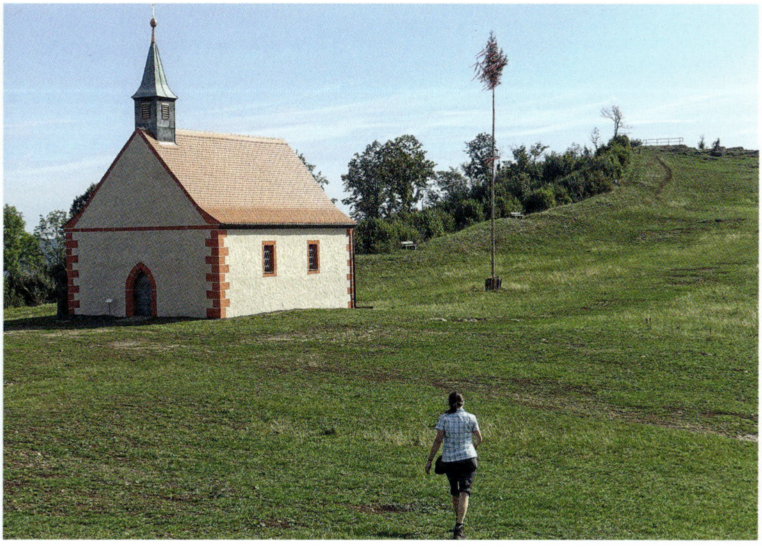

Die Walburgiskapelle vor dem östlichen Gipfel des Walberla

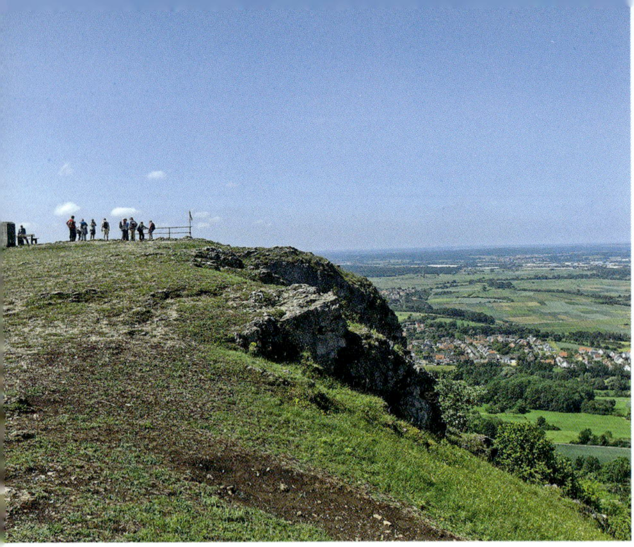

Auf das Walberla westlicher Gipfel Von der Kapelle wenden wir uns nach Westen, das ist vom Weg des Aufstiegs aus gesehen rechts. Am ❸ **Walberla westlicher Gipfel** steht ein Gedenkstein für Prinzregent Luitpold von Bayern. Die Fernsicht geht im Westen über Forchheim bis in den Steigerwald. Im Norden ist auf dem bewaldeten Hügel die Vexierkapelle bei Reifenberg zu sehen.

Zum Walberla östlicher Gipfel Nun gehen wir an der Walburgiskapelle vorbei auf den höheren ❹ **östlichen Gipfel des Walberla** am Abbruch der Geierswand. Weit reicht der Blick nach Norden über Pretzfeld und Ebermannstadt in das Wiesenttal. Ein Blick über das gesamte Hochplateau des Walberlas zeigt eine große Senke zwischen dem westlichen und dem östlichen Gipfel und auch zwischen dem südlichen Rodenstein. Während diese hohen Punkte aus hartem Riffdolomit bestehen, wurden die niederen Stellen aus weicheren gebankten Kalken schneller abgetragen.

Blick vom westlichen Gipfel über Wiesenthau nach Forchheim

Rechte Seite: In der Senke zwischen den Gipfeln steht die Walpurgiskapelle.

Vom östlichen Gipfel reicht der Blick bis nach Ebermannstadt.

Zum historischen Haupttor Unser nächstes Ziel ist der Rodenstein im Süden und der Weg über die Kapelle dorthin ist gut zu überschauen. Am tiefsten Punkt der Senke ist nach einem Abzweig, der nach Schlaifhausen hinunterführt, ein rekonstruiertes Stück der ehemaligen keltischen Befestigung zu sehen, die das gesamte Hochplateau umfasste (siehe Infokasten). Hier war das ❺ **historische Haupttor** der Anlage.

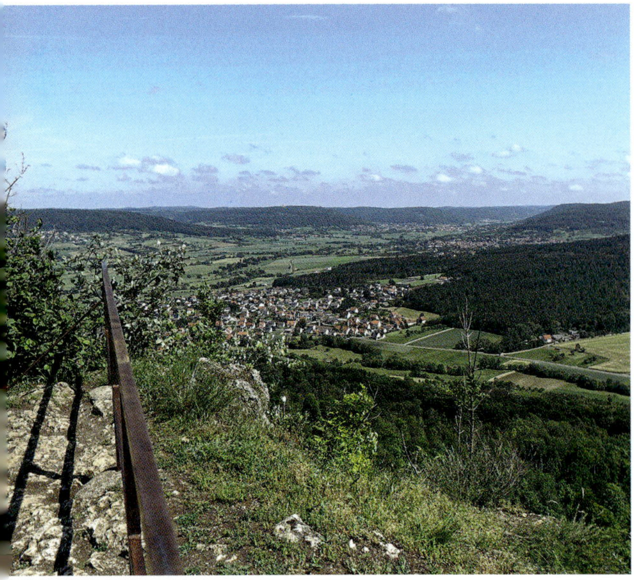

Auf den Rodenstein Schließlich steigt der Weg an und zuletzt erreichen wir über Treppen das weithin sichtbare Gipfelkreuz auf dem ❻ **Rodenstein**. Der südliche Gipfel des Walberlas ist wegen der seltenen Pflanzen in den Halbtrocken- und Trockenrasen als Naturschutzgebiet ausgewiesen. Am Horizont liegen im Nordwesten Bamberg und Erlangen sowie Nürnberg im Süden. Neben dem Staffelberg (Tour 17) bei Staffelstein ist das Walberla sicher einer der schönsten Aussichtspunkte Frankens.

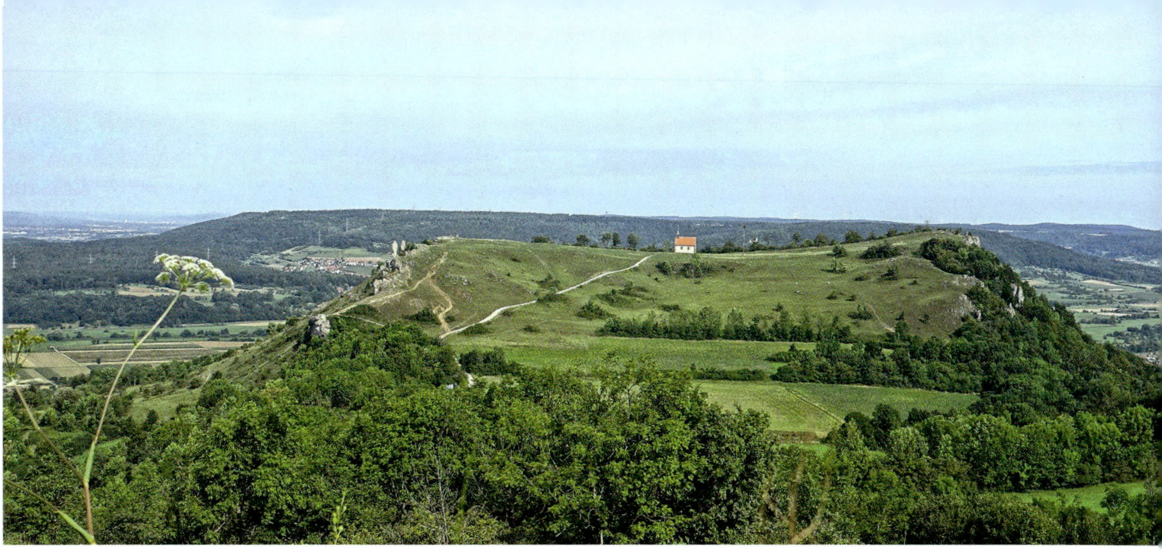

Zum Wanderparkplatz Vom Rodenstein geht es auf dem Weg nach Südosten hinab. An einem Abzweig bleiben wir geradeaus abwärts. In der Senke folgen wir dem Weg an der rechten Bergflanke in den Wald hinein. Nach einer schönen Blumenwiese oberhalb von Schlaifhausen quert der Walberla-Rundweg, dem wir vor der Obstplantage nach links folgen. Die Wegmarkierung ist die Silhouette der markanten Walberlagipfel, einer Krone nicht unähnlich. Eine weite Strecke haben wir nun Schatten im Wald unterhalb der schroffen Ostseite auf halber Höhe der Ehrenbürg. An einer T-Kreuzung müssen wir mit der Markierung links aufwärts. An einer Weggabelung geht es dann rechts abwärts. An einer Kreuzung bleiben wir geradeaus und müssen auf einem engen Pfad wieder etwas aufwärts. Links oben ist die steile Geierswand zu sehen. Auf ihr ist der Aussichtspunkt des östlichen Walberlagipfels. An einer weiteren Weggabel bleiben wir auf dem breiteren Weg geradeaus abwärts. Der Weg mündet in einen Forstweg und nach links erreichen wir in einem weiten Linksbogen die Kreuzung mit der Bank, die wir vom Aufstieg her kennen. Der Weg nach rechts hinunter zurück zum Wanderparkplatz ist leicht zu finden. Kurz vor dem E **Wanderparkplatz** genießen wir noch die wohltuende Abkühlung unserer Füße im Kneippbecken.

Frühe Besiedelung

Eine Erschließung des Walberlas ist seit der frühen Jungsteinzeit durch Keramikfunde bis ins 5. Jh. n. Chr. nachweisbar. Im 13. Jh. v. Chr. (Bronzezeit) und neuerlich im 3. Jh. v. Chr. (Latènezeit) war der Berg mit einer Steinmauer zu einer stark befestigten, großen Siedlung ausgebaut worden. Durch Ausgrabungen konnten Tausende Kellergruben nachgewiesen werden, die auf eine dichte Besiedelung dieser frühen Stadt schließen lassen. Der Rodenstein war wohl die nochmals befestigte Akropolis. Der von Schlaifhausen zum antiken Tor heraufführende Weg diente als Zufahrt zu der Befestigung in der Bronzezeit und auch in der Latènezeit. Diese Straße dürfte daher der älteste Fahrweg Oberfrankens sein. Die frühkeltische Siedlung unterhielt Kontakte bis in den Mittelmeerraum. Die Ehrenbürg war einst ein politisches und wirtschaftliches Zentrum, dessen Geltung weit über die Region hinausreichte.

31

Zur Burg Egloffstein

Aussichtsplätze über dem Trubachtal

Leicht | 2:50 Std. | 310 Hm | 8,1 km

Besonderer Genuss: Ruhe und Natur

Tourencharakter
Leichte, meist schattige Tour mit deutlichen Höhenunterschieden auf befestigten Wegen und Pfaden durch Wälder und Wiesen. Im Ortsgebiet auf Straßen

Ausgangs-/Endpunkt
Parkplatz Mostviel, GPS N49°42‘44.5“ E11°15‘24.6“, Höhe 350 m ü. NN

Anfahrt
Auto Auf der A73 zur Ausfahrt 28 Forchheim-Süd und auf der St2243 und St2242 nach Mostviel
Bahn Nach Forchheim und mit dem **Bus** Linie 222 nach Mostviel (www.bahn.de)

Gehzeiten
Parkplatz Mostviel – Spiegelfelsen 0:30 Std. – Affalterthal 0:25 Std. – Balkenstein 0:30 Std. – Trubachbrücke 0:25 Std. – Burg Egloffstein 0:30 Std. – Wasserrad 0:25 Std. – Parkplatz Mostviel 0:15 Std.

Einkehr in Egloffstein
Gasthof Schloßblick, Mostviel 4, Tel. 09197/297, www.gasthof-schlossblick.de
Café Mühle, Talstraße 10, Tel. 09197/292, www.backhaus-wirth.de

Karten
Fränkische Schweiz südlicher Teil, UK L 29, 1:50 000 (www.lvg.bayern.de)
Fränkische Schweiz Süd, Nr. 53, 1:50 000 (www.fritsch-landkartenverlag.de)

Touristinformation
Felsenkellerstraße 20, 91349 Egloffstein, Tel. 09197/202, www.egloffstein.biz

Die Aneinanderreihung der Aussichtsplätze auf dieser Wanderung ergibt einen Panoramaweg rund um Egloffstein. Überragt von der Burg Egloffstein liegt der malerische Ort im idyllischen Trubachtal, das von markanten Fels- und Waldhängen eingerahmt ist.

Zum Spiegelfelsen Vom **A Parkplatz in Mostviel** starten wir zum guten Gasthof Schloßblick und an der Mauer der Terrasse mit der Markierung rote Linie rechts aufwärts in Richtung Affalterthal. An der Weggabel halten wir uns links, steil über die Wiese hinauf. Der Pfad stößt oben am Waldrand auf einen querenden Forstweg, dem wir nach rechts folgen. Nach 300 Metern können wir links zum Spiegelfelsen abbiegen. 20 Meter nach dem Picknicktisch steigt mit der Markierung schwarzer Ring nach links eine Treppe durch den Wald steil bergan. Nach einem senkrechten Kletterfelsen erreichen wir die Hochfläche und gehen links zum Aussichtspunkt **1 Spiegelfelsen**. Am Picknickplatz auf der Kanzel liegt uns das Trubachtal zu Füßen.

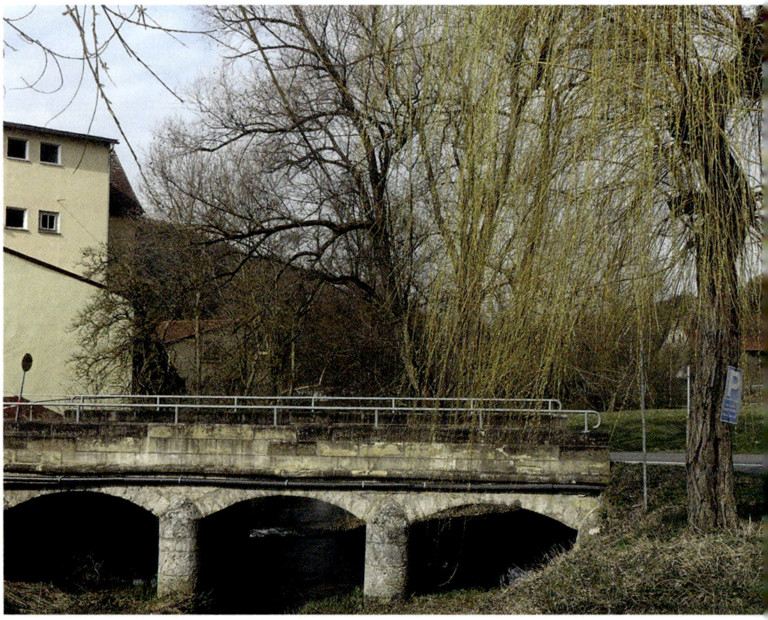

Nach Affalterthal Unser Weg leitet wieder zurück und wir halten uns dann etwas links zu einer Forststraße, der wir mit der Markierung schwarzer Ring nach rechts in Richtung Nordosten folgen. Nach 900 Metern neigt sich der Weg abwärts zur T-Kreuzung am Parkplatz in ❷ **Affalterthal**.

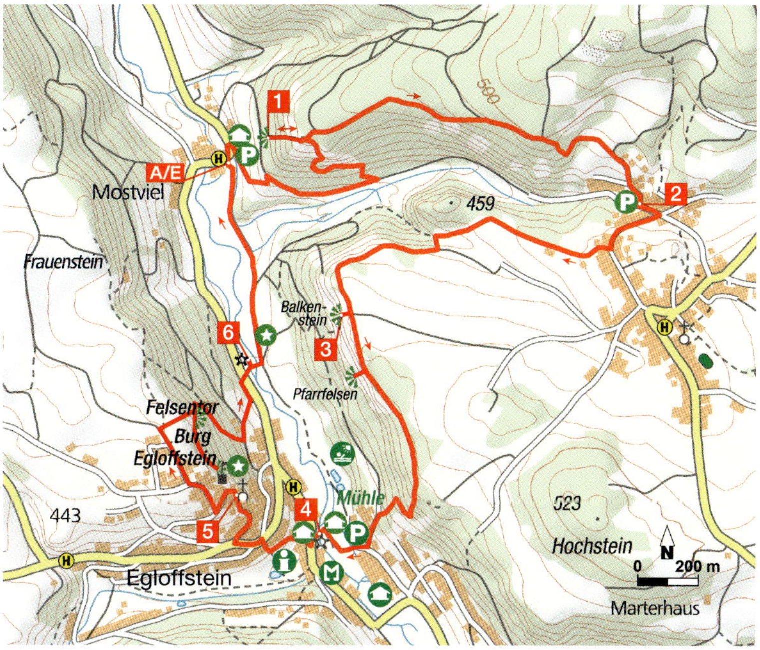

Auf den Balkenstein Wir wenden uns nach links und dann gegenüber dem Haus Nr. 104 in spitzem Winkel nach rechts wieder aufwärts. Vor dem Haus Nr. 84 müssen wir in spitzem Winkel rechts und laufen dann auf einem Feldweg aus dem Dorf hinaus. An zwei Weggabelungen wandern wir jeweils links und dann durch den Heugraben. Die Markierungen sind ein gelber Ring und das Zeichen für den Kulturweg Egloffstein. Weiter oben führt der Pfad am Rand einer Wiese weiter und abrupt rechts wieder in den Wald hinein zum Aussichtspunkt ❸ **Balkenstein**. Über das Trubachtal schauen wir nach Süden bis zur Burg und zum Ort Egloffstein. In den bewaldeten Hängen mit altem Baumbestand kommen viele alte Eiben vor.

Linke Seite: An der romantischen alten Brücke über den Trubach in Mostviel

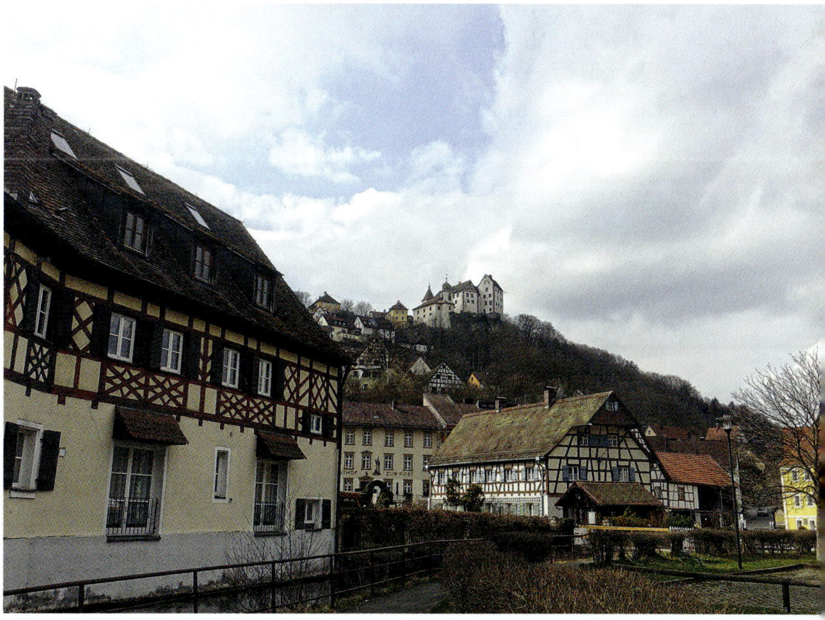

An der Brücke über den Trubach steht in Egloffstein das Café Mühle.

Zur Trubachbrücke Wir bleiben weiter auf dem Weg mit der Markierung gelber Ring auf der Geländekante nach Süden und erreichen den wunderbaren Aussichtspunkt Pfarrfelsen, der schon fast gegenüber der Burg Egloffstein liegt. Egloffstein ist mit seiner Burg die Perle des Trubachtals. Vor einem großen aufgeschichteten Steinhaufen geht es mit der Markierung gelber Ring auf einem Pfad rechts hinunter und an einer T-Kreuzung rechts in Serpentinen hinab. Nach einem Wochenendhäuschen im Wald bleiben wir geradeaus auf der Linie der Serpentinen. An der T-Kreuzung vor einer Wiese wenden wir uns nach links abwärts. Unten treffen wir mit Blick auf die Burg auf die Badstraße und gehen rechts unten an der Schule über den kleinen Bach. An einem Parkplatz vorbei erreichen wir vor dem Café Mühle die 4 **Trubachbrücke**.

Zur Burg Egloffstein Nach dem Trubach kommen wir zur Talstraße und gehen links. Direkt nach dem Gasthof zur Post biegen wir rechts in das Heidgäßchen ein, das zu einer Treppe wird. Am Marktplatz steigen wir rechts des alten Rathauses auf der Burgbergstraße weiter aufwärts in Richtung Burg. Zwischen den Häusern Nr. 61 und 63 können wir rechts auf einer Treppe etwas abkürzen. Auf dem Kirchenweg geht es rechts weiter nach oben und an der Kreuzung auf dem Gehweg zur 5 **Burg Egloffstein** hinauf und wir stehen vor der Burgkirche. Das Stammschloss der Freiherren von Egloffstein überragt auf steilem Fels den Ort. Die Herren von Egloffstein sind urkundlich seit 1180 nachweisbar. Die Burg wurde aber erst 1358 erwähnt. Interessierte können die Burg mit Voranmeldung besichtigen (Tel. 09197/8780, www.burg-egloffstein.de).

Zum Wasserrad Aus dem Innenhof der Burg wandern wir auf der Burgbergstraße weiter aufwärts und an der Kreuzung auf der Egilolfstraße rechts. Nach der Linkskurve müssen wir am alten Feuerwehrhaus rechts in Richtung Hundshaupten und am letzten Haus wieder rechts auf den Pfad, der an einem Zaun entlang auf dem Wall aus Lesesteinen zu einem Aussichtsfelsen führt. Hier steigen wir später auch hinunter, schauen uns aber zuvor in einem Abstecher nach rechts den Aussichtsplatz Wilhelmsfelsen an. Dazu laufen wir auf der Geländekante nach Süden fast bis zur Burg zurück. Gegenüber sind die Aussichtspunkte Balkenstein

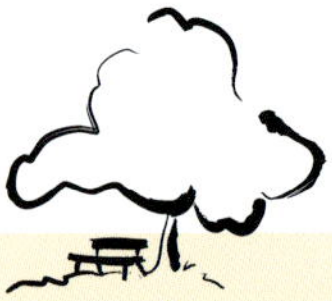

Im Wildpark Hundshaupten

In Hundshaupten, zum Markt Egloffstein gehörend, steht nicht nur ein imposantes Schloss aus dem 14. Jahrhundert. Dort liegt auch der Wildpark Hundshaupten, eine 40 Hektar große Tierparkanlage. Innerhalb des bewaldeten Wildparks ragen auch einige markante Felsgebilde heraus, einer als Aussichtspunkt mit Blick zum Schloss Hundshaupten. In dem riesigen Freigelände kann man Tiere in ihrer natürlichen Umgebung beobachten. Rot- und Damwild, Elche, das zottelige Wisent, Luchse, Wölfe, Wildschweine, Mufflons, Steinböcke und Gämsen sind zu bestaunen. Im Unterschied zu herkömmlichen Zoos wird das Wild nicht nur innerhalb kleinerer Umzäunungen gezeigt, sondern die Tiere werden eher großflächig, wie im natürlichen Lebensraum, präsentiert. Sonntags findet eine mitreißende Greifvogelschau statt. Auf dem Gelände ist auch eine Gaststätte (Tel. 09191/861280, www.wildpark-hundshaupten.de).

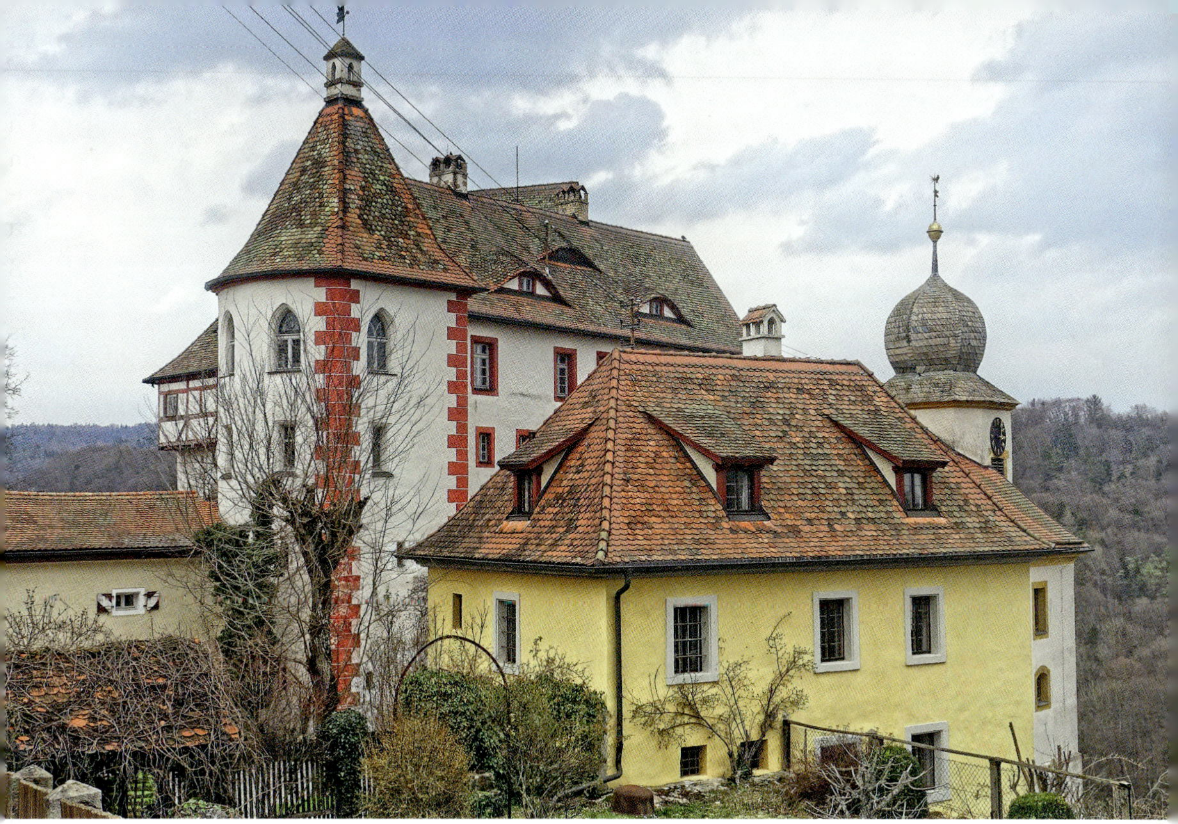

und Pfarrfelsen und im Norden unser Ausgangspunkt bei Mostviel zu sehen. Wieder am ersten Aussichtsfelsen zurück steigen wir nun also ab zum Felsentor, einem natürlichen Durchbruch in einem großen Felsen. Ein Steig ermöglicht uns einen schnellen Abstieg in den Wald hinunter. Auf einer querenden Schlepperspur gehen wir rechts und dann links auf einer Treppe zwischen Häusern zur Rabensteinstraße hinunter, der wir nach links folgen. Am letzten Haus führt rechts ein romantischer Pfad in Richtung Wasserrad hinab. Wir überqueren die Straße St2260 um 50 Meter nach links versetzt und sehen unten in der Wiese schon das 6 **Wasserrad**.

Die Burg Egloffstein stammt wohl aus dem 14. Jahrhundert.

Das Egloffsteiner Wasserrad ist eine unerschöpfliche Energiequelle.

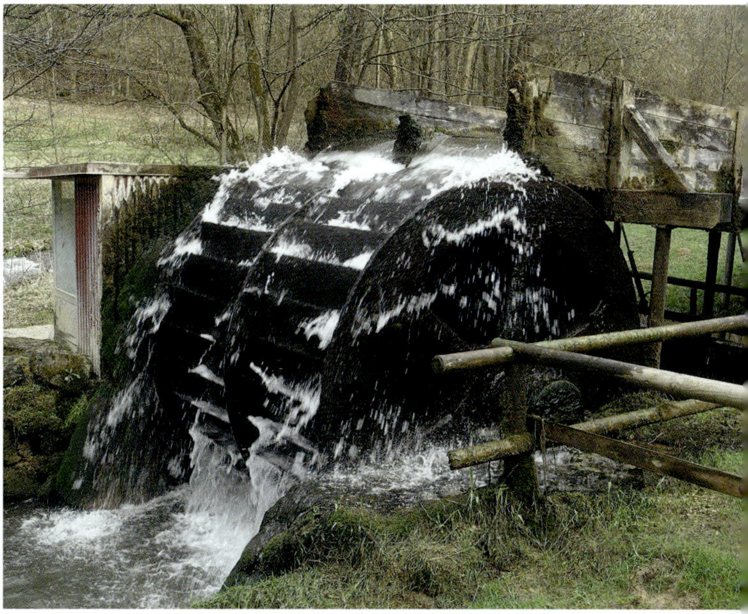

Zum Wanderparkplatz Mostviel
Vom Wasserrad wandern wir über den Trubach und dann links nur noch 700 Meter nach Norden bis zum E **Parkplatz Mostviel**.

32

Zur Burgruine Leienfels

Waldeinsamkeit bei Obertrubach

Leicht 2:30 Std. 260 Hm 7,4 km

Besonderer Genuss: Aussicht

Tourencharakter
Leichte, vorwiegend schattige Tour auf Pfaden und Forststraßen durch Wälder und Wiesen. Im Ortsgebiet auf Straßen

Ausgangs-/Endpunkt
Parkplatz am Brunnenweg in Obertrubach, GPS N49°41'43.3" E11°20'51.1", Höhe 430 m ü. NN

Anfahrt
Auto Auf der A9 zur Ausfahrt 45 Weidensees und auf der B2 und St2260 nach Obertrubach
Bahn Nach Forchheim und mit dem **Bus** Linie 222 nach Obertrubach (www.bahn.de)

Gehzeiten
Rathaus – Bildungshaus 0:10 Std. – Bank im Pitztal 0:25 Std. – Burgruine Leienfels 0:40 Std. – Grenzstein Kohlberg 0:55 Std. – Rathaus 0:20 Std.

Einkehr
Gasthof Alte Post, Trubachtalstraße 1, 91286 Obertrubach, Tel. 09245/322, www.postritter.de
Gasthof Zur Burgruine, Leienfels 2, 91278 Pottenstein, Tel. 09244/366, www.zur-burgruine.de

Karten
Fränkische Schweiz südlicher Teil, UK L 29, 1:50000 (www.lvg.bayern.de)
Fränkische Schweiz Süd, Nr. 53, 1:50000 (www.fritsch-landkartenverlag.de)

Touristinformation
Teichstraße 5, 91286 Obertrubach, Tel. 09245/9880, www.obertrubach.de

Historische Grenzsteine einstiger Blutgerichtsbarkeiten, eine sehenswerte, aussichtsreiche Burgruine, stille Wälder, Felstürme und fränkische Wirtshäuser liegen am Wanderweg durch das Pitztal, Teichtal und Einzugsgebiet des Trubachs.

Zum Bildungshaus Obertrubach Vom südlichen Ende des Wanderparkplatzes hinter dem Ⓐ **Rathaus** an der Teichstraße in Obertrubach beginnen wir die Wanderung durch die kleine Parkanlage. Auf der Teichstraße gehen wir rechts und am Dorfladen an der Kreuzung mit der Trubachtalstraße (St 2260) links und auf dem Pfarrer-Grieb-Weg aufwärts. Auf der linken Seite steht am Beginn des Pfarrer-Grieb-Wegs der erste der 25 historischen Grenzsteine der Fraischgrenze. An der Anmeldung des ❶ **Bildungshauses Obertrubach** steigen wir vor dem Haus Nr. 25 rechts mit den Wandermarkierungen auf, aber gleich nach 50 Metern links zu dem großen Gebäude hinunter.

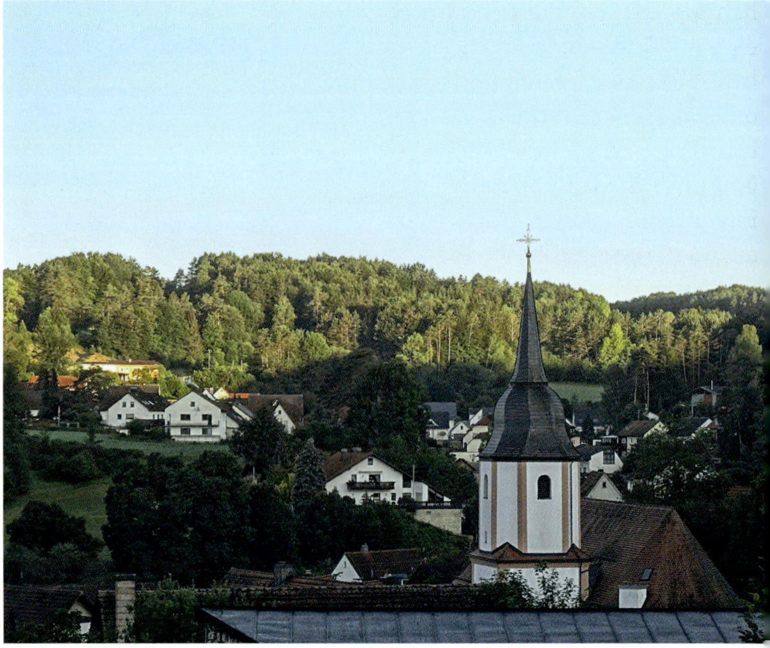

Zur Bank im Pitztal Der Wanderweg leitet direkt entlang des großen Gebäudes und am Ende links, steil in den Wald hinauf. Oben stoßen wir auf die Straße Am Kohlberg und folgen ihr rechts. An der Weggabelung an einer Freilichtbühne bleiben wir geradeaus, nun abwärts. An einer weiteren Gabelung müssen wir mit der Markierung gelbes Kreuz links hinunter. Im Pitztal sehen wir links neben uns einen Hohlweg, der sich an einer ❷ **Bank** mit unserem bisherigen Weg trifft.

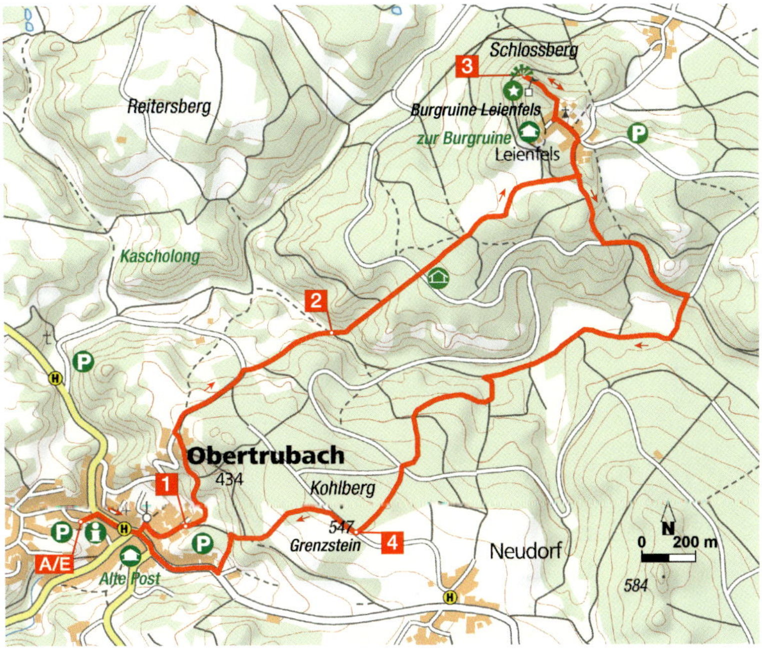

Zur Burgruine Leienfels Die Markierung gelbes Kreuz leitet uns an der Bank auf den Pfad nach links. Der Pfad wird zu einer Forststraße, der wir für 600 Meter aufwärtsfolgen. In der Mitte der langen Steilstrecke können müde Wanderer in einer Hütte rasten. Weiter oben laufen wir entlang einer himmlisch stillen Wiese und gehen schließlich wieder im Wald an einer T-Kreuzung nach links hinauf. Oberhalb des Hangs stehen die ersten Häuser von Leienfels. Nach dem Gasthof Zur Burgruine wandern wir auf der Straße links aufwärts an der Dorfkapelle mit aufwendig gestaltetem Altar vorbei. Am Forsthaus geht es rechts zum Platz vor der Burgruine Leienfels hinauf. Die Burg, deren Namen sich von Löwenfels ableitet, zählt zu den späteren Burgen der Fränkischen Schweiz, denn sie wurde

Linke Seite: Aussicht vom Wanderweg über Obertrubach

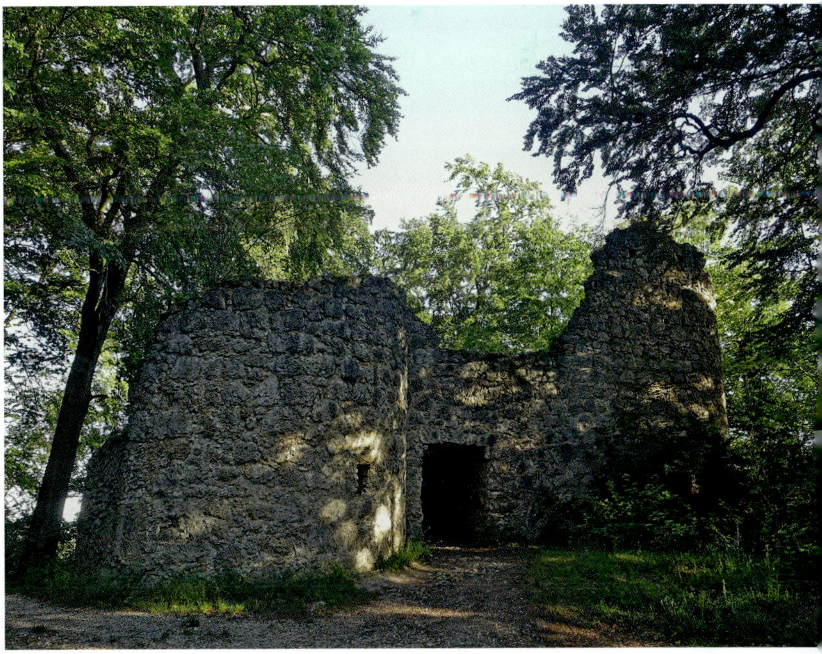

Am Burgtor der Ruine Leienfels

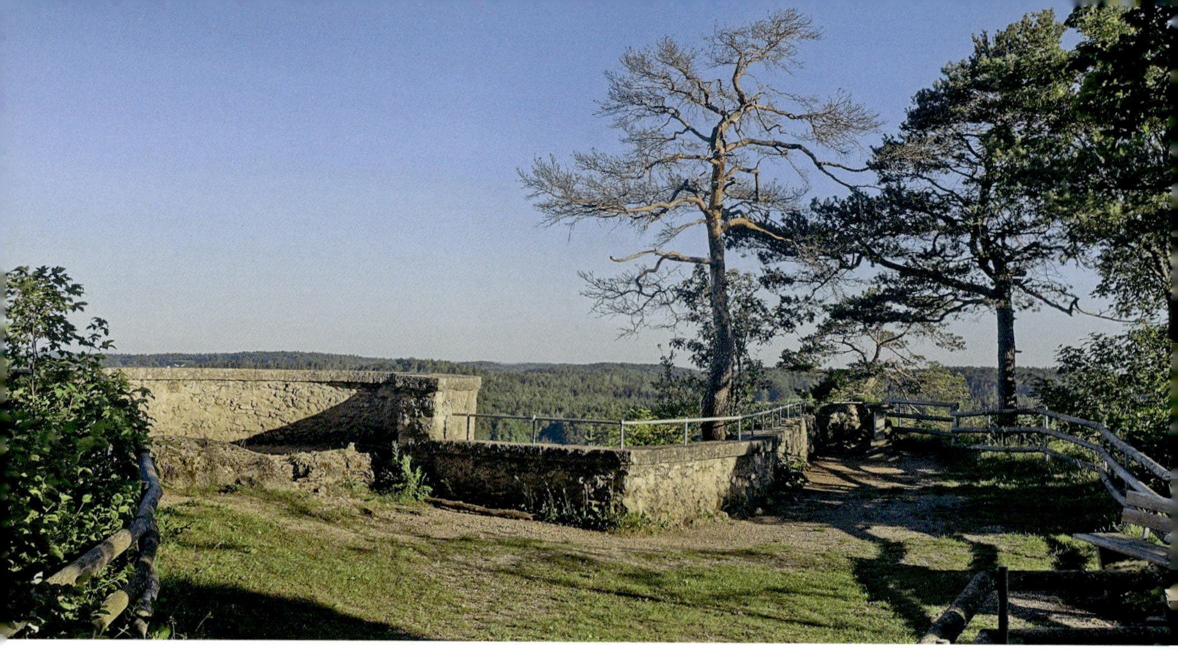

Einer der schönsten Aussichtspunkte der Fränkischen Schweiz ist auf der Ruine Leienfels.

erst zu Anfang des 14. Jahrhunderts erbaut. Erstmals schriftlich erwähnt wurde die spätmittelalterliche Adelsburg unter dem Namen Lewenfels im Jahr 1372. 1380 wurde die Burg von den Truppen des Bischofs von Bamberg und des Burggrafen Friedrich V. von Nürnberg erobert. Der Burgherr Götz von Egloffstein kam als Gefangener nach Nürnberg. 1397 wurde die Burg erstmals zerstört. Weitere Zerstörungen folgten 1525 im Bauernkrieg und 1553 im zweiten Markgrafenkrieg. Die Burg Leienfels war spätestens 1610 total vernichtet und nicht mehr bewohnbar. Die meisten Mauern wurden als Steinbruch benutzt, so sind heute nur noch Reste vorhanden. Doch immerhin ist noch das Tor erhalten, durch das wir die Burg erobern. Das Beste ist die Aussicht auf dem hohen Felsen der 3 **Burgruine Leienfels**. Es ist einer der schönsten Aussichtspunkte der Fränkischen Schweiz. Vom 590 Meter hohen Schloßberg reicht der Blick bei guter Sicht 30 Kilometer weit.

Der historische Grenzstein der Fraischgrenze unterhalb des Kohlbergs

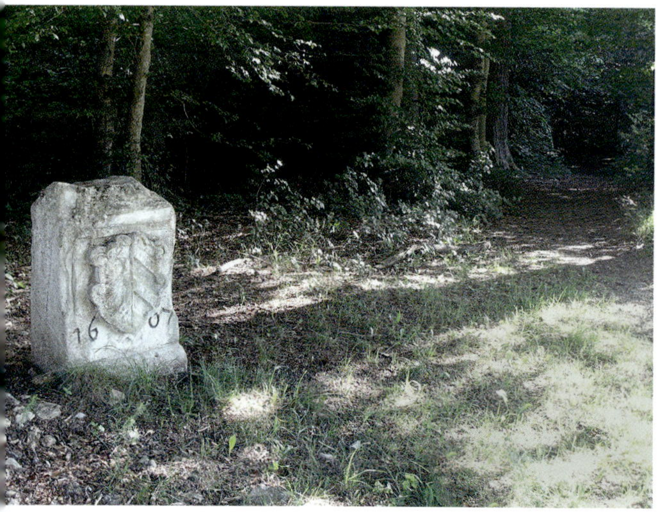

Zum historischen Grenzstein Kohlberg

Von der Burgruine gehen wir wieder auf gleichem Weg hinunter und am Gasthof Zur Burgruine rechts hinauf und in den Wald hinab. An der T-Kreuzung bleiben wir jetzt aber mit der Markierung gelbes Kreuz geradeaus in Richtung Leopoldstein. An einer Gabelung der Forststraße geht es links hinunter und an der folgenden Kreuzung rechts. Wir sind auf dem Fraisch-Grenzweg und auf der rechten Seite folgt gleich einer der historischen Grenzsteine aus dem Jahr 1607. Die aufwendig geschlagenen Steine tragen auf der einen Seite das Wappen des Hochstifts Bamberg und auf der anderen Seite das Wappen der Reichsstadt Nürnberg. Auch ein Richtschwert und ein Signalhorn sind darauf eingemeißelt (siehe Infokasten). Wir laufen auf der Forststraße weiter abwärts und nehmen am Ende einer Wiese im Pitztal den Waldweg rechts in Richtung Obertrubach. Die Wanderwegmarkierung zeigt ab jetzt ein Schwert und die Jahreszahl 1607. An einer spitzen Weggabelung wählen wir den rechten Hohlweg abwärts und an einer Kreuzung der Pfade geht es mit der Markierung des Fraisch-Grenzwegs links Richtung Obertrubach. An einer folgenden Gabelung müssen wir auf dem Pfad rechts hinauf und folgen genau den Markierungen mit dem Schwert und der Zahl 1607. Schließlich laufen wir schräg über eine T-Kreuzung der Forststraßen und sehen links durch die Bäume die Häuser von Neudorf. Am Ende des Walds endet der Pfad an dem historischen 4 **Grenzstein Kohlberg**.

Zum Rathaus Obertrubach Auf dem Feldweg wandern wir nach rechts am Waldrand entlang in Richtung Obertrubach und nach 70 Metern links auf dem kleineren Waldweg hinunter. An einer Wiese ist weiter unten das große Gebäude des Bildungshauses Obertrubach zu sehen. Hier gehen wir an der Bank mit der Markierung roter Ring links hinunter und bleiben immer abwärts. Zuletzt steigen wir auf einer Treppe zum Neudorfer Weg hinunter und folgen diesem nach rechts hinab. Wir kommen an dem Dolomitfelsen Saustein vorbei und gehen an der Bergstraße (St 2260) rechts und unten vor dem Dorfladen rechts in der Teichstraße zum E **Rathaus** zurück.

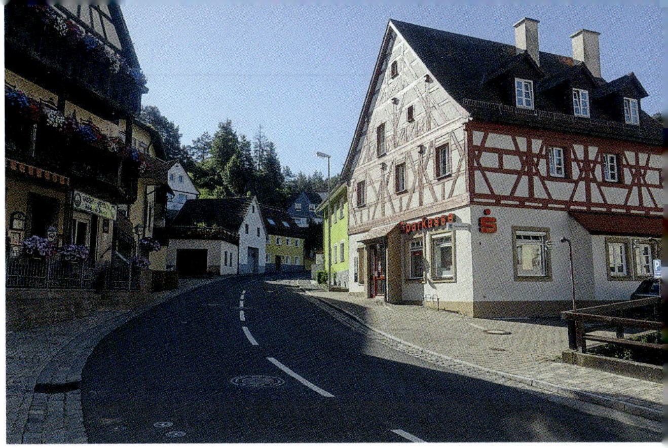

Straßenszene in Obertrubach

Die Fraischgrenze aus dem Jahr 1607

Im 17. Jahrhundert bestand das Land aus vielen regionalen Herrschaftsgebieten. An der Fraischgrenze bei Obertrubach trafen zwei solcher Territorien aufeinander. Das Wort Fraisch bedeutet im Sinn Blutgerichtsbarkeit. Die Grenze zwischen den Gebieten verschiedener Gerichtsbarkeiten wurde Fraischgrenze genannt. Die Grenze bei Obertrubach teilten das Bistum Bamberg und die Reichsstadt Nürnberg. In dem sogenannten Silbernen Grenzvertrag wurde 1607 die Grenzlinie mit 25 Grenzsteinen fixiert. Die deutlichen Grenzzeichen tragen denn auch die Wappen des Hochstifts Bamberg und auf der anderen Seite das Wappen der Reichsstadt Nürnberg. Das Schwert veranschaulicht die Blutgerichtsbarkeit. Die Fraischgrenze verlief mitten durch Obertrubach und soll sogar quer durch die Gaststube eines Wirtshauses verlaufen sein (www.bamberg.historische-grenze.de).

33

Rund um Markt Hiltpoltstein

Panorama, Burg und Geologie

Der Panoramaweg rund um Hiltpoltstein zeigt urwüchsige Wälder, die mit bizarren Dolomitfelsen als Märchenwelt erscheinen. Auf einigen dieser Felsgestalten sind Aussichtspunkte zu erobern. Der Ort Hiltpoltstein bildet mit der Burg ein gutes Ensemble.

Leicht | 2:00 Std. | 100 Hm | 5,5 km

Besonderer Genuss: Kultur am Wegrand

Tourencharakter
Leichte, vorwiegend sonnige Tour meist auf Naturwegen durch Wälder, Wiesen und Felder. Im Ortsgebiet auf Straßen

Ausgangs-/Endpunkt
Parkplatz an der B 2, GPS N49°39'42.3" E11°19'45.7", Höhe 540 m ü. NN

Anfahrt
Auto Auf der A 9 zur Ausfahrt 47 Homersdorf und über Wildenfels nach Markt Hiltpoltstein
Bahn Nach Gräfenberg und mit dem **Bus** Linie 219 nach Markt Hiltpoltstein (www.bahn.de)

Gehzeiten
Parkplatz B 2 – Silbereck 0:15 Std. – Stümpfelestein 0:15 Std. – Bitzenberg 0:15 Std. – Burg Hiltpoltstein 0:30 Std. – Strommast 0:15 Std. – Parkplatz B 2 0:30 Std.

Einkehr in Hiltpoltstein
Gasthof Goldenes Ross, Hauptstraße 47, Tel. 09192/991 82 50, www.gasthofgoldenesross.de
Wölfersdorfer Biergarten, Wölfersdorf 4, Tel. 09192/99 76 57, www.biergarten-fraenkische-schweiz.de (nur Fr–So)

Karten
Fränkische Schweiz südlicher Teil, UK L 29, 1:50 000 (www.lvg.bayern.de)
Fränkische Schweiz Süd, Nr. 53, 1:50 000 (www.fritsch-landkartenverlag.de)

Touristinformation
Teichstraße 5, 91286 Obertrubach, Tel. 09245/98 80, www.obertrubach.de

Auf das Silbereck Vom **A Parkplatz an der B 2** an der östlichen Ortseinfahrt von Markt Hiltpoltstein starten wir zur Panoramatour nach Norden auf dem Weg mit der Markierung »K« in Richtung Silberecke aufwärts. Später begleitet uns noch die Markierung gelber Ring des Höhenrundwegs. An einer Kreuzung steigen wir links am Wasserbehälter vorbei steil hinauf. An der höchsten Stelle überschreiten wir zwischen Felsen einen Kamm. Ein Wegweiser zeigt nach rechts und wir gehen in einem Abstecher zu dem Aussichtspunkt **1 Silbereck** hinauf zu einer kleinen Bank. Der Ausblick geht im Südosten in die Hersbrucker Schweiz und zur Burg Hohenstein links des Antennenturms. Die Silberecke ist mit 602 Metern der höchste Aussichtspunkt im Landkreis Forchheim.

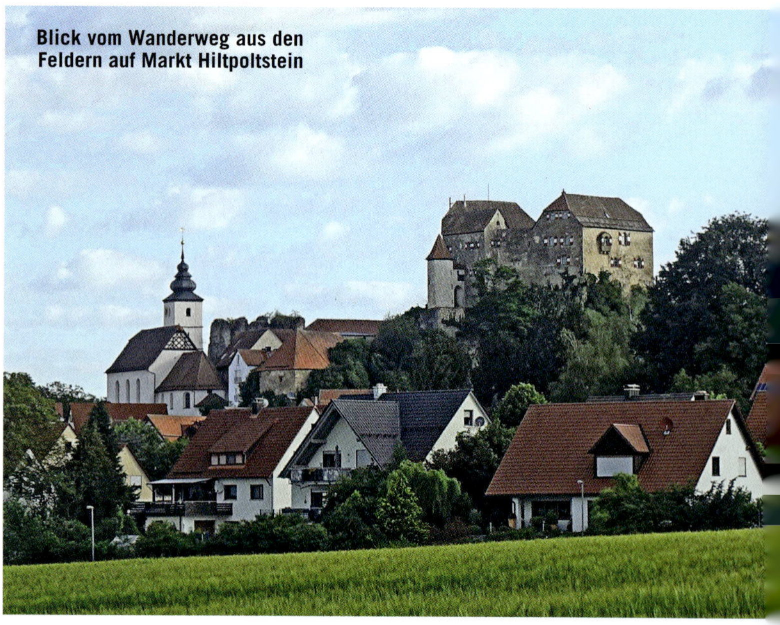

Blick vom Wanderweg aus den Feldern auf Markt Hiltpoltstein

Zum Stümpfelestein Wir gehen zurück zu dem Wegweiser unterhalb der höchsten Stelle am Kamm und laufen nun mit der Markierung gelber Ring geradeaus abwärts an herrlichen Kulissen der Dolomitfelsen vorbei. Wir wähnen uns in einem surrealen Märchenwald. An einer Wegkreuzung müssen wir rechts auf den Weg, der bald abwärtsverläuft, und weiter unten an der T-Kreuzung links. Wieder überschreiten wir einen Kamm mit herauserodierten Felsen und kommen in einem Linksbogen zum markanten Dolomitfelsen **2 Stümpfelestein**. Dolomit ist ein Karbonat-Sedimentgestein mariner Herkunft, das sekundär durch die Umwandlung von Kalkgesteinen gebildet wurde. Dabei wurden Calciumionen gegen Magnesiumionen aus Meer- oder Lagunenwasser ausgetauscht. Kalk wurde so gewissermaßen dolomitisiert. Dolomit besitzt eine homogene, kristalline Struktur

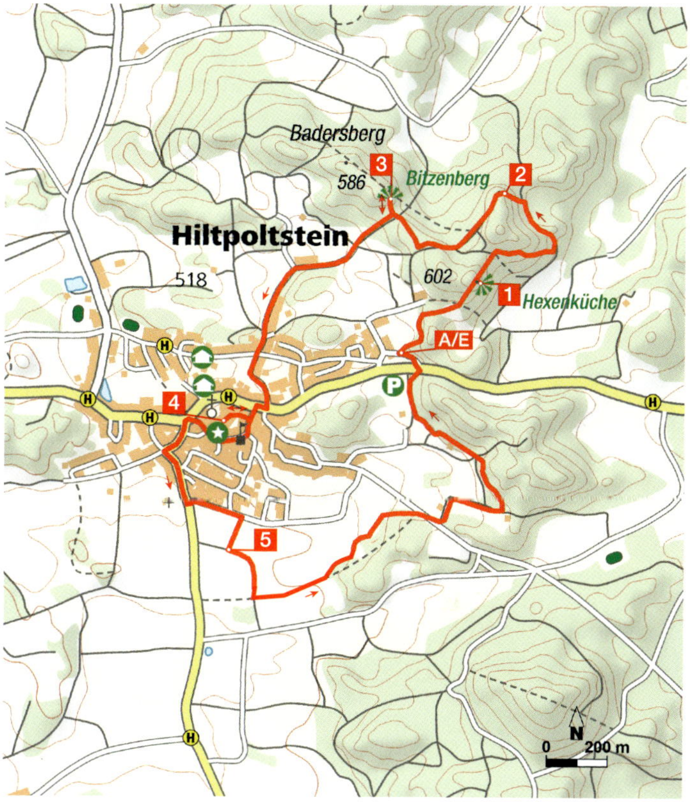

Das Ensemble Burg und Kirche

Inmitten des Orts Hiltpoltstein steht auf einem fossilen Schwammriff eine Gipfelburg und unterhalb das Pflegschloss aus dem 17. Jahrhundert sowie die Matthäuskirche. Der einzige Weg zur Burg hinauf führt über einen Treppenturm durch das Tor im Pflegschloss. Das Erscheinungsbild der Oberen Burg geht im Wesentlichen auf das 16. Jahrhundert zurück. Ein Bergfried brannte im 17. Jahrhundert nieder. Es gibt zwar keine früheren schriftlichen Beweise für die Existenz einer Burg vor dem 12. Jahrhundert, aber der Fund einer ottonischen Gewandspange aus Bronze deutet auf das ausgehende 10. Jahrhundert hin. Heute ist die Burg in Privatbesitz. In Hiltpoltstein gab es einst nur eine kleine Kapelle neben der Burg. Mit der Reformation im 16. Jahrhundert wurde die Kapelle als Dorfkirche ausgebaut. Zur heutigen Matthäuskirche im Markgrafenstil wurde das Gotteshaus durch mehrere Erweiterungen bis zuletzt im 18. Jahrhundert. Als Besonderheit gibt es im Kirchenraum noch einen evangelischen Beichtstuhl.

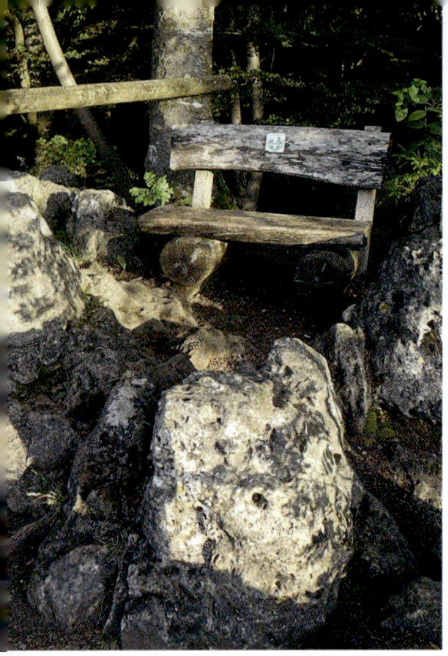

und die Bruchoberfläche ist eher splittrig. Von Dolomit spricht man allerdings nur, wenn das Gestein zu mindestens 90 Prozent aus dem Mineral Dolomit besteht. Ist der Dolomitgehalt geringer, handelt es sich um dolomitischen Kalkstein.

Auf den Bitzenberg Auf dem Wanderweg mit der Markierung gelber Ring laufen wir weiter und gehen an einer T-Kreuzung rechts. An einer Weggabelung müssen wir rechts und kommen in einem Abstecher geradeaus über eine Kreuzung mit einem Hohlweg auf den Aussichtspunkt 3 **Bitzenberg**. Hier können wir nach Nordosten über die Fränkische Schweiz bis zur Hohenmirsberger Platte schauen. Bei guter Sicht sind die Berge im Fichtelgebirge auszumachen.

Bank auf dem Aussichtsfelsen Silberecke

Zur Burg Hiltpoltstein Vom Abstecher auf dem Bitzenberg zurück wandern wir an der Kreuzung mit dem Hohlweg ohne Markierung rechts hinunter. Am Waldrand vor einer Kreuzung können wir rechts in ein Freizeitgrundstück schauen, in dem sich die Besitzer einen Zen-Garten geschaffen haben. An der Kreuzung bleiben wir geradeaus an einer Streuobstwiese vorbei, auf der alte Obstsorten angepflanzt wurden. Wir sind nun auf dem Fränkischen Jakobsweg. An der folgenden Weggabelung am Obstinformationszentrum Fränkische Schweiz laufen wir links hinunter. Eine Kreuzung überqueren wir geradeaus in den Möchser Weg und kommen am Reiserkeller vorbei, in dessen kühlem Klima die Edelreiser für die Obstbäume gelagert werden. Unten stoßen wir auf die Hauptstraße (B2) und wenden uns rechts zum schönen Oberen Stadttor, das heute ein liebenswertes Verkehrshindernis darstellt. Nach dem Tor biegen wir links in die Straße Hinterer

Unten links: Der Stümpfelestein ist ein hoch aufragender Fels.

Unten rechts: Im märchenhaften Wald über Hiltpoltstein

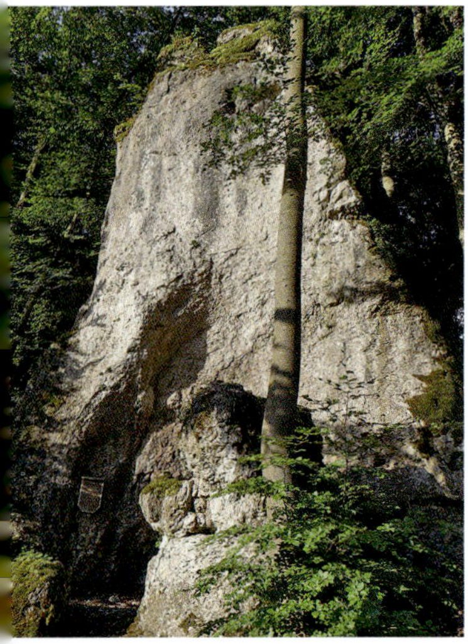

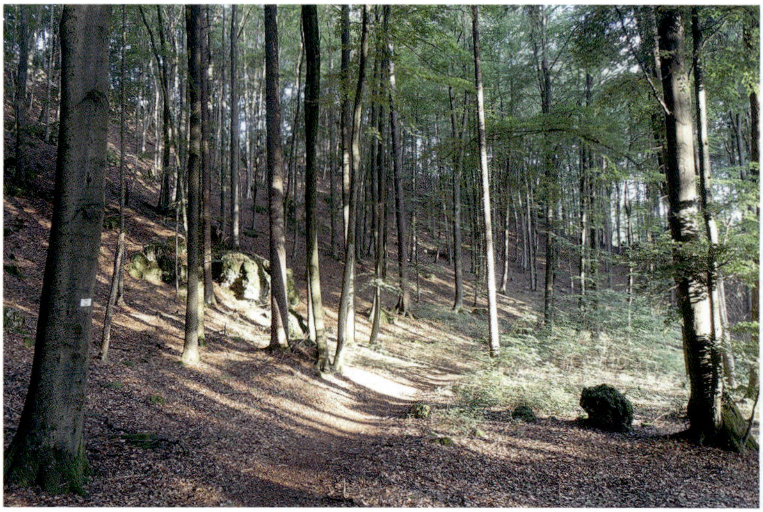

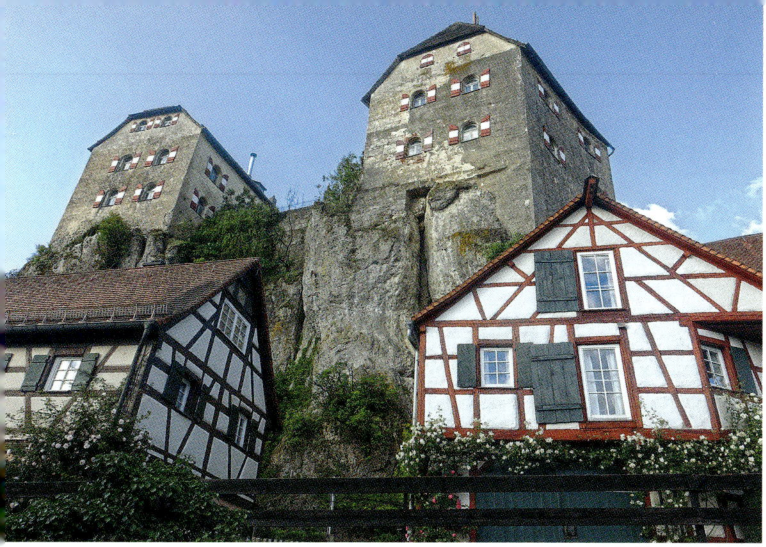

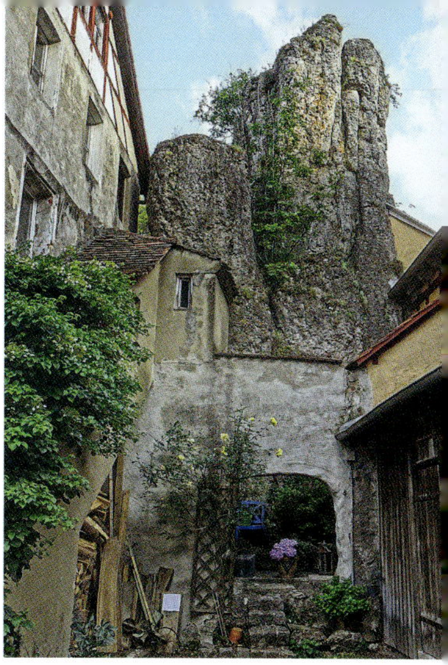

Oben links: Unterhalb der Burg Hiltpoltstein stehen schmucke Fachwerkhäuser.

Oben rechts: Idylle im Hof des Pflegschlosses

Berg ein und stehen Am Schlosshof unterhalb der Burg Hiltpoltstein auf dem eindrucksvollen Dolomitfelsen. Entlang der reizenden Fachwerkhäuser können wir nach rechts bis in den Hof des Pflegschlosses gelangen. Nur von diesem Hof aus ist der Aufgang zur heute privaten 4 **Burg Hiltpoltstein** auf 530 Metern möglich.

Zum Strommast Wir gehen wieder zum Beginn der Straße Am Schlosshof und laufen rechts auf der Straße Hinterer Berg weiter. Unten kommen wir wieder zur Hauptstraße (B2) und folgen ihr nach links. Nach 20 Metern wandern wir auf der Straße Am Stock links in Richtung Schnaittach. Am Ortsende nach dem Friedhof schlendern wir auf der Straße Am Gründel links und nach 150 Metern rechts auf dem Feldweg zu dem 5 **Strommast** hinauf, an dem wir links weitermüssen. Hier haben wir einen schönen Blick auf die Burg und den Ort Hiltpoltstein.

Zum Parkplatz an der B 2 An der T-Kreuzung 20 Meter vor dem Wäldchen folgen wir der Markierung roter Ring des Lehrpfads nach links. Am Wald geht es stets am linken Waldrand entlang. Vor einer Wiese leitet uns der rote Ring rechts auf einen Pfad in den Wald hinein. An einigen porösen Felsen im Wald ist die Entstehungsgeschichte als fossiler Schwammriff aus dem Weißen Jura deutlich zu sehen. Schließlich endet der Pfad an der Großengseer Straße, der wir nach rechts aufwärtsfolgen. Nach 50 Metern wandern wir mit der Markierung roter Ring links an einer Scheune vorbei und durch Obstwiesen und Gärten aufwärts. Oben am Wald geht es an einer Bank links in den Wald hinein. An einer T-Kreuzung vor einer Informationstafel laufen wir links und dann geradeaus an zwei einsamen Häusern vorbei. Nun halten wir uns immer an den Waldrand und kommen so direkt an den E **Parkplatz an der B 2** zurück.

34

Um das hübsche Betzenstein

Fachwerk, Felsen und alte Buchenwälder

Leicht | 2:20 Std. | 120 Hm | 7,0 km

Besonderer Genuss: Kultur am Wegrand

Tourencharakter
Leichte, meist schattige Tour durch Wälder, Wiesen und Felder. Im Ortsgebiet auf Straßen

Ausgangs-/Endpunkt
Parkplatz Bayreuther Straße Ecke Alter Brunnen, östlicher Ortseingang Betzenstein, GPS N49°40‘52.3“ E11°25‘25.2“, Höhe 490 m ü. NN

Anfahrt
Auto Auf der A9 zur Ausfahrt 46 Plech und auf der St2163 nach Betzenstein
Bahn Nach Pegnitz und mit dem **Bus** Linie 380 nach Betzenstein (www.bahn.de)

Gehzeiten
Parkplatz Bayreuther Straße – Schmidbergturm 0:15 Std. – Tiefer Brunnen 0:15 Std. – Badersberg 0:10 Std. – Klauskirche 0:20 Std. – Waldsportplatz 0:25 Std. – Gerhardfelsen 0:20 Std. – Parkplatz Bayreuther Straße 0:35 Std.

Einkehr in Betzenstein
Betzenstube, Schloßstraße 5, www.betzenstube.de
Gasthof Herbst, Bayreuther Straße 4, www.gasthof-herbst.de

Karten
Fränkische Schweiz südlicher Teil, UK L 29, 1:50 000 (www.lvg.bayern.de)
Fränkische Schweiz Süd, Nr. 53, 1:50 000 (www.fritsch-landkartenverlag.de)

Touristinformation
Hauptstraße 44, 91282 Betzenstein, Tel. 09244/98 52 21, www.betzenstein.de

Der Panoramaweg um Betzenstein zeigt die schönsten Ansichten der kleinen Stadt und auch die historische Altstadt mit Fachwerkhäusern. Naturdenkmäler aus Dolomitfelsen der einstigen Schwammriffe und Aussichtspunkte begeistern die Wanderer.

Zum Schmidbergturm Vom Parkplatz an der Ⓐ **Bayreuther Straße** starten wir auf dem Wiesenweg entlang der Hausgrundstücke nach Norden in Richtung Aussichtsturm Schmidberg. Die Markierung der gesamten Wanderung ist der rote Ring. Nach der Laufer Hütte führt der Pfad wieder entlang einiger Hausgrundstücke und dann aufwärts zum ❶ **Schmidbergturm**. Der Turm bietet einen außergewöhnlichen Blick auf die historische Altstadt und auf die Burg. Der gesamte historische Stadtkern von Betzenstein steht unter Denkmalschutz. Die Häuser stammen überwiegend aus dem 16. bis 19. Jahrhundert. Von der Stadtbefestigung stehen noch zwei Stadttore, von denen links von der Kirche das Hintere Tor aus dem 16. Jahrhundert zu sehen ist.

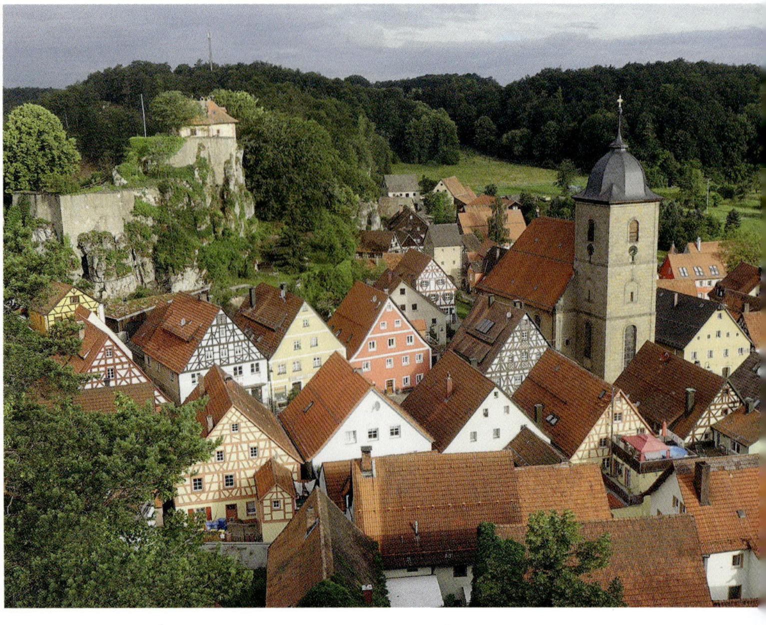

Obwohl eine Burg erst 1311 erstmals schriftlich erwähnt wird, ist sie wahrscheinlich viel älter, denn der Ort Betzenstein wurde bereits 1187 genannt und erhielt 1611 die Stadtrechte. Heute ist Betzenstein mit 900 Einwohnern die kleinste Stadt Frankens. Die ehemalige Burg wurde im 15. Jahrhundert zerstört. Die heutigen Bauten sind in Privatbesitz. Der Blick auf die schöne Fachwerkstadt macht Lust darauf, durch die Gassen zu schlendern.

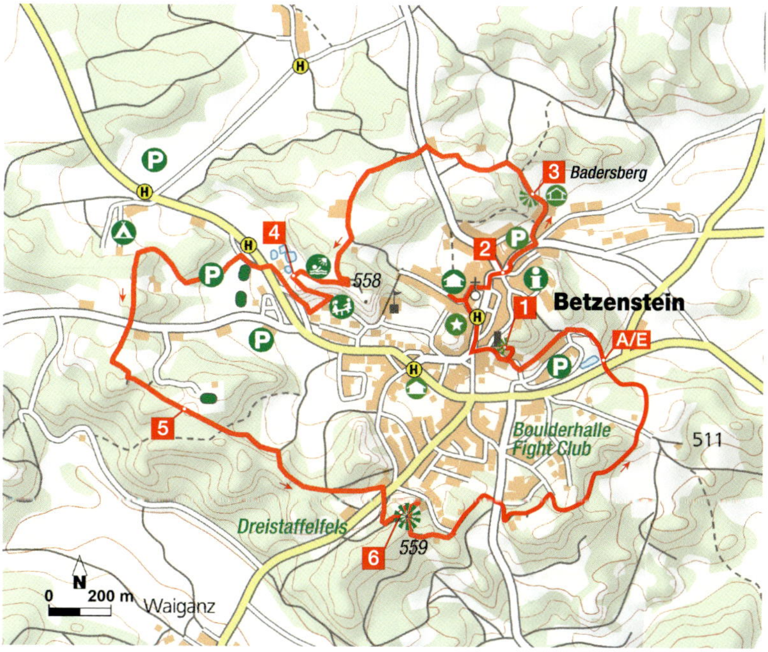

Zum Tiefen Brunnen Wir steigen vom Turm ein Stück des Wegs wieder hinunter, dann jedoch rechts bergab und auf der Straße Am Schmidberg hinunter zur Hauptstraße, auf der wir nach rechts an der Touristinformation vorbeigehen. Vor der barocken Kirche schlendern wir links in die Schloßstraße und stehen vor herrlichen Fachwerkhäusern aus dem 17. und 18. Jahrhundert wie etwa dem Handwerkerhaus, in dem heute das Restaurant Betzenstube ist. Links der Betzenstube gehen wir in einem Abstecher durch das Hintere Tor in das historische Scheunenviertel mit Fachwerkgebäuden. Wieder zurück, schauen wir in der Schloßstraße weiter nach links. In der Kurve ist das Schlosshotel Betzenstein, im 17. Jahrhundert als Pflegamtsschloss mit Zehntscheune erbaut. Am Ende der Schloßstraße überqueren wir die Hauptstraße und kommen nach links zum ❷ **Tiefen Brunnen** mit Brunnenhaus. Innerhalb von sechs Jahren wurde hier im 16. Jahrhundert im karstigen Boden 92 Meter tief gegraben, um Wasser zu finden.

Auf den Badersberg Die historische Stadt verlassen wir durch das malerische Nordtor und laufen auf der Hauptstraße nach Nordosten in Richtung Friedhof. Auf dem Friedhofsweg müssen wir links und vor der Scheune links auf der Treppe hinauf. An einer T-Kreuzung geht es rechts auf der Treppe zu einem schönen Felsgebilde mit Felsentor und zu dem Aussichtsplatz Berghäusel mit Schutzhütte und Picknickplatz auf dem ❸ **Badersberg**. Von hier

Linke Seite: Aussicht vom Schmidbergturm auf Betzenstein

Das Hintere Tor in Betzenstein

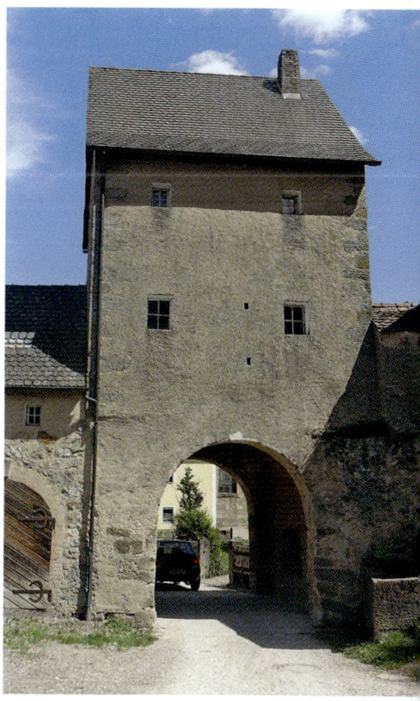

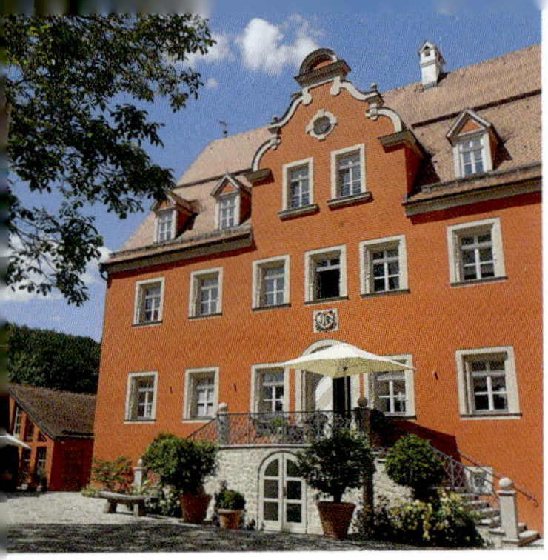

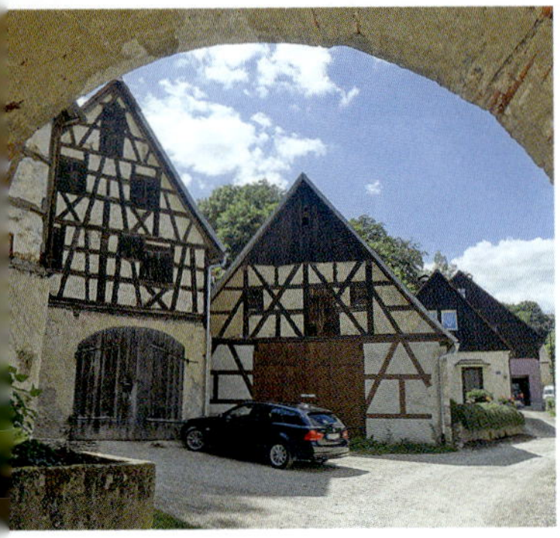

Ganz oben: Das ehemalige Pflegamtsschloss ist heute ein Hotel.

Oben: Am Hinteren Tor beginnt das Scheunenviertel.

lässt sich ein Teil der Stadt überblicken bis hinüber zum Aussichtsturm auf dem Schmidberg.

Zur Klauskirche Von den Felsgestalten mit dem Felsentor geht es noch etwas höher und nach dem Wald über eine große Wiese. An der Deponie überqueren wir die Höchstädter Straße und bleiben an folgenden Abzweigen immer auf der Forststraße an dem Hof Windmühle vorbei. Von der Forststraße leitet uns die Markierung roter Ring nach rechts durch den Abenteuerpark und danach am Zaun des Freibads entlang. Schließlich steigen wir nach links zu dem beeindruckenden Naturdenkmal 4 **Klauskirche** auf. Die Durchgangshöhle ist 32 Meter lang. Auswaschungen zeigen, dass sie eine Meeresstrandhöhle ist.

Zum Waldsportplatz Wir gehen durch die Klauskirche und auf der Treppe abwärts und unten in spitzem Winkel rechts. Vor der Straße St 2163 können wir nach rechts auf dem höher liegenden Weg zum Freibad gehen. Dort überqueren wir die Straße und laufen auf dem Parkplatz rechts nach Nordwesten. Am Ende des Parkplatzes zeigt der Wegweiser »Rund um Betzenstein« mit dem roten Ring nach links auf einen Pfad. Nun durchschreiten wir herrliche Buchenwälder, in denen Dolomit-Felsformationen aus den ehemaligen Schwammriffen begeistern. 20 Meter vor dem Waldende steigen wir an der Kreuzung links auf der Treppe hinauf und oben geht es auf einem Hügelkamm weiter. Vor einer Wiese verläuft

Die Betzensteiner »Zeiserlfänger«

In früheren Zeiten war es Brauch, dass sich die Bewohner benachbarter Orte gegenseitig durch Andichten von Schildbürgerstreichen neckten. So entstand auch der Betzensteiner Zeiserlfang, der noch heute bei vielen Festlichkeiten aufgeführt wird: Die alte Jungfer Kunigunde, Haushälterin des Betzensteiner Pflegers, hielt sich aus Ermangelung eines Mannes einen Zeisig. Dieser entkam eines Tages und die arme Kunigunde grämte sich so sehr, dass der Amtmann alle Bürger samt Feuerwehr auf den Plan rief, das entflohene Tier zu fangen. Als dies nicht gelingen wollte, kam das Stadtoberhaupt auf die vermeintlich rettende Idee, die Stadttore schließen zu lassen, um ein Entkommen des Vogels zu verhindern. Der Zeisig erhob sich in die Lüfte und ward verschwunden. Kunigunde konnte den Verlust nicht verwinden und ging ins Kloster. Seither haben die Betzensteiner den schönen Beinamen »Zeiserlfänger«. Ein vergnügliches Gedicht lautet auszugsweise: »Der Zeisig schwang sich auf, flog über Tor und Hallen. Erfreut ob der gelung'nen List, ließ er noch etwas fallen.«

der Pfad wieder abwärts und ist jetzt identisch mit dem Pfad der Liebe, der ebenfalls Betzenstein umrundet. An einem Wasserbehälter überqueren wir die Stierberger Straße und es geht auf den Wasserstein hinauf, auf dem sich zwei weitere Wasserbehälter befinden. In diesem Gebiet sind ebenfalls große Riffdolomite mit Felssäulen und Höhlen, in denen vorgeschichtliche Besiedelung nachgewiesen wurde. Auch wurden hier die fossilen Überreste einer Zwergspitzmaus von der Größe einer Hummel gefunden. Es ist das kleinste bekannte Säugetier. An den Wasserbehältern links vorbei erreichen wir einen Picknickplatz am 5 **Waldsportplatz**.

Zum Gerhardfelsen Auf dem weiteren Weg bleiben wir geradeaus auf einem Hügelkamm und steigen dann steil vom Lindenberg ab. An einer Weggabelung wandern wir auf dem Pfad nach links. 20 Meter vor der Nürnberger Straße müssen wir rechts und dann über die Straße. Nach links steigen wir auf zwei Treppen hinauf zu einem Aussichtsplatz auf dem 6 **Gerhardfelsen**. Ein Stück weiter ist noch ein zweiter Aussichtsplatz. Über die zwei Windräder schauen wir in Richtung Pegnitz und weiter rechts in den Veldensteiner Forst. Bei guter Sicht soll man hier sogar den Ochsenkopf im Fichtelgebirge sehen können.

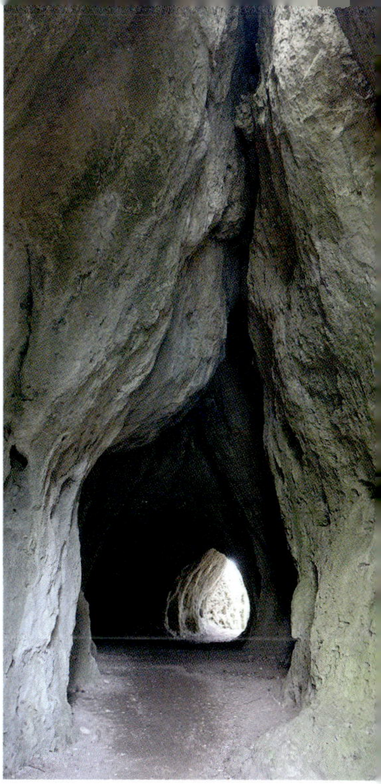

Die Durchgangshöhle Klauskirche war einst eine Meeresstrandhöhle.

Zum Parkplatz Bayreuther Straße An dem Wasserbehälter steigen wir hinab und an einem Grundstück auf dem Asphaltsträßchen links hinunter. Am Haus Nr. 21 gelangen wir rechts vorbei in den Wald hinein. Weiter unten geht es vor Häusern rechts und wir überqueren die Klausberger Straße und steigen dann gleich rechts hinauf. Nun wandern wir wieder hinab und an einem Haus rechts hinauf. An einer Weggabelung an einer roten Bank müssen wir rechts auf den Ameisenbühl aufsteigen. Oben halten wir uns links und tauchen in eine Märchenwelt von wilden Felsgestalten in schönem Buchenwald ein. An einem Hausgrundstück kommen wir auf eine Straße und folgen ihr nach links. Vor dem nächsten Haus gehen wir auf dem Wiesenweg rechts weiter. Bald sehen wir rechts unten schon die E **Bayreuther Straße** mit dem Parkplatz gegenüber.

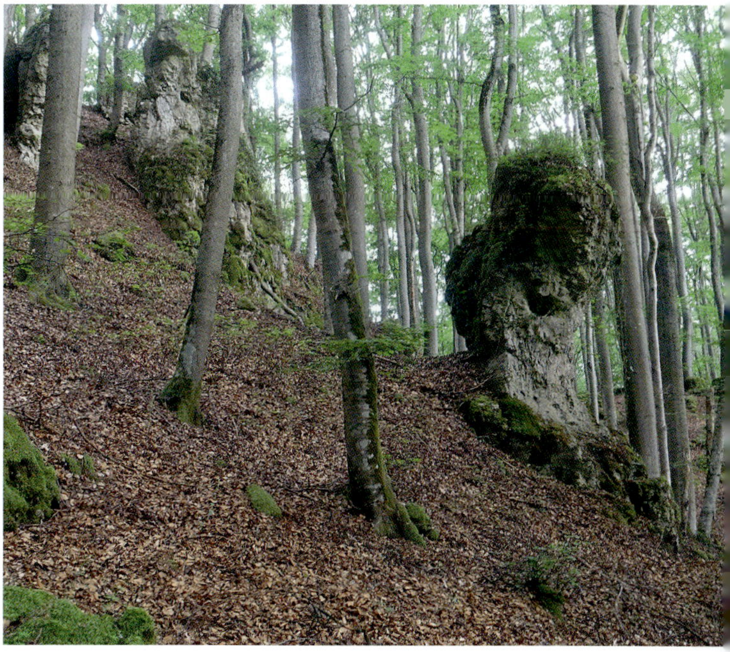

In den Buchenwäldern bei Betzenstein stehen kuriose Felsgestalten.

Für jeden Tag die richtige Tour

1	blau	Rodach und Henneberger Warte	2:30 Std.	120 Hm	7,3 km	●	●	●	●	●				●
2	blau	Seßlach, Perle an der Rodach	2:00 Std.	30 Hm	6,0 km	●	●	●	●	●			●	
3	blau	Coburger Sehenswürdigkeiten	2:20 Std.	200 Hm	6,8 km	●	●	●	●	●				●
4	blau	Grünes Band am Froschgrundsee	2:30 Std.	130 Hm	6,9 km	●	●	●	●	●		●	●	●
5	blau	Kronach und Lucas-Cranach-Turm	3:10 Std.	240 Hm	9,9 km	●	●	●	●		●			●
6	blau	Von Weismain auf den Kordigast	2:50 Std.	210 Hm	8,6 km	●	●	●	●	●			●	●
7	blau	Schloss Wernstein und Veitlahm	2:10 Std.	180 Hm	7,2 km	●	●	●	●	●			●	
8	rot	Im Höllental bei Lichtenberg	3:20 Std.	330 Hm	7,5 km	●		●			●		●	●
9	blau	Auf dem Geopfad Steinachtal	3:10 Std.	150 Hm	10,2 km	●	●	●	●		●		●	
10	blau	Auf den Kulmbacher Höhen	2:00 Std.	260 Hm	5,8 km	●	●	●	●		●			●
11	blau	Auf den Großen Waldstein	2:30 Std.	230 Hm	7,6 km	●	●	●	●		●		●	●
12	blau	Auf den Epprechtstein	4:00 Std.	210 Hm	8,4 km	●	●	●			●		●	●
13	blau	Aussichtsturm Schönburgwarte	2:40 Std.	260 Hm	7,6 km		●		●		●			●
14	rot	Kösseine und Felsenlabyrinth	3:00 Std.	340 Hm	8,0 km	●		●			●		●	●
15	blau	Fichtelsee und Ochsenkopf	3:40 Std.	310 Hm	11,2 km	●		●			●	●	●	●
16	blau	Auf die Theta über Bayreuth	3:40 Std.	240 Hm	12,5 km	●	●	●	●	●				●
17	blau	Aussicht vom Staffelberg	3:20 Std.	250 Hm	10,5 km	●	●	●	●	●			●	●
18	blau	Bamberger Sehenswürdigkeiten	2:20 Std.	160 Hm	6,7 km	●	●	●	●	●				●
19	blau	Strullendorfer Bierseligkeit	3:30 Std.	120 Hm	11,7 km	●	●	●	●	●				●

Nr.		Tour	Gehzeit	Höhenunterschied	Länge	Einkehr	kindergeeignet	Sehenswürdigkeit	wintergeeignet	viel Sonne	schattiger Weg	Bademöglichkeit	Busverbindung	Bahnverbindung
20	●	Idylle Kleinziegenfelder Tal	2:00 Std.	110 Hm	6,1 km	●	●	●			●		●	●
21	●	Auf den Burgstall Plankenstein	2:30 Std.	160 Hm	7,3 km	●	●	●	●		●		●	●
22	●	Kellerwanderung am Kreuzberg	1:50 Std.	90 Hm	5,6 km	●	●	●	●	●			●	●
23	●	Panoramen über Streitberg	2:30 Std.	220 Hm	7,1 km	●	●	●		●		●	●	
24	●	Im »Muggendorfer Gebürg«	3:30 Std.	370 Hm	10,7 km	●	●	●		●			●	●
25	●	Ailsbachtal und Weiße Marter	2:00 Std.	170 Hm	6,2 km	●	●	●	●		●		●	●
26	●	Burg Rabenstein im Ahorntal	2:10 Std.	90 Hm	5,0 km	●	●	●			●		●	●
27	●	Tüchersfeld im Püttlachtal	2:30 Std.	280 Hm	7,1 km	●	●	●			●		●	●
28	●	Im Püttlachtal bei Pottenstein	2:30 Std.	140 Hm	7,9 km	●	●	●	●		●		●	●
29	●	Wanderung über Ebermannstadt	2:30 Std.	180 Hm	8,0 km	●	●	●	●		●			●
30	●	Viel geliebtes Walberla	2:30 Std.	240 Hm	6,4 km	●	●	●	●	●				●
31	●	Zur Burg Egloffstein	2:50 Std.	310 Hm	8,1 km	●	●	●			●	●	●	●
32	●	Zur Burgruine Leienfels	2:30 Std.	260 Hm	7,4 km	●	●	●	●		●		●	●
33	●	Rund um Markt Hiltpoltstein	2:00 Std.	100 Hm	5,5 km	●	●	●	●	●			●	●
34	●	Um das hübsche Betzenstein	2:20 Std.	120 Hm	7,0 km	●	●	●	●		●	●	●	●

Piktogramme erleichtern den Überblick

Gehzeit
Höhenunterschied
Länge
Einkehr
kindergeeignet
Sehenswürdigkeit
wintergeeignet
viel Sonne
schattiger Weg
Bademöglichkeit
Busverbindung
Bahnverbindung

PS: Net nur Seidla und Broudwärschd

Franken habe ich als Genießer ja schon oft bereist. Es waren Fahrten zur Zeit der Karpfenernte in die Dörfer und Städtereisen, bei denen es *Seidla* (halber Liter Bier) und *Broudwärschd* (Bratwürste), auch als Drei im *Weggla* (drei im Brötchen), gab. Besonders haben es mir die Coburger *Broudwärschd* angetan, die mit *Buzzlkou* (Kiefernzapfen) gegrillten. Auf den ausgiebigen Recherchereisen zu diesem Buch sind aber auch für mich Fragezeichen aufgetaucht. *Abier* (Kartoffel) habe ich bald kapiert, zählen die doch zu meinen Grundnahrungsmitteln. Daraus erschließen sich dann *g'schmalzne Äbirn* (Bratkartoffeln). Die *Baggersla* (Kartoffelreibekuchen) haben sich an einer Bude auf einem Weihnachtsmarkt erschlossen. Schwieriger war dann doch *Schdobfer* (Kartoffelbrei). *Buddlasbaa* (Hähnchenbeine) sind auch nicht schlecht. Dass in Franken Pfannkuchen *Schreiberli* sind, ist mir wie die Pfannkuchen selber fremd. An einer Bude auf einem Keller war *Zwetschgenbames* angeschrieben. Das habe ich ohne Kenntnis dann doch nicht riskiert.

Gut, dass es *Fränggisch Werdderbücha* (Wörterbücher Fränkisch-Deutsch) gibt. *Zwetschgenbames* (oder *Zwetschgenbaames*) ist ein luftgetrockneter Rinderschinken, der traditionell mit Zwetschgenholz geräuchert wurde. Er wird wie Carpaccio aufgeschnitten und entfaltet mit frischem Bauernbrot und Butter einen herrlichen Geschmack. Dekoriert wird mit sauren Gurken und frischen Kräutern, vielleicht mit *Bäiderla* (Petersilie). Bei dem Genuss mit *a ba Seidla* bleibt nur *a klaana Hedscher* (kleiner Schluckauf).

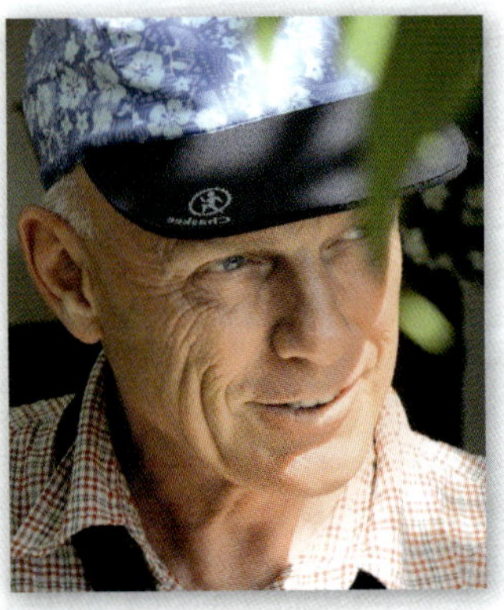

Rainer D. Kröll

Das Lernen hört nie auf,
bin doch ka Breedlahumml

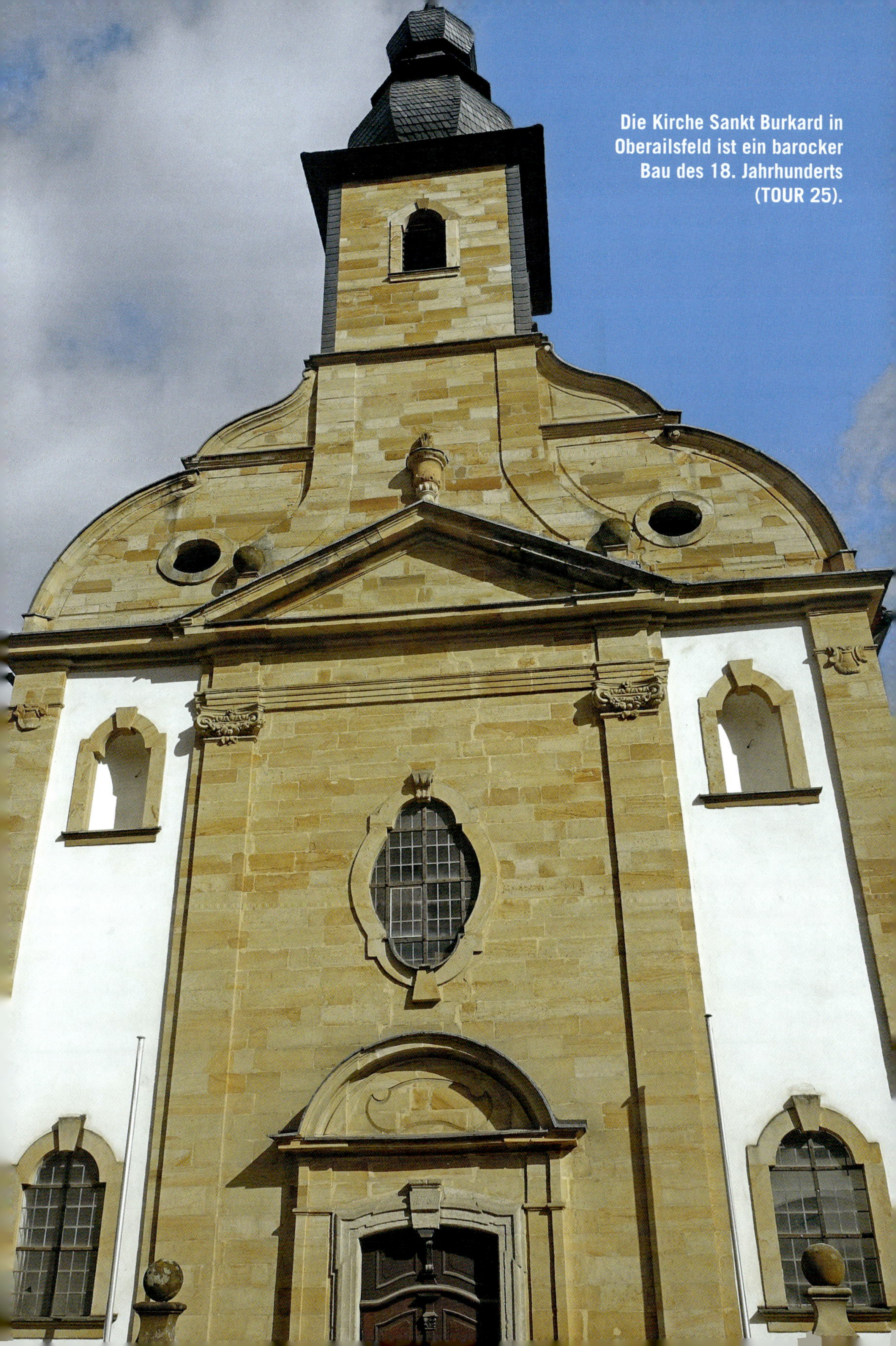

Die Kirche Sankt Burkard in Oberailsfeld ist ein barocker Bau des 18. Jahrhunderts (TOUR 25).

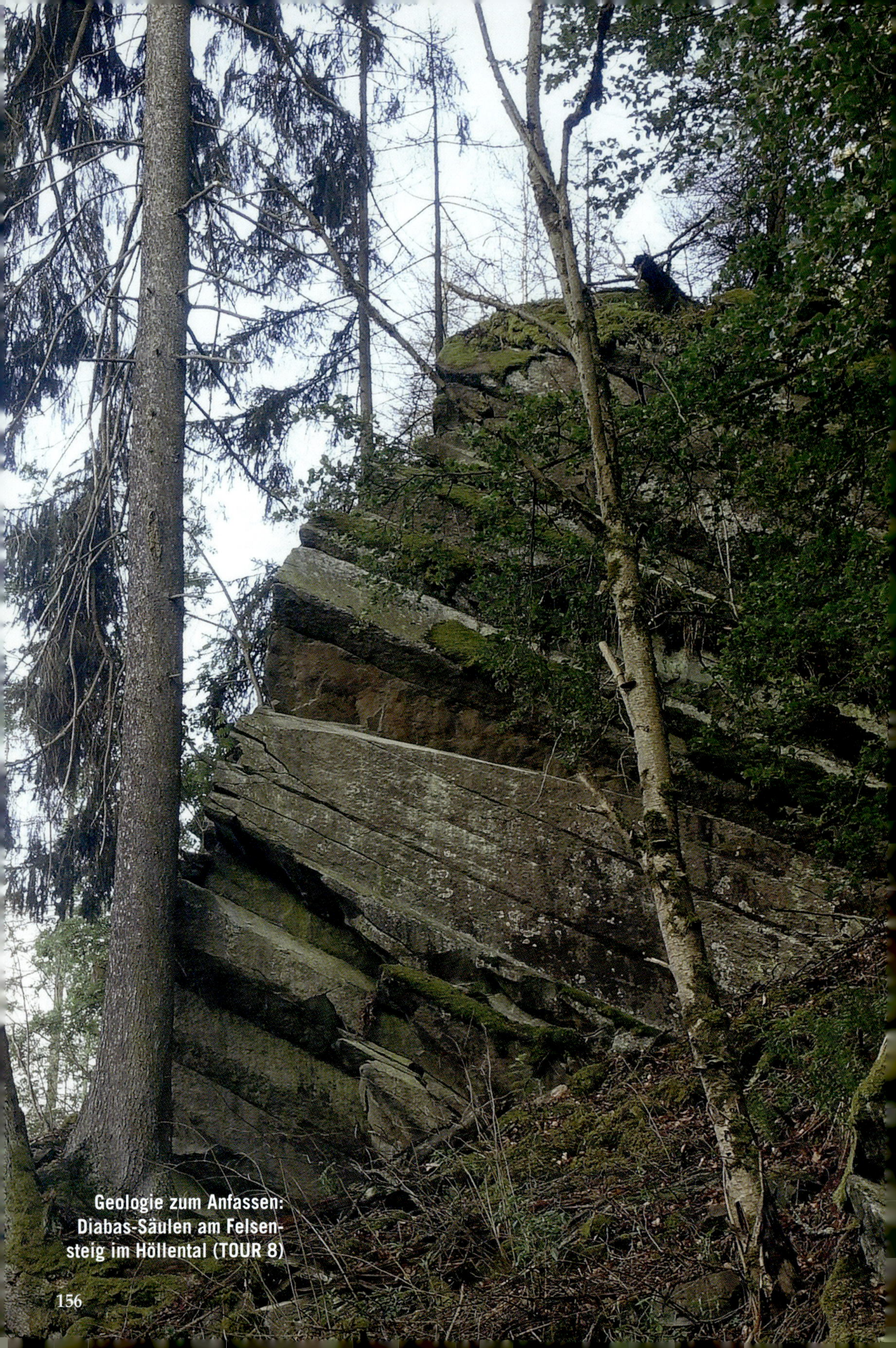

Geologie zum Anfassen: Diabas-Säulen am Felsensteig im Höllental (TOUR 8)

Register

Impressum

Verantwortlich: Stefanie Krüger
Redaktion, Lektorat und Satz: mcp concept GmbH
Layout: Eva-Maria Klaffenböck
Covergestaltung: Rudi Stix
Repro: LUDWIG:media
Kartografie: Bruckmann Verlag GmbH, Heidi Schmalfuß
Herstellung: Alexander Knoll
Printed in Slovenia by Florjancic

★★★★★

Sind Sie mit diesem Titel zufrieden? Dann würden wir uns über Ihre Weiterempfehlung freuen.
Erzählen Sie es im Freundeskreis, berichten Sie Ihrem Buchhändler oder bewerten Sie bei Onlinekauf. Und wenn Sie Kritik, Korrekturen, Aktualisierungen haben, freuen wir uns über Ihre Nachricht an Bruckmann Verlag, Postfach 40 02 09, D-80702 München oder per E-Mail an lektorat@verlagshaus.de.

Unser komplettes Programm finden Sie unter www.bruckmann.de

In diesem Buch wird aus Gründen der besseren Lesbarkeit das generische Maskulinum verwendet Weibliche und anderweitige Geschlechteridentitäten werden dabei ausdrücklich mitgemeint, soweit es für die Aussage erforderlich ist.

Empfehlung der Redaktion
Sie sind auf der Suche nach weiterführender Literatur? Dann empfehlen wir Ihnen den Titel *Entdeckertouren Fränkische Schweiz* von Bernhard Pabst. Oder Sie werfen einen Blick in die Zeitschrift *BERGSTEIGER*. Hier werden Sie bestimmt fündig.

Bildnachweis: Alle Fotos im Innenteil stammen vom Autor, mit Ausnahme S. 107 Mitte © Tourismuszentrale Fränkische Schweiz
Umschlagvorderseite: Fichtelsee (sonne_fleckl-stock.adobe.com)
Umschlagrückseite: Sonnenuntergang am Walberla (Tour 30) (raphotography88/shutterstock.com

Die Deutsche Nationalbibliothek verzeichnet diese Publikation in der Deutschen Nationalbibliografie detaillierte bibliografische Daten sind im Internet über http://dnb.d-nb.de abrufbar.

ISBN 978-3-7343-1365-3